高职高专项目式实践类系列教材

现代礼仪训练

主　编　何　济　刘艺洁

副主编　李代萍　傅红梅　陈雪林
　　　　张雪梅　蒲　莉　赵　敏

主　审　翁群芬

西安电子科技大学出版社

内 容 简 介

本书根据国务院印发的《国家职业教育改革实施方案》的精神编写而成。全书以就业为导向，结合现代礼仪的基本操作规程，具体介绍了仪容礼仪、服饰礼仪、仪态礼仪、生活礼仪、求职礼仪、办公礼仪、餐饮礼仪、涉外礼仪八个项目的内容，并通过指导学生实训，达到学以致用、强化应用技能培养的目的。本书具有理论适中、知识系统、案例经典、注重应用等特点。

本书适合高职高专学生使用，也可作为商务人员、公关人员的礼仪指导用书。

图书在版编目(CIP)数据

现代礼仪训练 / 何济，刘艺洁主编. —西安：西安电子科技大学出版社，2020.7
ISBN 978-7-5606-5747-9

Ⅰ. ① 现… Ⅱ. ① 何… ② 刘… Ⅲ. ① 礼仪—高等学校—教材 Ⅳ. ① K891.26

中国版本图书馆 CIP 数据核字(2020)第 116365 号

策划编辑　万晶晶
责任编辑　孙雅菲　万晶晶
出版发行　西安电子科技大学出版社(西安市太白南路 2 号)
电　　话　(029)88242885　88201467　　邮　　编　710071
网　　址　www.xduph.com　　电子邮箱　xdupfxb001@163.com
经　　销　新华书店
印刷单位　咸阳华盛印务有限责任公司
版　　次　2020 年 8 月第 1 版　2020 年 8 月第 1 次印刷
开　　本　787 毫米×1092 毫米　1/16　印张 14.5
字　　数　336 千字
印　　数　1～2000 册
定　　价　37.00 元
ISBN　978-7-5606-5747-9 / K
XDUP 6049001-1
如有印装问题可调换

序

“高职高专项目式实践类系列教材”是在贯彻落实《国家职业教育改革实施方案》(简称“职教20条”)文件精神，推动职业教育大改革、大发展的背景下，结合职业教育“以能力为本位”的指导思想，以服务建设现代化经济体系为目标而组织编写的。在新经济、新业态、新模式、新产业迅猛发展的高要求下，本系列教材以现代学徒制教学为导向，以“1+X”证书结合为抓手，对接企业、行业岗位要求，围绕“素质为先，能力为本”的培养目标构建教材内容体系，实现“以知识体系为中心”到“以能力达标为中心”的转变，开展人才培养的实践教学。

本系列教材编审委员会于2019年6月在重庆召开了教材编写工作会议，确定了此系列教材的名称、大纲体例、主编及参编人员(含企业、行业专家)等主要事项，决定由重庆科创职业学院为组织方，聘请高职院校的资深教授和企业、行业专家组成教材编写组及审核组，确定每本教材的主编及主审，有序推进教材的编写及审核工作，确保教材质量。

本系列教材坚持理论知识够用，技能实战相结合，内容上突出实训教学的特点，采用项目制编写，并注重教学情境设计、教学考核与评价，强化训练目标，具有原创性。经过组织方、编审组、出版方的共同努力，希望本套“高职高专项目式实践类系列教材”能为培养高素质、高技能、高水平的技术应用型人才发挥更大的推动作用。

高职高专项目式实践类系列教材编审委员会

2019年10月

前　言

荀子说："人无礼而不生，事无礼而不成，国无礼而不宁。"礼仪修养和礼仪规范是个人立身处世、企业生存发展、国家和谐安宁的重要基石。改革开放以来，我国经济迅猛发展，商务活动日益频繁，这就对商务及相关行业的公关工作人员提出了更高的要求，学礼、用礼蔚然成风。

现代礼仪是一门实践性非常强的应用型学科，因此，在礼仪教学中，学生不仅需要加强现代礼仪理论知识的学习，更重要的是加强现代礼仪技能的训练。基于以上考虑，我们编写了本书，目的是通过模拟职场和生活中的各种礼仪情景对学生进行系统和强化训练，让学生在具体任务中学会现代礼仪知识，掌握职业岗位要求的礼仪技能和能力，从而培养学生重礼、知礼、学礼、用礼，以提高学生的礼仪意识和综合岗位能力。

本书具有以下特点：

(1) 体例新颖。本书打破了传统教材以理论为线索的章节模式，依据现代礼仪的使用场合和岗位特点，分为仪容礼仪、服饰礼仪、仪态礼仪、生活礼仪、求职礼仪、办公礼仪、餐饮礼仪、涉外礼仪八个项目进行了介绍和实训，每个项目由两个或多个任务支撑，而每个任务均以仿真、模拟或真实的工作环境为背景。本书的计划总学时为32学时(每个项目4学时)，在内容编排上尽可能弱化纯理论的内容，加大实践的力度，做到了理论学时和实践学习1：3的分配，引导和帮助学生演练任务内容，从而锻炼与提高学生的礼仪操作能力和综合岗位能力。

(2) 实用性和实践性强。本书以学生为主体，设计相关实训内容；按照工作过程导向，通过模拟礼仪活动中的各种情景，使学生在学习时如同置身于现实生活中的礼仪"现场"。这种"做中学、学中做、边做边学、边学边做"的实战训练，有助于学生"消化"书中的理论知识，迅速掌握基本技能。在课堂教学中，师生都以"做"为中心，在"做"中完成教与学的任务，实现了“教、学、做合一”。

(3) 注重知识性、趣味性和互动性的有机结合。本书定位于可以独立使用的实训教材，在知识点拨部分，以“实用、够用”为原则，为具体训练提供理论上的支持；学和做的内容基本上都是现代礼仪活动情景的再现，有一定的故事情节。一个团队不仅要完成自身的实训任务，还要与其他团队展开竞争并观摩点评，师生、生生和队队积极互动，知识性、趣味性和互动性较强，特别是项目技能训练板块，有利于检测学生的掌握和运用程度，提高学生的学习兴趣，充分调动学生学习的积极性和主动性。

(4) 重视学生综合素质的养成。“现代礼仪训练”既是一门专业课，又是一门素质教育课，在每个任务中，要求把全班分成若干个团队，每位学生在团队里有明确的角色和任务，在完成具体任务的过程中，注重把专业的学习与素质训练融为一体，着力培养学生的合作意识、团队精神、竞争能力和良好的工作学习态度。

本书由何济、刘艺洁担任主编，李代萍、傅红梅、陈雪林、张雪梅、蒲莉、赵敏参与编写。其中，何济负责统稿工作，并编写项目三；刘艺洁负责教材框架设计，并编写项目一；陈雪林编写项目二；李代萍编写项目四；傅红梅编写项目五；蒲莉编写项目六；张雪梅编写项目七；赵敏编写项目八。全书由翁群芬主审。

由于编者水平有限，加之采用了新的编写方式，因此书中难免存在欠妥之处，敬请各位专家、同仁和广大读者不吝赐教。

编　者

2020年3月

目　　录

项目一　仪 容 礼 仪

项目分析

几千年的人类文明史证明，人们对文雅的仪风和悦人的仪态一直孜孜以求。随着现代社会人际交往的日渐频繁，人们对礼仪更加关注。本项目从个人的仪容入手，强化学生的礼仪观念，介绍个人仪容的重要性和常规要求。

项目任务

(1) 熟悉与自身的脸型、性别、年龄、服装相协调的发型设计。

(2) 掌握与不同的脸型、性别、场合、季节相适应的化妆技巧。

知识目标

(1) 了解仪容和仪容美的含义。

(2) 了解男士、女士仪容礼仪的要求。

(3) 掌握化妆技巧。

能力目标

(1) 掌握男士仪容修饰的基本要求和技巧。

(2) 掌握女士仪容修饰的基本要求和技巧。

任务一　仪容的基本要求

任务要求

(1) 了解仪容的理论知识，能运用所学仪容美的原理、方法区分和选择适合自己的仪容。

(2) 了解化妆的理论知识，能运用所学的化妆方法进行个人妆容的设计。

案例导入

某公司招聘文秘人员，由于待遇优厚，应聘者如云。中文系毕业的小洁前往面试，她的背景材料可能是最棒的：大学四年，在各类刊物上发表了 3 万字的作品，内容有小说、诗歌、散文、评论、政论等，还为 6 家公司策划过周年庆典，语言表达也极为流利，书法也堪称佳作。小洁五官端正，身材高挑、匀称。面试时，招聘者拿着她的材料等她进来。

小洁下身穿着迷你裙，上身是露脐装，涂着鲜红的口红，轻盈地走到一位考官面前，不请自坐，随后跷起了二郎腿，笑眯眯地等着问话。孰料，三位招聘者互相交换了一下眼色，主考官说："李小姐，请下去等通知吧。"小洁笑着说："好！"挎起小包飞跑出门。

思考题：

小洁的应聘会成功吗？为什么？

追求美是人的天性，天生丽质虽然不是人人拥有，但是可以借助化妆、发型设计等人工修饰扬长避短，从而塑造美好形象，给人留下良好的"第一印象"，为求职、应聘成功增添筹码，同时也有助于自己事业的进一步发展。

一、仪容与仪容美

南开大学"容止格言"

面必净，发必理，衣必整，纽必结。
头容正，肩容平，胸容宽，背容直。
气象：勿傲、勿暴、勿怠。
颜色：宜和、宜静、宜庄。

(一) 仪容与仪容美

1. 仪容

仪容通常指人的外观、外貌，重点指人的容貌，由发式、面容以及人体所有未被服饰遮掩的肌肤所构成，是个人仪表的基本要素。在人际交往中，每个人的仪容都会引起交往对象的特别关注，进而影响到对方对自己的整体评价。

2. 仪容美

仪容美包含三个方面的内容：

(1) 要求仪容自然美，是指仪容的先天条件好，天生丽质。尽管以貌取人是不可取的，但先天姣好的仪容相貌，无疑会令人赏心悦目，感觉愉快。

(2) 要求仪容修饰美，是指依照规范与个人条件，对仪容进行必要的修饰，扬其长，避其短，设计、塑造出美好的个人形象。

(3) 要求仪容内在美，是指通过努力学习，不断提高个人的文化、艺术素养和思想道德水准，培养出自己高雅的气质与美好的心灵，使自己秀外慧中、表里如一。

真正意义上的仪容美，应当是上述三个方面的高度统一。忽略其中任何一个方面，都会使仪容美失之偏颇。

在这三者之间，仪容的内在美是最高境界，仪容的自然美是人们的心愿，而仪容的修饰美则是仪容礼仪关注的重点。

(二) 仪容修饰的原则

生活中，人们的仪容非常重要，它反映出一个人的精神状态和礼仪素养，是人们交往中的第一形象。我们都希望自己天生丽质，但这只能是个美好的愿望，大多数人还是要靠化妆、发型、着装等修饰手段来弥补和掩盖自身的不足，而尽量展示自身的长处，以使形象得以美化。在仪容的修饰方面要注意以下原则：

(1) 仪容要干净整洁。这是仪容美的关键，也是礼仪的基本要求。

(2) 仪容修饰简约，忌夸张。

(3) 修饰仪容时要避人。

(三) 社会意义

从微观上讲，仪容体现个人形象，是个人自尊自爱的表现，代表着个人的精神面貌和给人的第一印象；从宏观上讲，仪容代表着公司或所在企业的形象，是公司文明服务水平和管理水平的体现；从客观上讲，仪容反映新一代公民的精神面貌和服务修养。

(四) 应用场所

在现代社会，仪容作为人的一种外在形式显得格外重要。在公共场所，如聚会、餐饮、商业活动、政治活动，尤其是外交活动，仪容的整洁大方显得格外重要，它代表一种美好的形象。仪容不仅代表个人形象，更代表着所在公司或企业的形象。对于政府部门的公务人员来说，在进行事务的交流和处理时，对仪容的要求更为严格。

仪容分为以下几种：

(1) 着装。穿戴和个人所从事的行业、个人的性格都是息息相关的。

(2) 仪表修饰。仪表修饰先着眼于人的整体，再考虑局部，目的是使修饰与人自身的诸多因素协调一致，浑然一体，打造出整体风采。

注意：仪表修饰无论是在修饰程度上，还是在饰品数量和修饰技巧上，都应把握分寸，自然适度，追求虽刻意雕琢而又不露痕迹的效果。

总而言之，个人仪容不论时间、地点如何变化，它的重要性是不言而喻的。

二、男士仪容

(一) 发型

男士的发型标准是：头发不应过长，前边的头发不要遮住眉毛，侧边的头发不要盖住耳朵，后边的头发不要触到衬衫领子；头发也不宜过厚，鬓角不要过长；要勤洗头，保持头发干净，有光泽，无异味，不要出现头屑。

(二) 面部

1. 洁面

男士也需要洁面，应针对自己的肤质选择合适的洗面奶，正确洁面。

2. 鼻毛

男士每天要检查是否鼻毛外露，要适时修剪。

3. 胡须

男士应按时刮胡须。

4. 口腔

饭后漱口，注意牙缝内是否有异物或口腔是否有异味。

(三) 男士面部护理步骤

1. 剃须

剃须是男士们每天清晨的“必修课”，通常分为湿剃和干剃两种。湿剃是男士们常用的传统剃须方式。干剃主要是采用电动剃须刀，可以省去用水和剃须膏的麻烦，是一种十分简单、快捷的剃须方法。

2. 洁面

选择适合自己肤质的洗面奶，取少许于掌心，用清水调和，均匀涂于面部，用手指由内向外画圈按摩，然后用清水洗净。

3. 护肤

将爽肤水或润肤霜(露)涂于面部，并轻轻拍打面部。

三、女士仪容

(一) 头发的美化

1. 发质与发型

每个人的发质不一样，选择的发型自然也就会不同。不要盲目追随流行趋势，而不顾自己的发质特点，选择不适合自己的发型。应选择适合自己发质的发型，配合理发师把自己的头发打扮得更美丽。

2. 脸型与发型

脸型不同，发型不同。选择发型时要注意自己的脸型特点，注意强调个人头部的优点，突出脸部轮廓，如脸型不尽如人意，则更应注意发型对脸型的修饰，切忌一味模仿他人。

1) 椭圆脸

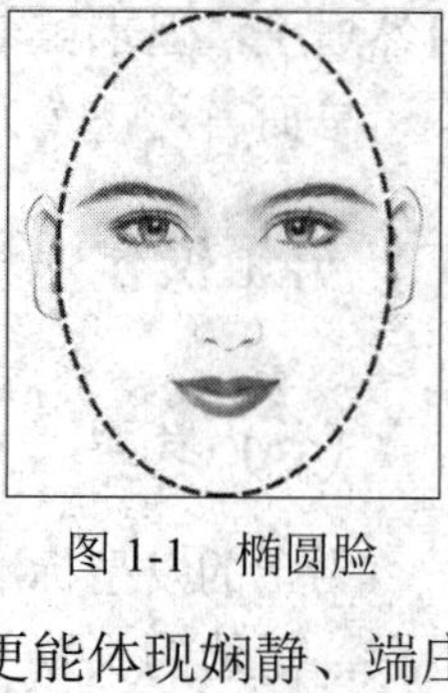

图 1-1 椭圆脸

一般认为，椭圆脸是东方女性较理想的脸型，一般这类脸型的女性梳什么样的发型都不会难看。如果选择中分、左右均衡的发型，更能体现娴静、端庄的感觉；如是披肩长发，更有飘逸之感。椭圆脸如图 1-1 所示。

2) 三角形脸

这类脸型的特征是前额和颊骨狭窄，下颌轮廓较宽。这类脸型应尽量避免低层次或发尾卷曲的发型，否则会使下部更圆润与丰厚饱满；可以选择波浪形发卷，以增加上部的发量；也可用头发掩饰较为丰满的下部。三角形脸如图 1-2 所示。

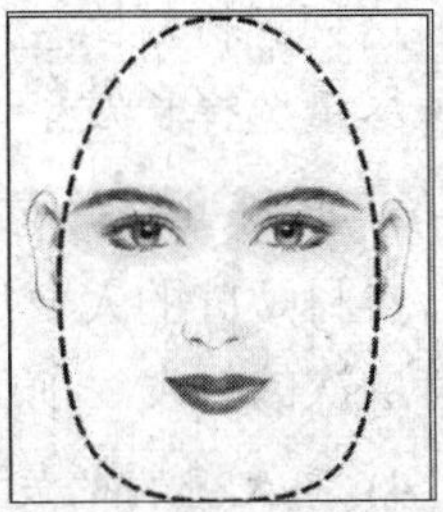

图 1-2 三角形脸

3) 方形脸

方形脸的特点是前额突出，棱角分明，下巴稍宽，缺乏柔和感。此类脸型可适当选择波浪形发型来增加脸部的柔和度和亲切感。方形脸如图 1-3 所示。

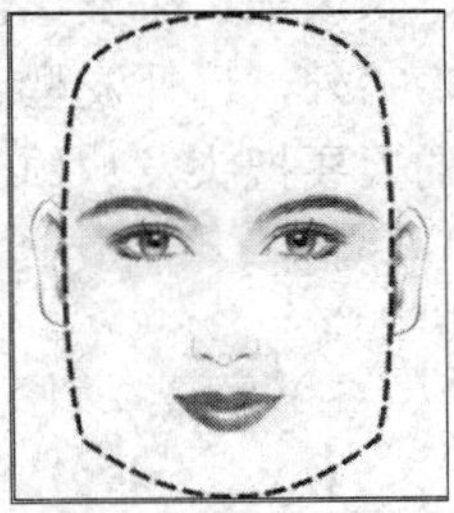

图 1-3 方形脸

4) 圆形脸

适合圆形脸的发型是能把圆的部位盖住，这样显得脸长一些。比如，头发侧分可以增加高度；用吹风机和圆齿梳将头顶吹高，两边的头发略盖住脸庞，头发宜稍长；两边的头发紧贴耳际，不要露出耳朵，稍梳些短发盖住脸庞。圆形脸如图 1-4 所示。

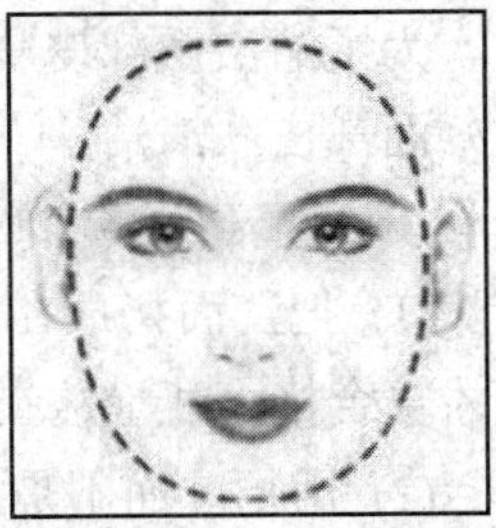

图 1-4 圆形脸

5) 心形脸

心形脸也就是倒三角形脸，对于这种脸型，应将刘海剪短一些，并做出参差不齐的效果，露出虚掩着的额头，转移宽额头的焦点；发长与下巴平齐，让头发自然下垂并内卷；侧分发型较长的一边，应做成波浪形略过额侧，以增加下额轮廓的宽度；长过下巴的头发应做成卷曲或微卷。心形脸如图 1-5 所示。

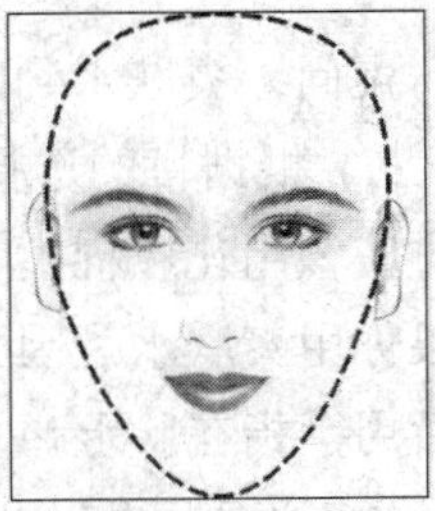

图 1-5 心形脸

3. 服装与发型

服装不同，发型设计也会不一样。比如，梳了端庄的盘发，搭配的却是休闲的运动装，显然不搭调。因此，要根据自己出入的场合，选择合适的服装，搭配相应的发型。

4. 体型与发型

我们经常会有一种疑惑：我和某某脸型相近，服装风格也相似，为什么同一个发型，她很优雅漂亮，而我怎么看都很怪异呢？这是因为我们每个人的体型存在差别。体型分为高瘦型、矮小型、高大型、矮胖型，所应搭配的发型也各不相同。选择发型的时候也要充分考虑自己的体型特点，扬长避短。

1) 矮小身材的发型

身材矮小，会给人以小巧玲珑的印象，所以设计发型时应强调丰满与魅力。从整体比例上，应注意长度，不宜留长发，也不宜把头发做得过于蓬松；可利用盘发增加高度，要在如何使头发秀气、精致上下功夫。

2) 高瘦身材的发型

这种身材是比较理想的，但是缺乏丰满感。因此，在选择发型时，应尽量弥补这些不足，尽量选择长发型，不宜盘高发髻，也不宜将头发剪得太短。

3) 矮胖身材的发型

身材矮胖的人要尽可能弥补自身的缺点，在发型的设计上要强调整体发式向上，可选用有层次的短发、前额翻翘式等发型，不宜留长波浪、长直发。

4) 高大身材的发型

这种发型的设计应努力追求大方、健康、洒脱的美，以留简单的短发为好，但对直长发、长波浪、束发、盘发、中短发式也可酌情运用，切忌发型花样繁复、造作。

另外，选择发型还要注意颈部的特点。颈部长的人适合稍长的、波浪大的发型；颈部短的人要把头发从颈部向后梳，把后面的头发梳得完整一些，让颈部露出来，使颈部显得长一些。

(二) 面容的修饰

1. 肌肤养护

1) 面部的清洁

为了清洁面部皮肤，促进面部皮肤血液循环，防止面部皮肤病的产生，我们必须每天做好面部皮肤清洁。

皮肤清洁的要点如下：

(1) 把洗面奶放在手上揉搓起泡，泡沫越细越不会刺激皮肤，泡沫需揉搓成奶油般细腻才算合格，让泡沫在肌肤上移动吸取污垢，而不是用手去搓揉。

(2) 用指肚而不是指尖，从面部 T 字区开始清洗，脖子部位、下巴底部、耳下也要清洗干净。

2) 爽肤

疑问：爽肤水到底要用手来拍，还是用化妆棉来擦拭呢？

(1) 根据目的选择方式。如果用爽肤水为洁肤的最后一个程序，能清除残留的印迹，这时应该用化妆棉由下往上擦拭，并在鼻头、额头、下巴处按几下，再用双手朝脸上扇风。如果你用爽肤水是因为喜欢脸上凉凉的感觉，那么可以将爽肤水倒在掌心上，然后用手拍，之后用手指在脸上弹几圈，这样能帮助爽肤水渗透，令表皮细胞更具弹性。

(2) 必须用化妆棉的情况。有一些爽肤水具有去除老化角质层的功效，使用这种爽肤水时一定要用棉球或者化妆棉蘸取爽肤水后使用，尽量不要在同一个部位反复擦拭，以免过度去除角质层。

注意：如果前一晚在颈部抹了颈霜，一定要用蘸了爽肤水的化妆棉将颈部由下往上擦拭干净，你会发现化妆棉上有灰黑的痕迹，那就是角质层。

3) 眼霜

疑问：不同质地的眼霜，使用方法是否相同呢？

原则：涂抹眼霜时手势绝对要轻，正确的做法是在下眼眶骨、上眼皮眼尾外侧上方抹有提拉紧致功效的眼霜，如眼啫喱、眼胶、眼霜等。

(1) 眼啫喱。眼啫喱的功效多为祛眼袋和黑眼圈，每次取相当于一粒大米的分量，左右无名指腹对揉，在眼肚处(下眼眶骨)由内向外(眼尾处)轻轻推开，再轻轻地采用“点按”的方法直到吸收。

(2) 眼胶。涂眼胶的分量、手势同上，在眼尾处轻推，并向上提。

(3) 眼霜。涂抹眼霜的分量、手势同上，左右无名指腹对揉的时间稍久直至乳化，在眼肚处(下眼眶骨)轻轻地由内向外“点按”，着重在下眼窝和眼尾至太阳穴的延伸部位多加涂抹，直到吸收。

疑问：谁最需要使用眼霜？

从理论上来说，无论年纪大小，都不能忽视眼部肌肤的保养和护理。紧张的现代生活使得人们眼部肌肤开始衰老的年龄有逐渐提前的趋势。眼周肌肤非常脆弱，需要更加细致的呵护，涂抹眼霜时尤其需要注意。眼霜使用顺序如图 1-6 所示。

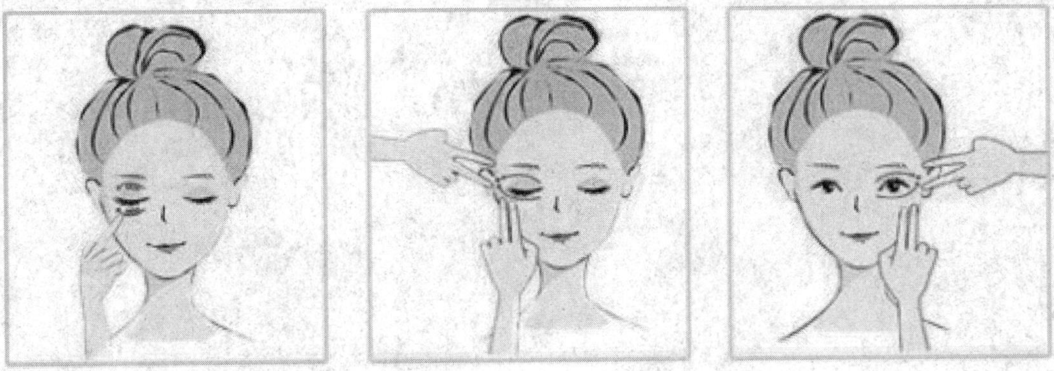

图 1-6 眼霜使用顺序

4) 精华

疑问：什么样的人需要精华？

要想说清这个问题，应先了解精华的分类。我们常说的精华包括精华液、精华露、精华面膜、精华针剂、精华胶囊五种。

女人到了 18 岁，人体表皮的胶原蛋白的生成会变慢，因此建议提早预防比较好。精华是对肌肤全面的养护，可针对所有的肌肤问题，而且效果比一般的产品要明显。因此，18 岁就可以用精华了。

5) 面膜

面膜按照不同的分类标准，大概可以分为水洗式面膜、纸张片式面膜等。

(1) 水洗式面膜。水洗式面膜一般敷 5 至 15 分钟后需用面纸或化妆棉擦掉，再用流动的清水冲洗，除非有特别说明，否则涂抹时要避开眼部。清洗面膜后有一点滑滑的感觉是正常的，此时只需用毛巾轻拭，待微湿时立刻抹上一系列保养品。

(2) 纸张片式面膜。那些不需要洗掉的纸张覆盖式面膜，不论功效有多么不同，也不论混搭或单独使用，都不适合每天使用，即使连续使用也不能超过 10 天。如果一定要每天使用的话，为了避免过敏，使用的时间不宜过长，尤其是美白面膜，首次使用可按产品说明上的时间减半，再用清水洗面，然后用毛巾拭干。

2. 夜间保养

人一天中有三分之一的时间是处于睡眠状态的，这个时候皮肤的主要工作是代谢和修复，所以夜间抗皱保养的效果比早上好。

(1) 多按摩、提拉疲劳肌肤。按摩可以促进细胞的代谢，从而使保养品更快地吸收。皮肤细胞是有“记忆”的，如果长期处于疲劳和松弛状态，皮肤的老化速度会加快，皱纹也会越来越多，这时细胞已经记住了皮肤是“松弛”状态的，那么想恢复到紧致状态就要花更多的功夫了。提拉和平展的按摩动作可以使因为疲劳而松弛下来的皮肤紧致起来，时刻保持皮肤的弹性。脸部按摩手法如图 1-7 所示。

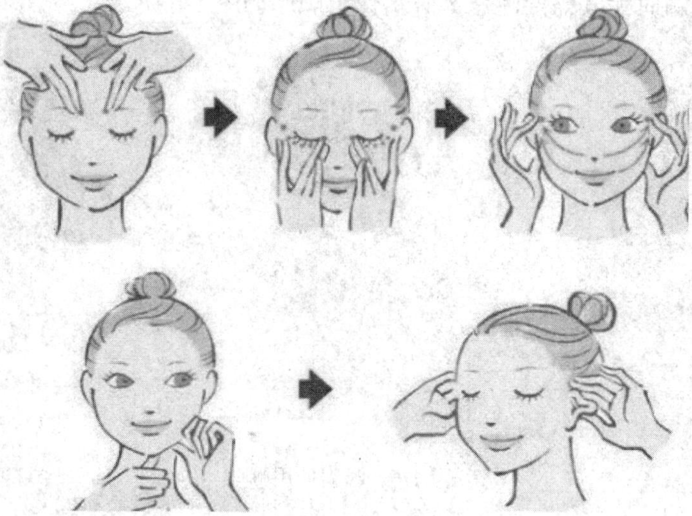

图 1-7　脸部按摩手法

(2) 避免睡眠中的光老化。千万不要开灯睡觉，因为肌肤细胞一旦遇到光刺激，就条件反射性地处于戒备收缩状态，不利于晚霜的深层吸收，特别是含有美白成分的护肤品都有吸光性，这样不但没有起到美白的作用，反而让皮肤更加暗沉。如果灯光直接照射到脸上，不但不利于肌肤在夜间的修复，久而久之皮肤老化的迹象就会显现出来。所以，要想让肌肤更好地完成夜间修复工作，睡前一定要关灯。

(3) 抓准美容时间，效果翻倍。想要皮肤在睡眠的时候得到最好的呵护，一定要选准睡眠时间，应在夜间 11 点以前就寝，并保证 8 个小时的睡眠时间。晚上 10 点到凌晨 2 点是细胞代谢最旺盛的时候，在这个时间段睡觉，能够让皮肤专心地代谢和修复，提升皮肤的再生能力，使其充满弹性，延迟皱纹的产生。

(4) 香气让心情好起来，延迟皱纹的到来。植物性纯天然产品越来越得到大家的喜爱，如一些由植物精油稀释出来的花水，除了可以当作夜间的保湿化妆水外，它天然植物的香味还可以愉悦人的心情，使人的脸部表情自然舒展开来，降低了表情纹出现的机会，延迟皱纹的到来。

3. 早晨保养

早晨保养的步骤如下：

(1) 洁面乳要充分起泡，水温不要过高，15℃～20℃为宜，微凉的温度有助于醒肌。

(2) 用化妆棉蘸化妆水擦拭全脸，调节皮肤油水平衡。

(3) 用保湿喷雾进行全脸保湿，并用手轻拍帮助吸收。

(4) 涂抹保湿精华，并配合淋巴排毒按摩。

(5) 搽上美白乳液，轻拍至吸收。

相关链接

面容肌肤的保养

1. 心情舒畅，情绪乐观

笑的作用：笑一笑，十年少；微笑，参与社交的通行证。

2. 睡眠充足，皮肤亮丽

充足的睡眠对美容具有生理与心理的双重益处。

3. 多喝开水，皮肤润泽

体内缺水是皮肤干燥粗糙的一个重要原因，而且皮肤的弹性和光泽是由它的含水量决定的，因此每天多喝水对皮肤的保养是很有帮助的。

4. 常常梳头，美容秘诀

常常梳头的益处如下：

第一，梳头可以修饰个人形象。

第二，梳头可以按摩头皮，刺激头部神经和血管，促进新陈代谢，加速血液流通，使人神清气爽，精神焕发。

第三，常梳头可以延年益寿。

第四，可以调理人的心情，让人心平气和，做事冷静。

5. 合理饮食，皮肤健康

(1) 蛋白质。营养医师建议，想要保有最佳的皮肤，一天要保证摄入 55～65g 蛋白质。很多节食减肥的女孩会发现，虽然瘦了，皮肤却变得松弛、粗糙了，这正是因为蛋白质摄取不足造成了肌肤老化。蛋白质含量丰富的食品包括瘦肉、海鲜、牛奶、鸡蛋、猪蹄、大豆……常吃这些东西，能有效地改善皮肤状况。

(2) 维生素 A。维生素 A 在抗老化、除皱、淡化皮肤斑点及预防皮肤癌等方面发挥着重要作用。维生素 A 的食物来源有：小白菜、红薯、香瓜、桃子、胡萝卜、肝脏、蛋、咸带鱼、鲫鱼、鳝鱼、鱿鱼、奶油、牛奶等。

(3) 维生素 B。维生素 B 最大的作用是促进人体新陈代谢，令皮肤细腻白嫩。缺乏维生素 B 会导致皮肤干裂粗糙、过早衰老，产生皱纹，嘴角干裂，身体疲劳、丧失胃口。

维生素B的食物来源：动物的肝脏、菌类、鱼类、鸡蛋和牛奶。

(4) 维生素C。维生素C可美白肌肤、改善粗糙肤质；有利于排解毒素及老化细胞；帮助洁净皮肤；可防止晒伤，避免过度日照后留下后遗症。

维生素C的食物来源有：橘子、萝卜、草莓、菠菜、西红柿、柠檬、西瓜、苹果等各式新鲜蔬果。

(5) 维生素E。维生素E是一种很强的抗氧化剂，对保持皮肤代谢、防止皮肤衰老起着至关重要的作用。维生素E亦可防止面部色斑的产生，促进末端血管的血液循环，使皮肤有丰富的营养供应，保持光泽滋润。

维生素E的食物来源有：大豆、植物油、坚果、蘑菇、甲鱼、绿叶蔬菜、蛋、菜花、卷心菜等。

6. 少晒太阳，皮肤白皙

阳光中的紫外线，虽有杀菌作用，但它能渗透皮肤表皮，直达真皮，影响皮肤细胞的生长，从而形成黑色素，使皮肤表面细胞老死，新的皮肤不断生长，从而会使皮肤表层愈来愈厚，也愈来愈黑。一般经过3～8小时的曝晒，皮肤就会微微发红，从而有刺痛灼热感，24小时后这种刺痛感更为显著。

技能训练 ⇨⇨⇨⇨⇨⇨⇨⇨⇨⇨

造型设计

按性别将学生分成男、女两组，分别设计造型，完成后两组交叉打分。

一、实训目的

(1) 掌握日常生活中的服装设计技巧。

(2) 掌握日常生活中的发型设计技巧。

二、实训要求

(1) 完成妆面的形象设计。

(2) 完成服装的形象设计。

(3) 完成发型的形象设计。

三、实训内容

(1) 学生分组。

(2) 选择需要的工具。

(3) 进行互评、互测。

四、实训考核

根据完成实训的综合情况进行考核，实训考核表如表1-1所示。

表 1-1　实训考核表

学习情境		仪容礼仪		
评价项目与内容		应得分	实得分	改进措施
准备工作	选用工具恰当	5		
	实训过程全组协调良好	5		
基本知识	男士、女士对仪容的要求	10		
男士、女士仪容	发型	10		
	面部	20		
	手部	10		
	腿和脚	10		
观摩讨论	观摩认真	5		
	讨论积极	5		
实训报告	按规定时间上交	5		
	字迹清楚，填写规范，内容详尽完整	5		
	实训分析总结正确	5		
	能提出合理化建议和创新性见解	5		
合计	100 分	100		

任务二　化妆礼仪

任务要求

(1) 了解不同的皮肤类型，能根据自己的肤质选择适合自己的保养品。

(2) 掌握化妆的基本原则和要点，能根据不同的场合为自己设计不同的妆容。

案例导入

从古至今，女人与装扮之间似乎是可以画上等号的。在大英博物馆里，珍藏着一个妇女用的化妆盒，化妆盒里有象牙梳、火山石以及润肤膏、用来盛化妆品的小罐等。经考证，这些物品属于 1400 年前古埃及的女性。清李笠翁《闲情偶寄》中《修容》开篇即说，“妇人惟仙姿国色，无俟修容，稍去天工者，即不能免于人力矣。”仙姿国色者毕竟屈指可数，大多数女人则要借化妆这种“外力”来实现自己对美的追求。孟子说：“爱美之心，人皆有之。”俗话说：三分长相，七分打扮。有人认为，装扮自己既是一种自我美丽，也是一种对别人的尊重。但也有人反对这种违背本色、靠化妆品展现出来“假我”的做法。

思考题：

(1) 女人该不该化妆？

(2) 真正的美应当是“清水出芙蓉，天然去雕饰”，还是“淡妆浓抹总相宜”？

化妆并不可能从根本上改变人的面貌，但是可以突出人的长处，使人平添美丽，显得更有精神。在许多商务场合，服饰与妆容搭配合理，是一种礼仪，以表示对参加者的重视，和对这一场合的重视。工作时应该化淡妆，清爽自然；赴晚宴、舞会的妆可以浓一些，要华美不俗。本任务旨在让学生了解美容化妆的基本理论知识，掌握脸部的基本化妆技巧，培养学生的审美情趣和艺术创造力。

一、化妆前的准备

(一) 皮肤的护理

有好的皮肤，不化妆也有健康自然之美，必要时稍加装扮，就能光彩照人。

要想皮肤好，就得有健康的身体，因为身体差，皮肤晦暗，身体好，红光满面。经常锻炼身体，肯定对皮肤有好处。另外，饮食要科学，偏食或过分减肥都会影响到皮肤健康。

如能坚持对皮肤按摩，则能促进皮肤血液循环，有利于吸收护肤品中的营养成分，增加皮肤弹性。按摩要顺着面部肌肉的纹理按摩，否则适得其反。保护皮肤贵在坚持，“三天打鱼，两天晒网”是不可取的。

(二) 肤质类型与化妆品选择

皮肤可分为中性皮肤、干性皮肤、油性皮肤、混合性皮肤，不同的肤质所选用的化妆品也有较大区别。

1. 中性皮肤

中性皮肤是健康皮肤。这种皮肤富有弹性，肤质细腻光滑，对化妆品不太挑剔，无论使用哪种化妆品都有不错的效果。

2. 干性皮肤

干性皮肤肤质细腻，毛孔细小，易起皱纹，但不易长暗疮。护肤时应选择专为干性皮肤配制的化妆品，如高保湿的面霜、精华等。

3. 油性皮肤

油性皮肤由于皮脂分泌旺盛，脸上特别是额头、鼻翼、下颚处容易分泌油脂，毛孔也较大，容易长粉刺。护肤时应使用比皮肤稍热的水洗脸，使用专为油性皮肤配制的洗面奶，尽量使用清爽的护肤品。

4. 混合性皮肤

混合性皮肤的特点主要表现为脸部 T 型部分呈油性，其他部分呈干性。亚洲女性皮肤有 80%属于此种类型，且多见于 25～35 岁的年轻人。为了保护皮肤，在用化妆品之前，脸上呈干性的部位要多用一点护肤油。

(三) 了解自己的脸型

中国人标准的脸型是椭圆脸或瓜子脸。这种脸型的面部比例是“三庭五眼”。“三庭”是面部纵向的比例，即从面部最上端的发际线到眉毛、从眉毛到鼻底、从鼻底到下颌各占三分之一。“五眼”是脸部横向的比例，脸部最宽的地方在眼部，假设在两眼间画一条线并向左右延长至发际，那么这条线应该有五只眼睛的长度。圆脸、方脸、三角脸等，可以通过化妆使脸型看起来更美。对自己的脸型有所了解，化起妆来就不会盲目了。五官黄金比例图如图 1-8 所示。

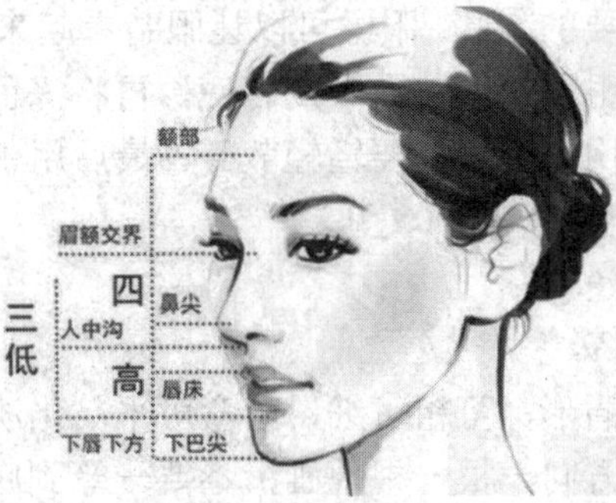

图 1-8　五官黄金比例图

二、化妆要点

不管什么时候，化妆前要先把脸洗干净，这是化妆的第一步。

(一) 搽面霜

很多女生把涂抹面霜作为护肤的最后一步。涂抹护肤水后，再涂抹精华，待精华完全吸收之后，然后取面霜涂抹于面部。

(二) 搽粉底霜

粉底霜一定要选接近肤色的。肤色暗者搽过白的粉底霜，会显得极不自然。粉底霜要搽得少而匀，可用手指轻轻拍匀，也可用粉扑搽匀。千万别忘了连颈部一起搽匀。在额头、鼻梁、下巴处可涂得厚一点，使面部妆容更富于立体感。底妆顺序图 1-9 所示。

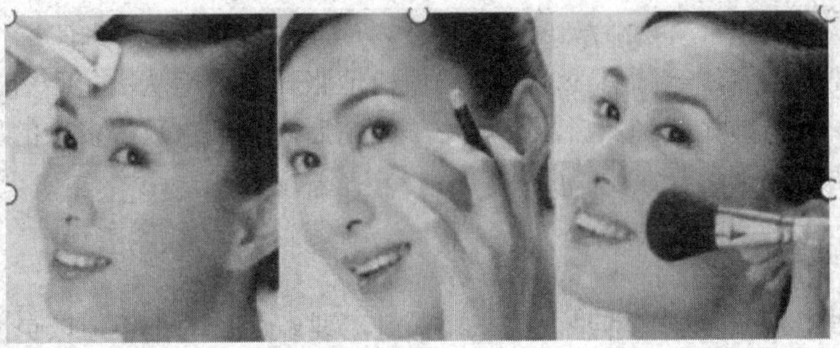

打粉底　　遮瑕　　定妆

图 1-9　底妆顺序

(三) 画眼线

画眼线是为了使眼睛显得更明亮有神。一定要把眼线画得紧贴睫毛。上眼线从内眼角画到外眼角，下眼线一般只从外眼角画至距内眼角还有三分之一处即收笔，外眼角处的眼线稍粗，渐渐细到没有。上下眼线在外眼角处不连接，上眼线稍长出眼角，这样眼睛才显得大而有活力。

(四) 涂眼影

涂眼影是化妆中非常重要的步骤，眼影可以让眼睛看起来更加有神。以三色眼影为例，一般分三层来画，先用浅色眼影晕染整个眼皮打底，再将深色眼影涂在眼皮内侧、眼尾处以及下眼睑眼尾，注意不要用力过度，要轻轻散开，最后用带有珠光的眼影轻轻涂至眼尾处即可。

(五) 描眉

描眉时需先修出整齐的眉形，可粗可细，可弯可平。化淡妆不要过多地改变自己原本的眉形，要顺着眉毛生长的方向一根一根地画，不要一笔到底。画完后，用小眉刷轻轻刷两下，去掉明显的笔痕。

(六) 涂颊红

颊红又叫腮红、胭脂。涂颊红可增加面部的红润，还可以利用它使面部的轮廓更美。颊红要涂得好看，其颜色要与眼影或唇膏的颜色属同一色系，这样才有和谐之感。宽脸庞的人要从颧骨最高处向斜上方抹向发际，再从颧骨向下晕染；瘦脸庞的人要从颧骨抹向耳边，再上下略做晕染。

(七) 扑粉

扑粉是为了不发生脱妆现象。干粉能吸收汗液和皮脂，减少面部光亮，使之更柔和。扑粉时用粉扑蘸少许粉，然后轻轻地按在面部或其他需要着粉的部位，最后用粉刷轻轻地把浮粉扫掉。请记住，粉千万不要扑得太多，且不要忘记涂脖子。肤色深的人要避免使用浅色的粉。

(八) 涂唇膏

涂唇膏时要先用唇线笔画唇线。嘴自然放松地张开，用笔从嘴角沿着上唇的轮廓线，描画到唇中，下唇也是如此。然后涂上唇膏。涂完后，用纸巾吸去多余的唇膏。请记住，唇线笔的颜色要略深于唇膏。

(九) 修饰指甲

如果想留指甲，就要经常养护、修理。最好不要留太长的指甲，以免影响工作。鉴于工作场合的审美习惯，工作时不要涂颜色鲜艳或怪异的指甲油。如果指甲油有剥落，在上班前应该补好。如果指甲油的颜色与唇膏颜色一致或属同一色系，会显得更协调。

以上就是化妆的基本步骤和方法。并不是每次化妆都要完全按照上述步骤去做，化淡妆时可以简单一些；化浓妆时，在某些部位还要多花工夫。下面就浓、淡妆的不同要点分别讲述。

三、淡妆

工作妆应该是淡妆。我们可以在 15 分钟之内完成工作妆。熟练以后，所用时间还会减少。

淡妆的化妆步骤是：在面部先搽一层底油，即平时用的护肤霜，在眼睛周围涂厚一点，以保护眼部皮肤。再打一层粉底霜，但气色好时或天热时可以不用。(天热时可直接用干湿两用粉饼，把海绵粉扑用水浸湿，挤干，包上面巾纸再挤一次，除去多余水分，然后蘸少许干粉，轻轻按在脸上，重点是额头、鼻子、下巴，之后用大粉刷把浮粉扫掉。)用眼线笔描上下眼线，再用小刷子沾一点浅咖啡色眼影，刷在外眼角上方，向周围抹匀。平时要把眉形修好，再画眉时就会省时省力。唇线可画可不画，涂唇膏最好选用接近唇色的唇膏，看上去会比较自然。

更简单的方法只包括搽底油、描眼线、涂唇膏三步。眼线可使眼睛更有神，嘴唇是除了眼睛之外最引人注目的地方，干燥、脱皮、无血色都会显得气色不好、疲劳不堪，所以唇膏也是必须涂的。长期在空调环境中工作，唇部极易干燥脱皮，平时可以涂一层无色的润唇膏来保护唇部。

职业女性上班时化妆，不仅是为了漂亮、有精神，还体现了敬业精神。因为看重自己的这份工作，所以要以最佳状态来上班。在现代社会，化淡妆已成为一种基本礼仪。

四、浓妆

化浓妆有以下要点：

(一) 粉底霜

化浓妆时可用遮盖力较强的粉底霜，如遮盖霜之类；还可以用深浅两色粉底修饰轮廓。在晚上举行的活动，如晚宴、舞会、音乐会等，一般会要求参加的女性化妆、穿礼服，这是礼节的一部分。晚宴的灯光较强，太淡的妆会显得苍白、气色差；相反，浓妆在夜晚更有层次感。浓妆要高雅而不俗气，光彩照人而不浓艳怪异，浓妆而不艳抹是浓妆的原则。

脸型较宽者可把深色粉底涂于腮部，把浅色粉底涂于面部中间部位和额头、下巴处，脸型就会显得瘦一点。脸型瘦长的人要把深色粉底涂于下巴下方，脸会显得短一些。总之，深色有收缩作用，而浅色有扩张作用，可以把深色涂于想收缩或凹进的部位，把浅色涂于想扩展或突出的位置。

(二) 颊红

颊红也有改善脸型的作用。颧骨凸出一点，给人以华美、冷艳感。东方女性的颧骨一般都不高，脸的立体感不强。为改善这种情况，可用双色胭脂，一明亮一深沉，把明亮色胭脂涂于颧骨最高处，并扫向发际；用修容粉涂于颧骨下方，注意两色要连接得自然，不能截然分明的两色块。

(三) 眼影

眼妆底色要选浅咖啡色，然后沿上眼线涂彩色眼影。眼影的颜色应该配合服装的颜色，如选择蓝色的服装配粉红色的眼影(不要涂满整个上眼皮，像哭肿了眼睛)；绿色服装配橙色眼影。可沿眉骨涂以浅黄或珍珠色眼影，以突出眉骨。

(四) 睫毛膏

在涂睫毛膏时，手边要准备好棉花棒，随时擦干净画错的地方。涂睫毛膏前先用睫毛夹夹得翘起来，然后用睫毛刷刷睫毛尖，再刷睫毛根，如果觉得不够浓密，等睫毛膏干后再刷一遍。有时睫毛会粘在一起，可以等它干了以后用小睫毛梳轻轻梳理一下。防水睫毛膏比较好。

(五) 鼻影

淡妆不需要画鼻影，化浓妆时也不是所有人都要画鼻影。只有鼻梁不够挺者才需要。鼻影的颜色以浅咖啡色为宜。画鼻影时，从内眼角处开始向下，越来越淡，逐渐消失，不要画到鼻翼。鼻影要涂得自然，从侧面看不要有明显的界线。

(六) 唇膏

晚妆，特别是舞会妆，唇膏、颊红及眼影的颜色都不应太暗，应以粉红、桃色系为好。因为舞厅中的灯光有蓝、绿色的，如果用深色，比如棕色的唇膏，则当灯光照在脸上时，唇的颜色就过于暗了。

(七) 描眉

浓妆的眉形可以夸张一些，但还是要与眼睛和眉骨的形状相配。太偏离原来的眉形会导致看上去不够和谐自然。

五、补妆

一般化妆后几小时，最好做一下补妆，否则时间长了，颜色会发生变化，使妆容显得无精打采。

油性皮肤比干性皮肤更容易脱妆，所以补妆的次数因人而异。一般一天补两次比较合适，即中午饭后和傍晚下班前。午饭后唇膏要补；脸上也会分泌油脂，特别是T字位，即额头与鼻子、下巴一线，因此脸部也需补些控油的散粉。傍晚快下班了，人易疲劳，此时稍稍补妆，可以使人看起来有活力，有精神。

补妆时，不需要把妆全部洗掉重新化。用面巾纸轻轻按在脸上出油的地方，把油脂吸干净，再均匀地扑一点粉，涂涂口红，就算补完妆了，一分钟即可搞定。千万不要每次都从头描一次，那样会使颜色越来越浓，就变成浓妆了，还容易把脸画脏。

绝对不要当着别人的面补妆，以免使自己形象遭到破坏，可以去洗手间或背人处补妆。

当着男同事的面毫不在意地补妆，是很失礼的。在任何公共场合都应避免当着他人的面化妆或补妆。

六、香水的使用

(一) 香水的类型

我们平时所说的香水，包括香水、花露水、古龙水三种。

香水是含香料最多的，稍微抹一点就有较持久的香气。花露水的味道比香水淡，含酒精较多。古龙水的味道更淡，所含香料更少，适用的场合最多，只是香味不易持久。

香水的香味大致分为四类：

(1) 花香：是最常见的一类，玫瑰花、茉莉花香都是受人欢迎的，更适合少女使用。

(2) 水果香味：其中柑橘系列的香水清爽芬芳，常常被男士香水采用。水果香与花香混合的，味道可爱甜蜜。

(3) 森林田野的味道或海洋的味道：这种香味是近年来颇为流行的，迎合了现代人希望回归大自然的心理，以树木、青草、海洋的天然芳香抚慰人们紧张的心灵，具有智慧感和现代感。

(4) 动物香：这种香味的香水是以麝香等动物性香源提炼而成的，香味浓烈，具有神秘的东方味道。这种香水不适合年轻女性，也不适合在办公室等工作环境中使用。

这四类香味的香水，前三类都有可以在上班时使用。当你不知道使用效果时，最好先涂上一点试试，一定要涂到身上后才能确定，因为它与人身体的气味混合后，散发出的香气是因人而异的。所以选香水时不能仅闻一闻瓶口的味道，还要把它喷在手腕内侧，过一会儿再闻，才能确定是否是你喜欢的。

(二) 使用香水的方法

适合喷洒香水的部位有耳后和耳垂、手腕内侧、膝盖后面，这几个地方静脉血管离体表比较浅，体表温度略高，有利于香水的挥发。千万不要喷洒在头发上、腋下等爱出油、出汗的地方，香水和汗味混合，味道可不太美妙。胸前也要少喷，否则太浓的香气会刺激鼻腔。

往浅色衣服上喷洒香水要慎重，因为在阳光的作用下，香水也许会在衣服上留下痕迹。应该在衣服和裙子的下摆喷洒香水，香味会自下而上地浮动。

如果要用香水，其他化妆品的香气应越淡越好，这样才不会影响到香水的纯正味道。使用香水所达到的最好效果是：当你与别人擦肩而过时，留下的是隐隐约约、若有若无的香气，而不是浓烈地让人半天喘不过气来。

相关链接

护肤和化妆品的使用步骤

1. 基础护理

卸妆膏(面部)——洗面奶(面部)——化妆水(面部)——精华(面部) ——眼霜(眼圈)——

乳液(面部)——乳霜(面部)

2. 化妆

隔离乳(面部)——妆前修饰乳(面部)——粉底液(面部)——遮瑕膏(瑕疵部位)——眼线笔(眼部)——眼影(眼部)——睫毛膏(睫毛)——腮红(脸颊)——润唇膏(唇部)——口红(唇部)——高光粉(鼻梁、眉骨)——定妆散粉(面部)

技能训练 ⇨⇨⇨⇨⇨⇨⇨⇨⇨⇨

化　妆

学生两人一组，相互化妆，熟悉化妆步骤，并由教师逐一点评。

一、实训目的

(1) 掌握美容化妆的基本理论知识。
(2) 认识并使用化妆品及其工具。

二、实训要求

(1) 面部的基础化妆。
(2) 对妆面的刻画细致到位。
(3) 对香水的辨识和对香水品牌的认知。

三、实训内容

(1) 学生分组。
(2) 选择需要的工具。
(3) 进行互评、互测。

四、实训考核

根据完成实训的综合情况给予考核，实训考核表如表 1-2 所示。

表 1-2　实训考核表

评分项目	评 分 标 准	分值
化妆技术	粉底厚薄均匀，妆面干净，自然柔和服帖，突出皮肤细腻质感	70 分
	妆面色彩协调，层次过渡衔接自然	
	面部轮廓清晰，比例匀称，妆面设计与造型意图吻合	
整体效果	注重整体效果	30 分
	整体造型自然大方	
	妆面、色彩、发型、服饰搭配符合自身条件	

项 目 小 结

通过本项目的学习，学生应重点理解和掌握以下理论和技能知识：

(1) 认识到仪容对塑造个人形象的重要性。

(2) 掌握各种妆面的不同概念、特点及对妆面的不同要求。

(3) 掌握化妆的注意事项，分析自身妆容是否符合礼仪要求，具备判断个人仪容是否合乎规范的能力。

思 考 与 练 习

案例分析(一)

张华的口头表达能力不错，人也朴实勤快，在业务人员中学历又高，领导对他抱有很大期望。可是他作销售代表半年多了，业绩总是没有得到提升。到底问题出在哪儿呢？原来，他是个不修边幅的人，喜欢留着长指甲，指甲里经常藏着很多“东西”，衬衣领经常有一圈黑色的痕迹。他还喜欢吃大葱、大蒜之类的刺激性食物。

讨论题：

请从礼仪的角度分析张华业绩上不去的原因。

案例分析(二)

一天，黄先生与两位好友小聚。他们来到某知名酒店，接待他们的是一位五官清秀的服务员，接待服务工作做得很好，可是她面无血色，显得无精打采。黄先生一看到她就觉得心情欠佳，仔细留意才发现，这位服务员没有化妆，在餐厅昏黄的灯光下显得病态十足。上菜时，黄先生突然看到传菜员涂的指甲油缺了一块，他的第一个反应就是“不知是不是掉我的菜里了”。为了不惊扰其他客人用餐，黄先生没有将他的怀疑说出来。用餐结束后，黄先生喊柜台内服务员结账，但服务员一直对着反光玻璃墙面修饰自己的妆容，丝毫没有注意到客人的需要。自此以后，黄先生再也没有去过这家酒店。

讨论题：

(1) 请指出案例中服务员在仪容上存在的问题。

(2) 本案例对你有哪些启示？

项目二 服饰礼仪

项目分析

服饰是一个人的文化修养和审美情趣的外在体现，是身份、气质、内在素质的无言名片。古往今来，在不同的场合，穿着得体的人都能给人留下良好的印象，而穿着不当则会损害自身的形象。本项目从服饰礼仪入手，强化大学生规范得体的礼仪观念，认识着装的重要性及佩戴饰品和礼仪规范。

项目任务

(1) 掌握服装的构成要素、着装的基本原则和职业着装规范。
(2) 了解首饰和配饰等饰品的佩戴礼仪。

知识目标

(1) 掌握男士着装礼仪。
(2) 掌握女士着装礼仪。
(3) 了解饰品的搭配技巧。

能力目标

(1) 具有不同场合的服装识别意识。
(2) 能够根据不同的场合做出不同的服装搭配。
(3) 具备得体规范的饰品佩戴认识。

任务一 着装礼仪

任务要求

(1) 了解着装的原则要求，能根据不同的场合选择合适的服装。

(2) 了解饰品的搭配原则，能得体地运用服饰和配饰。

案例导入

经过系统的专业学习，张华今年7月份就要毕业了。投了多份简历之后，张华终于收到复试通知，招聘单位是他心仪已久的 A 公司。一想到明天就要去面试，张华掩饰不住内心的兴奋和喜悦，他再一次站在镜子面前端详自己的装扮：西装是前两天刚买的，是张华最喜欢的白色，袖子上的吊牌显示出这是一套价格不菲的名牌服装；洁白的衬衫，鲜艳的碎花领带，展现着自己的青春活泼；锃亮的黑色皮鞋，白色干净的袜子。这样的一身打扮，一定会给面试主考官留下良好的第一印象，张华对明天充满了期待。

思考题：

这次面试非常重要，直接关系到张华是否能够梦想成真地找到心仪的工作。你能从着装礼仪的角度帮张华指出有无不妥之处吗？

孔子说："人无礼，无以立。"在社交场合，得体的服饰是一种礼貌，一定程度上直接影响着人际关系的和谐。掌握着装的常识、着装原则和服饰礼仪的知识，是达到内外和谐统一美的不可或缺的条件。

一、服装的要素

服装的构成要素包括三类：面料、色彩和款式。

(一) 面料

服装的面料不仅可以体现出不同的风格和特性，还直接影响着色彩和款式的表现效果。一般来说，我们可以根据材质的不同，把服装的面料分为天然纤维、化学纤维和混纺三大类。

1. 天然纤维

天然纤维具有自然的柔和感、坚韧感、弹性感及天然光质感，可以分为植物性纤维和动物性纤维两类。植物学纤维如棉布、麻布等；动物性纤维如毛料、丝绸、皮革等。

1) 棉布

棉布多用来制作休闲装、内衣和衬衫。其优点是轻松保暖、柔和贴身、吸湿性强、透气性佳；缺点是易缩水、易褶皱、外观不挺括。

2) 麻布

麻布是以亚麻、黄麻、剑麻、苎麻、焦麻等各种麻类植物纤维制成的一种布料，一般用来制作休闲装、工作装和普通的夏装。其优点是强度高、吸湿性强、导热性好、透气佳；缺点是外观较为粗糙、生硬、穿着不甚舒适。

3) 毛料

毛料是各种羊毛、羊绒等制成的纺织物，通常用于制作礼服、西装、大衣等正规、高档的服装。其优点是防皱耐磨、手感柔软、高雅挺括、富有弹性、保暖性强；缺点是不便洗涤。

4) 丝绸

丝绸是以蚕丝为原料制成的纺织物，通常用于制作各种服装尤其是女士服装。其优点是轻薄、合身、柔软、滑爽、透气、色彩亮丽、穿着舒适、高贵典雅；缺点是易皱、易吸身、不结实、易褪色。

5) 皮革

皮革是经加工而成的动物毛皮面料，可分为革皮和裘皮两类。革皮是经过去毛处理的皮革，裘皮是连毛带皮的皮革。皮革通常用于制作冬装。其优点是轻盈保暖、雍容华贵；缺点是价格昂贵、不易贮藏、不易护理。

2. 化学纤维

化学纤维具有弹性高、比重轻、保暖、耐磨的特点，但透气性、自然感较差，主要品种有锦纶、涤纶、腈纶、丙纶及中长纤维。化纤面料可用于制作各类服装。其优点是色彩鲜艳、质地柔软、悬垂挺括、滑爽舒适；缺点是吸湿性不高、透气性不高、遇热易变形、易产生静电。

3. 混纺

混纺是将天然纤维和化学纤维按照一定比例混合纺织而成的织物，可用来制作各种服装。混纺既吸收了天然纤维和化学纤维的优点，又尽量避免了它们的缺点，物美价廉，深受广大消费者欢迎。

在选择面料时要兼顾考虑两个因素：一是天然纤维的采用，必须注意对自然生态环境的保护，切莫顾此失彼；二是化学纤维往往对人的身体有不同程度的影响，我们要建立对身体的保护意识。面料也有厚重与轻薄之分，厚重面料线条厚实粗重，轻薄面料线条细柔飘逸。

(二) 色彩

色彩在服饰审美中有着举足轻重的作用。不同的色彩配置会带给人不同的视觉和心理感受，也会使人产生不同的联想。

1. 色彩的感受特性

人们对色彩是有强烈反应的，对色彩的感受也不尽相同，通常会有冷暖、轻重和软硬之分。

1) 冷暖

红色、黄色等通常为暖色，给人以温暖、热烈、兴奋的感觉；而黑色、蓝色等通常为冷色，给人以平静、寒冷的感觉。着暖色服装会让人更显丰满，而着冷色服装则更显苗条。

2) 轻重

色彩的变化会给人轻重不同的感觉。浅色、亮色通常带给人上升的感觉；而深色、暗色则使人有下垂感。因此，大多数人的着装通常都是上浅下深。

3) 软硬

色彩鲜艳明丽的服装通常给人柔软的感觉，反之则较硬朗。

2. 色彩的搭配技巧

色彩世界可谓是五颜六色、五彩缤纷，但却离不开红、黄、青三种基本颜色，亦被称为“原色”。两种原色进行调和后产生的一种颜色称为“间色”，例如，红加黄调和成橙色、黄和青调和成绿色。两种“间色”或原色与间色调和又形成复色。颜色又可分为彩色系和无彩色系两大类。黑色、白色及黑白色调合而成的各级灰色属于无彩色系。白色是亮度的最高级，黑色是亮度的最低级。无彩色系之外的所有颜色都属于彩色系。色彩的搭配技巧可分为统一、对比和呼应搭配三种。

1) 统一搭配

色彩统一会显得融和高雅。例如，上下衣裙是白色，配上白色提包、白色眼镜、白色耳环，达到服饰色彩的统一，给人和谐的美感。当然，在统一色调，如素静的冷色调中点缀一点暖色调，则会起到画龙点睛之用，另有一番韵味。

2) 对比搭配

对比搭配能形成反差，从而突出个性。例如，玫瑰红的外套，内衣是白色，配上白色手提包、白边帽子、白色项链和手镯。深浅相衬，或是黑白相衬，对比强烈，也能够取得和谐的效果。

3) 呼应搭配

呼应搭配在很多场合都比较适用。采用前后、上下呼应搭配的方式，能显示和谐统一的美感。例如，服装款式中，衣领与兜盖、袖口的形态、色彩、面料呼应，衣领与裙子的花色呼应；衣身拼色的面料、花色呼应；服装配套方面，上衣和帽子的面料、花色呼应，下装与头巾的花色、面料呼应，上衣与裙子、手套等的色彩、面料呼应，上衣与包装、鞋靴的材料、色彩呼应。

(三) 款式

服装的款式根据轮廓不同可分为外造型和内造型，其外造型主要是指服装的轮廓剪影，内造型指服装内部的款式。

1. 外造型

服装造型的总体形象是由服装的外形轮廓决定的。服装的外形轮廓进入人们视野范围的速度快于服装的局部细节，会给人们留下深刻的印象，因此在服装整体设计中处于首要地位。服装的外造型可分为A、H、X、Y四个基本型。

1) A型

A型的特点上窄下宽，显得活泼。上衣和大衣不收腰、宽下摆。上衣一般肩部较窄或裸肩，衣摆宽松肥大；裙子和裤子均以紧腰、阔摆为特征。A型着装效果如图2-1所示。

图2-1　A型着装效果

2) H型

上衣和大衣以不收腰、窄下摆为基本特征。衣身呈直筒状，裙子和裤子也以上下等宽的直筒状为特征。H型着装效果如图2-2所示。

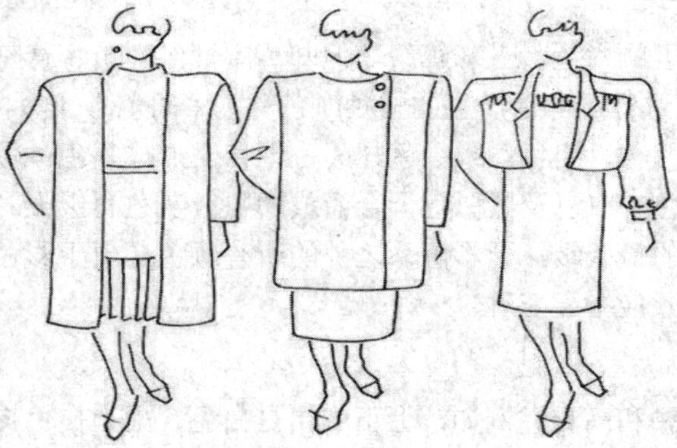

图 2-2　H 型着装效果

3) X 型

上衣和大衣以宽肩、阔摆、收腰为基本特征；裙子和裤子也以上下肥大、中间瘦紧为特征。X 型着装效果如图 2-3 所示。

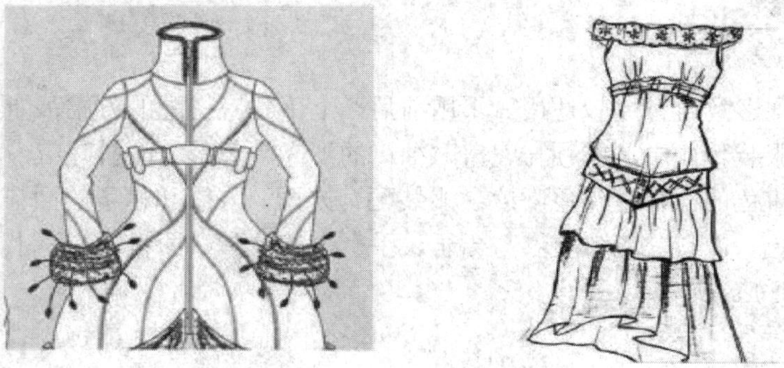

图 2-3　X 型着装效果

4) Y 型

上衣、大衣、连衣裙等以夸张肩部、收缩下摆为主要特征。Y 型着装效果如图 2-4 所示。

图 2-4　Y 型着装效果

2. 内造型

服装的外形是款式的主体，内造型设计要符合整体外观的风格特征，内外造型应相辅相成。

二、着装的基本原则

莎士比亚说：“一个人的穿着打扮就是他教养、品位、地位的最真实的写照。”在社交场合，得体的着装是一种礼貌，穿着合适会给人留下良好的印象，而穿着不当则会损害自身形象，甚至影响事业发展。从礼仪的角度看，着装有其规范的搭配原则和选择标准。

(一) 整洁原则

整洁是着装的第一原则。古语云：“衣贵洁、不贵华、上循分，下称家。”整洁打破了地位、家境等的制约和界限。只有整洁才能恰到好处地表达自尊和对他人的尊重。任何情况下，服装首先应该是干净整齐的。衣服应该平整，不能沾有污渍，不能有绽线的地方，更不能有破洞，扣子等配件应齐全。衣袖和领口尤其应注意不能有污渍。衣服要勤换洗，特别是衬衫，应非常洁净，不允许存在明显的污迹、汗味和体臭。皮鞋要保持鞋面光亮。

(二) 整体协调的 TPO 原则

TPO 是国际公认的着装标准，是一切着装的基础原则。具体说来，T、P、O 分别是英语中 Time、Place、Object 三个单词的首字母。“T”指时间，泛指早晚、季节、时代等；“P”代表地方、场所、位置、职位；“O”代表目的、目标、对象。

1. 时间原则

时间原则要求着装要考虑时间因素，做到随“时”更换。

1) 随早晚的不同而换装

跑步应着便于运动的服装。工作着装要符合公司要求和工作性质。如果公司规定统一着装，那么就必须按照公司的要求统一穿着制服。当参加派对和宴会时，如果请柬上特别注明“请穿着正式服装”，则男士要穿西装，女士要穿礼服。

2) 随四季的变化而换装

夏季以凉爽、轻柔、简洁为着装格调；冬季以保暖、轻便为着装原则，既要避免臃肿不堪，也要避免为形体美观而着装太单薄；春秋两季的服装选择要相对宽松一些。

3) 随时代的发展而换装

应当做到随着时代的发展而改变服饰，要顺应时代发展的主流和节奏，既不可超前也不可过于滞后，超前易给人浮夸的感觉，而滞后又会使人认为跟不上时代。

2. 地点原则

地点原则即指环境原则，不同环境需要与之相适应的服饰，以获得视觉上和心理上的和谐感。职业女性在办公室着装的基本特点是端庄、简洁、持重和亲切。过度华丽，太性感、太暴露、花哨的服饰是办公室所忌用的。

1) 休闲要舒适

人们在休闲时，如在娱乐、购物、观光等处着装应舒适得体，可穿着牛仔服、休闲服、运动服等。

2) 工作服要正统

在商务办公的环境中穿着应正统，适合穿制服、套装、套裙以及连衣裙，增强自身的职业感。着装也要符合规范，如男子穿西装一定要系领带，西装应烫熨平整，裤子应烫熨出裤线，衣领袖口应干净，皮鞋应锃亮；女子不宜赤脚穿凉鞋，可穿长筒袜，袜口不能露在衣裙外等。

3) 社交要大方

一身干净利落的服饰，总能给人一种积极向上、有涵养的感觉。在社交场合，整洁大方的服饰会给你带来更多的人气和更广的交际脉络。

3. 场合原则

场合原则是指在正式和半正式场合，服装要与场合的气氛相和谐。

1) 正式场合

正式场合主要是晚间的社交活动，如宴会、招待会、酒会以及各种仪式、会见活动等。男士一般以深色两件套或三件套西装套装为宜，但避免加穿毛背心或毛衣；女士要穿礼服。

2) 半正式场合

半正式场合主要指白天较为隆重的活动，如上班、高级会议、午宴、一般性访问、会见等。

人们应根据特定的场合搭配适合、协调的服饰，从而获得视觉和心理上的和谐美。例如会议、庆典仪式、商务宴会或者外事谈判、会见外宾等场合，选择的服饰应庄重和典雅，不要给人一种浮夸的感觉；在欢度节日、纪念日、结婚典礼、生日纪念、联欢晚会、舞会等喜庆场合，服饰应色彩鲜艳、明快，款式新颖、时尚，给人一种时尚、轻松之感。

总之，不同的时间、地点、场合对服饰有不同的要求，只有与当时的时间、地点、场合气氛相一致、相融洽的服饰，才能产生和谐的审美效果，实现人景相融的最佳效应。

(三) 个性化原则

着装的个性化原则，主要指依个人的性格、年龄、身材、爱好、职业等要素着装，力求反映一个人的个性特征。选择服装因人而异，着重点在于展示所长、遮掩所短，展现着装者独特的个性魅力和最佳风貌。具体说来有两点：

1. 着装应结合自身的特点

服装往往能传达一个人的性格、爱好、心理状态等多方面的信息。因此，服装必须与自身的身材、气质、爱好等相匹配，做到量体裁衣。

2. 着装应创造和保持自己的风格

着装保持自己的风格必须掌握两个问题：一是不要盲目追求时髦；二是要穿出自己的风格与个性。人们由于不同的职业、文化素质、社会背景、年龄、性格等因素的影响，所呈现出来的气质也是不同的，所以服装的选择首先要符合个人气质，通过服饰搭配来展现出自己的个性风采，切勿过于追求时髦而失去自我。

三、职业着装规范

(一) 职业男装着装规范

西装起源于欧洲，是目前全世界最流行的服装之一，也是男士在正式场合着装的最佳选择。

1. 西装的选择

1) 西装的版型

目前较流行的西装板型主要有欧式、英式、美式和日式四种。

(1) 欧版西装。欧版西装在意大利、法国比较流行，代表品牌有杰尼亚、阿玛尼、费雷等。其基本轮廓呈倒梯形，主要样式为双排扣、收腰、肩宽，与欧洲男人高大魁梧的身材相吻合。欧版西装如图 2-5 所示。

图 2-5 欧版西装

(2) 英版西装。英版西装是欧版的一个变种，它是单排扣，但是领子比较狭长。英版西装一般是三粒扣子，其基本轮廓也是倒梯形。两侧开衩叫骑马衩；衣后下摆中间开衩的叫中间衩。英版西装如图 2-6 所示。

图 2-6 英版西装

(3) 美版西装。美国人服装强调舒适随意，主要特征是宽松肥大，肩部不加衬垫，适合休闲场合，故美版西装以单件居多，一般都是休闲风格。美版西装如图 2-7 所示。

图 2-7　美版西装

(4) 日版西装。日版西装的基本轮廓是 H 型。它适合亚洲男人的身材，没有宽肩，也没有细腰。日版西装多为单排扣式，衣后不开衩。日版西装如图 2-8 所示。

图 2-8　日版西装

2) 西装的面料

西装通常会选择厚实、有垂坠感的面料，这样的面料摸起来十分顺滑，而且制作出来的西装会更加笔挺有型。

西装的面料主要有以下几种：

(1) 棉质西装。棉质西装是天然纤维，吸水性强，但是容易起皱。棉质西装分梭织棉西装和针织棉西装，目前市场上梭织棉平纹和斜纹西装比较常见。为了改善棉质服装的起皱性能，市场上普遍采用了棉化纤混纺西装，比棉质西装更挺。

(2) 黏胶西装。黏胶西装通常用在夏天的西装材料上，是材料当中比较凉爽的一类。

(3) 羊毛西装。目前，羊毛西装是最经典也是最昂贵的一个派系。羊毛西装可厚可薄，可以说是所有西装材质里面最不容易起皱、最挺括的选择。秋冬季节选择西装时，尽量选择羊毛材质的，相对棉和黏胶更保暖、更挺括。羊毛西装的缺点就是价格昂贵，不容易打理，还容易虫蛀。

(4) 聚酯纤维西装。聚酯纤维西装是为了降低西装材料价格，把化纤做得和羊毛材质性能接近的一种方案。特殊处理后的聚酯纤维面料在薄款上已经比较接近羊毛的挺括。聚酯纤维西装的优点是耐穿、防蛀。

3) 西装的色彩

在国际商务交往中，男士所穿的西装颜色必须庄重、素雅，不能太花哨或过于张扬，最适合的颜色是藏青色、深蓝色和黑色。深色的西服会更为优雅正式，浅色系对于搭配、场合、肤色和季节等会有较多的要求。

蓝色系、灰色系是所有西装的基本色调，深蓝色的西服更为优雅、易于搭配且适合于各种场合，可作为首选西服；深灰色西服的整体感觉会更为严谨，可在正式场合使用。

黑色比较适合庄严、肃穆的礼仪活动。如果本身比较偏爱黑色系，建议考虑蓝黑色或者灰黑色，一样可以时尚有型。

2. 西装的搭配

1) 西服与衬衫的搭配技巧

在正式场合，穿着西装时必须搭配衬衫与领带，衬衫面料多选择纯棉或棉涤混纺，必须长袖，袖口略长于西装袖口 1.5 公分为宜。同时要注意衬衫色彩与西装色彩的搭配，白色与蓝色衬衫是男士挑选的主流颜色；皮肤较黑的人士可以选择颜色稍深的衬衫。系领带时应将衬衫所有的扣子扣好，不系领带时要解开最上面的扣子。衬衣的下摆应束在裤腰里。

2) 西装与领带的搭配技巧

领带是男士穿着西装最重要的配饰，也是一套精美西装的点睛之笔。男士在选择领带时要关注领带的面料、色彩、图案、款式，尽量挑选适合自己个性、西服的领带。领带的面料以真丝为最佳；色彩以红色和蓝色最稳妥；搭配时要注意“三色原则”，即保证男士身上的色系不超过 3 种。

领带图案或款式的选择要注意以下原则：条纹领带代表果断权威、稳重理性，适合在谈判、主持会议以及演讲等场合；圆点、方格领带代表中规中矩、按部就班，适合初次见面和见长辈、上司的场合；不规则图案代表活泼、个性和朝气，较随意，适合酒会、宴会等；国际上默认领带夹是已婚人士之标志，其应佩戴于领结下 3/5 处。

领带是西装的灵魂，一条漂亮的领带，会让男士充满自信。系领带时要注意结法、位置、长度。系领带的基本要求是要挺括、端正，领结呈倒三角形。常见的领带结法有平结、双交叉结和温莎结等。领带最标准的长度是系好后其下端的大箭头正好在皮带扣的上端。

3) 西装与皮鞋的搭配技巧

皮鞋的搭配规则一般是休闲款西装配休闲款皮鞋，职业西装配职业装皮鞋。绅士风度始于足下，正式西服只能与传统、庄重的系带式皮鞋相配。在皮鞋颜色的选择上，黑色、海军蓝均适合正式场合。总体来说，深色西装配深色皮鞋比较合适；浅色的皮鞋搭配起来更时髦一些，比较适合年轻的男士。

4) 西装与皮带的搭配技巧

皮带可以说是西装的重要配饰之一，如果缺少了皮带，整套西装穿起来就仿佛少了灵魂。与搭配其他服装不同，皮带与西装的搭配更加需要技巧，这样才能凸显出个人干练、稳重、成熟的气质。西装和皮带进行搭配的原则是：首先，皮带的颜色要与皮鞋颜色保持相同或同一个色系，以实现整体颜色协调一致；其次，要保证全身上下不要超过 3 种色彩；皮带扣的颜色应该跟手表一致，银色的手表配银色的皮带扣，金色的手表配金色的皮带扣。

(二) 职业女装着装规范

1. 女装的选择

1) 女装的款式

职业女装的款式主要以西装套装、西装套裙最为常见。

(1) 西装套装。传统式样的西装套装使女性显得过于严肃，而近年来女性的职业装开始呈现出多元化发展趋势，阔腿裤和微喇裤成为近两年职业女性西装搭配的热门选择。阔腿裤和微喇裤最大的特点就是显腿长，再搭配干练知性的衬衫和外套，使造型显得优雅柔美。

(2) 西装套裙。套裙是西装套裙的简称，上身是女式西装，下身是半截式裙子，是所有职业女性在正式场合穿着的首选。套裙又可以分为两种基本类型，一种是用女式西装上衣和任意裙子进行的自由搭配组合成的“随意型”，另一种是女式西装上衣和裙子成套制作而成的“成套型”或“标准型”。正式场合穿着的套裙，应该由高档面料缝制，上衣和裙子要采用同一质地、同一色彩的素色面料，上衣要注重平整、挺括、贴身，较少使用饰物和花边进行点缀；裙子要以窄裙为主，并且裙长要到膝或者过膝，裙子的下摆恰好抵达小腿中部。

2) 女装的颜色

职业女装的最佳颜色是黑色、藏青色、灰褐色、灰色和暗红色，精致的方格、印花和条纹也是不错的选择。但红色、黄色或淡紫色的两件套裙要慎重选择，因为它们的颜色过于抢眼。

2. 女装的搭配

1) 女装与衬衫的搭配技巧

衬衫的颜色要和套装、套裙相匹配，如白色、黄白色和米色与大多数套装都能搭配。丝绸是最好的衬衫面料，但是干洗起来可能费用会高一些；另一种选择就是纯棉，但要保证浆过并熨平整。

2) 女装与袜子的搭配技巧

女士穿套裙必须穿长筒丝袜或连裤袜。袜子的颜色以肉色、黑色为主，肉色长筒丝袜配长裙、旗袍最为得体。女士袜子一定要大小相宜，太大时就会往下掉，或者会一高一低。尤其要注意，女士不能在公众场合整理自己的长筒袜，袜口亦不能露在裙摆外边；不要穿带图案的袜子；应随身携带一双备用的透明丝袜，以防袜子拉丝或跳丝。

3) 女装与鞋子的搭配技巧

鞋子应随着服装的变化而变化，要在造型、色泽上不断翻新。鞋子的品种很多，能够与服装搭配好就很重要。鞋子与服装搭配应注意以下几个问题：

(1) 穿对样式。穿什么式样的衣服，就要搭配相应式样的鞋，如出席正式场合，女士正装可选择高跟或半高跟皮鞋。

(2) 鞋的颜色应与服装协调一致。鞋的颜色与服装的颜色相同或相近比较好，如穿冷色系服装，鞋的颜色应选用黑色、灰色、蓝色；如穿暖色系服装，鞋的颜色可选择紫红色、棕色、米色等；穿浅色服装大多搭配浅色的鞋。

(3) 鞋与配饰也应采取颜色一致原则，如鞋与腰带、背包的颜色应一致或相近，可达到服装整体和谐的效果。

4) 女装与提包的搭配技巧

女士提包不一定是皮质的，但必须质地好、庄重，并与服装相配，最实用的颜色是黑色、棕色和暗红色。提包上不要带有设计者标签。

3. 女装的穿着规范

(1) 合身得体。上衣最短可以齐腰，裙子最长可以达到小腿中部；上衣的袖长要盖住手腕。

(2) 规范端庄。上衣的领子要完全翻好，衣袋的盖子要盖住衣袋；衣扣一律全部系上，不允许部分或全部解开，更不允许当着别人的面随便脱下上衣。

(3) 注意场合。女士在职场或各种正式活动中，应以穿着套裙为宜，尤其是涉外活动中，其他场合不必一定要穿套裙。当出席宴会、舞会、音乐会时，可以选择和这类场合相协调的礼服或时装。

(4) 妆饰协调。通常，穿着打扮讲究的是着装、化妆和配饰风格统一，相辅相成。穿套裙时，必须维护好个人的形象，化合适的妆容。配饰要合乎身份，在工作中，不佩戴任何首饰也是可以的。

(5) 举止优雅。套裙最能够体现女性的柔美曲线。穿上套裙后，站立时要又稳又正，不可以双腿叉开。就座以后，不要双腿分开过大，或是翘起一条腿来，抖动脚尖；更不可以脚尖挑鞋，甚至当众脱鞋。走路时不能大步地奔跑，步子要小且轻而稳。

(6) 注意搭配。穿套裙时一定要穿衬裙，特别是穿丝、棉、麻等薄型面料或浅色面料的套裙。另外要注意，衬裙裙腰不能高于套裙的裙腰；要把衬衫下摆掖到衬裙裙腰和套裙裙腰之间，不可以掖到衬裙裙腰内。

相关链接

领带的10种打法

1. 平结

平结常用在领带和丝巾的打法中，简单实用，领结呈斜三角形，适合窄领衬衫。平结打法如图2-9所示。

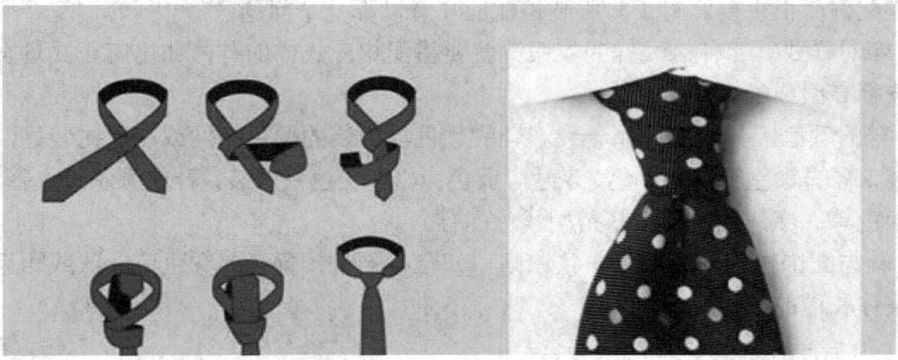

图 2-9　领带的平结打法

2. 交叉结

交叉结的特点在于打出的结有一道分割线，适用于颜色素雅且质地较薄的领带。交叉结打法如图 2-10 所示。

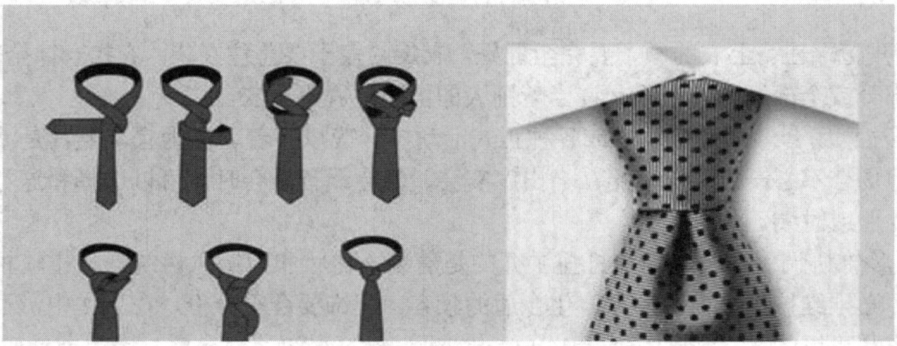

图 2-10　领带的交叉结打法

3. 双环结

双环结适用于细领带，双环结能营造时尚感，适合年轻的上班族。该领结的特色在于第一圈会稍露出于第二圈之外，切勿刻意将其掩盖。双环结打法如图 2-11 所示。

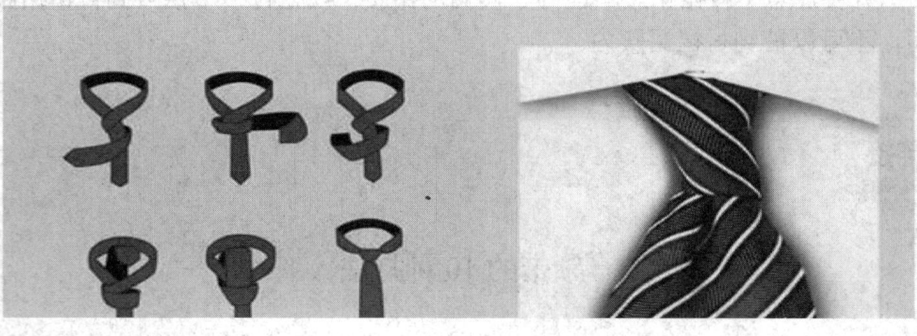

图 2-11　领带的双环结打法

4. 温莎结

因温莎公爵而得名的领带结，是最正统的领带系法。温莎结打出的结成正三角形，饱满有力，适合搭配宽领衬衫，用于出席正式场合。切勿使用面料过厚的领带来打温莎结。温莎结打法如图 2-12 所示。

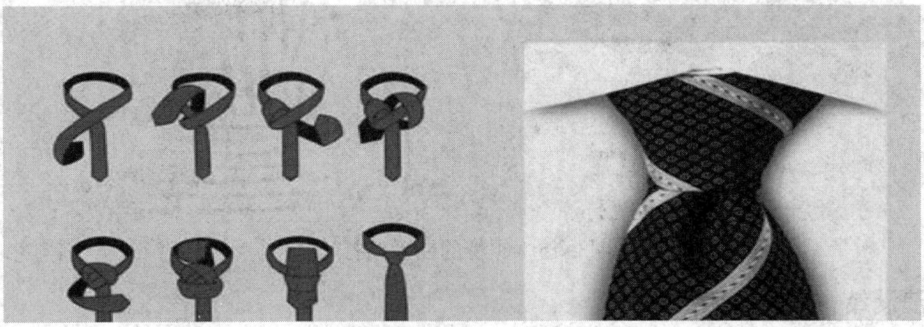

图 2-12 领带的温莎结打法

5. 双交叉结

由于交叉与双环，双交叉结打出来后十分敦实，只能搭配质地厚实的正式衬衫。双交叉结的系法已经越来越少见，它是表现尊贵的最好方式。双交叉结打法如图 2-13 所示。

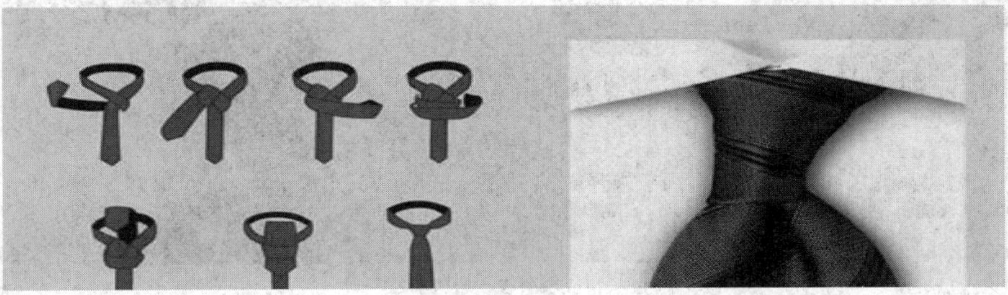

图 2-13 领带的双交叉结打法

6. 亚伯特王子结

亚伯特王子结适用于质地柔软的细领带以及搭配扣领及尖领衬衫，由于要绕三圈，因此领带切莫选择较厚的质地。亚伯特王子结打法如图 2-14 所示。

图 2-14 领带的亚伯特王子结打法

7. 四手结

四手结通过四个步骤就能完成，是最便捷的领带系法，适合宽度较窄的领带，搭配窄领衬衫，风格休闲，适用于普通场合。四手结打法如图 2-15 所示。

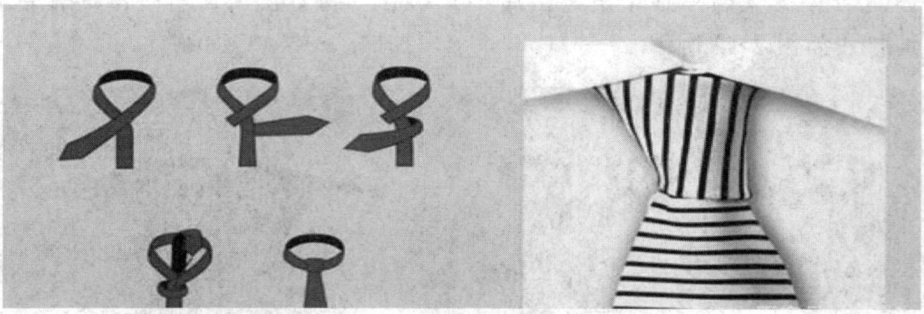

图 2-15　领带的四手结打法

8. 浪漫结

浪漫结打破了领带必须保持一条直线的规矩，窄端出现在宽端边，充满了戏剧色彩。浪漫结打法如图 2-16 所示。

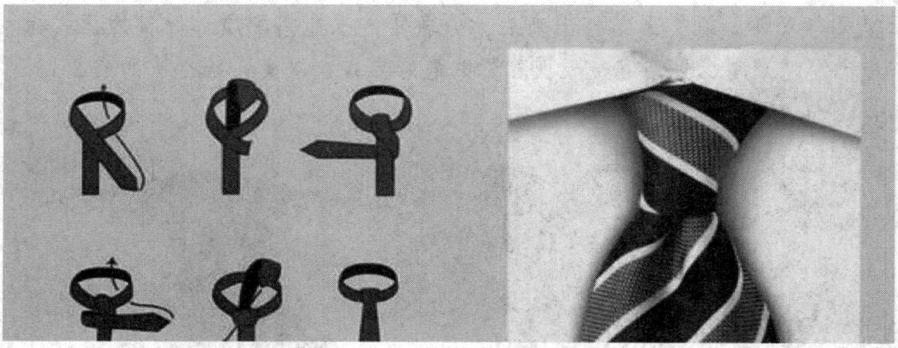

图 2-16　领带的浪漫结打法

9. 马车夫结

马车夫结适用于质地较厚的领带，适合扣领衬衫，其特点在于先将宽端以 180 度由上往下扭转，并将折叠处隐藏于后方完成打结，这种领带结非常紧，流行于 18 世纪末的英国马车夫中。马车夫结打法如图 2-17 所示。

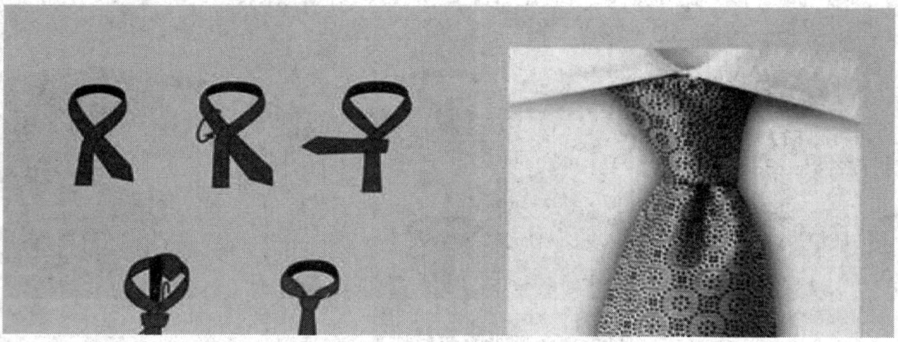

图 2-17　领带的马车夫结打法

10. 半温莎结(十字结)

半温莎结，顾名思义，是温莎结的改良版，较温莎结更为便捷，适合较细的领带以及搭配小尖领与标准领的衬衫，但同样不适用于质地厚的领带。半温莎结打法如图 2-18 所示。

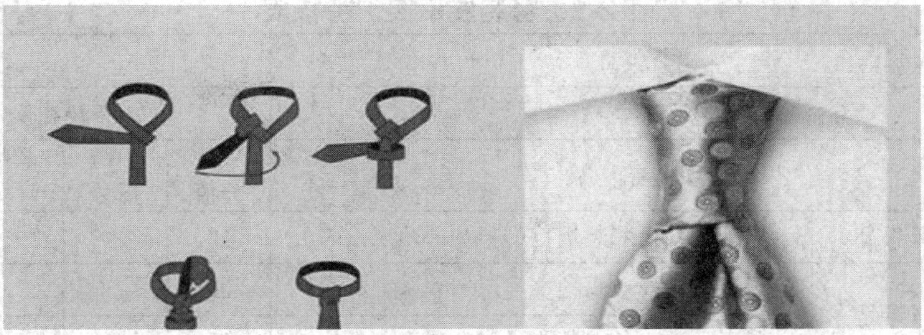

图 2-18 领带的半温莎结打法

技能训练 ⇨⇨⇨⇨⇨⇨⇨⇨⇨⇨

着装展示

一、实训目的

(1) 通过男生的分组展示，掌握西装的着装礼仪和规范；通过女生的分组展示，掌握套裙的着装礼仪和规范。

(2) 感受着装的细节和技巧。

二、实训器材

(1) 男生组需要准备西装、领带、衬衣、皮鞋、手机或摄像机等。

(2) 女生组需要准备套裙、衬衫、鞋袜、饰物、手机或摄像机等。

(3) 多媒体、投影仪、功放音响等放映设备。

三、实训操作

(1) 男女生分组展示，男生展示西装的着装礼仪和规范，女生展示套裙的着装礼仪和规范。

(2) 展示结果拍摄成视频。女生 2～5 人一组，分工协作，一人负责录制视频，其余同学展示套裙、衬衫、饰物、鞋袜的搭配，并说明搭配的理由。男生 3～5 人一组，分工协作，一人负责录制视频，一人表演系领带，其余同学展示西装、衬衫、领带、鞋袜的搭配，并说明搭配的理由。

(3) 每组把拍摄的视频拷贝到多媒体教室，统一放映。同学们通过屏幕回放，进行自我点评、小组点评和互相点评，老师进行总结点评。

四、实训考核

根据完成实训的综合情况给予考核。考核项目及评分如表 2-1 所示。

注意：每位同学一张考核表，由小组考核和教师考核两部分构成，评分各占 50%。其中，小组评分部分，组员由组长打分，组长由组内成员综合打分。综合成绩计入本课程的平时成绩。

表 2-1　着装展示实训考核表

<table>
<tr><td colspan="2">学生姓名</td><td colspan="4"></td></tr>
<tr><td colspan="2">学习情境</td><td colspan="4">着装礼仪</td></tr>
<tr><td colspan="2">评价项目与内容</td><td>项目分值</td><td>小组评分</td><td>教师评分</td><td>综合成绩</td></tr>
<tr><td>知识掌握情况</td><td>男士、女士着装规范</td><td>10</td><td></td><td></td><td></td></tr>
<tr><td rowspan="2">活动参与情况</td><td>全程出席或参与拍摄展示</td><td>20</td><td></td><td></td><td></td></tr>
<tr><td>分工负责，各司其职又配合紧密</td><td>10</td><td></td><td></td><td></td></tr>
<tr><td rowspan="4">服装展示情况</td><td>西装/套装/套裙选择得体、展示规范</td><td>10</td><td></td><td></td><td></td></tr>
<tr><td>衬衣搭配得体、穿着规范</td><td>5</td><td></td><td></td><td></td></tr>
<tr><td>鞋子搭配得体、穿着规范</td><td>5</td><td></td><td></td><td></td></tr>
<tr><td>领带/丝袜搭配得体、穿着规范</td><td>5</td><td></td><td></td><td></td></tr>
<tr><td rowspan="2">视频制作情况</td><td>着装礼仪拍摄完整、画面清晰、声音洪亮</td><td>10</td><td></td><td></td><td></td></tr>
<tr><td>剪辑得当、制作精美、有一定的创意</td><td>10</td><td></td><td></td><td></td></tr>
<tr><td rowspan="3">讨论点评情况</td><td>勇于大方正视自己、点评客观</td><td>5</td><td></td><td></td><td></td></tr>
<tr><td>小组点评公正、切中要害</td><td>5</td><td></td><td></td><td></td></tr>
<tr><td>积极点评同学、意见中肯</td><td>5</td><td></td><td></td><td></td></tr>
<tr><td>合计</td><td>100 分</td><td>100</td><td></td><td></td><td></td></tr>
</table>

任务二　饰品礼仪

任务要求

(1) 了解首饰的佩戴规则，能根据自己的风格和服装选择合适的首饰。
(2) 了解配饰的佩戴规则，能根据不同的场合和服装选择合适的配饰。

案例导入

张婷今天要去心仪已久的公司面试，她一大早就起床拾掇自己：身着粉红色的套裙，化上了浓妆。在选耳环时犹豫了半天，最后选了一副明黄色的大圆形塑料耳环戴上了，同时还搭了一条拇指大小的珍珠项链，自认为美美地出门了。

思考题：

(1) 如何合理使用饰品提升自己的影响力？

(2) 首饰佩戴有哪些原则？

日常生活中，饰品是一种无声的语言，透露着佩戴者的地位、身份、修养和品位。从审美的角度来看，它与服装、化妆一道被列为人们用以装饰、美化自身的三大方法之一。在较为正规的场合使用饰品，务必要遵守其使用规则。正确佩戴饰品会起到画龙点睛的作用，衬托出佩戴者高雅的气质。了解饰品礼仪，让其发挥应有的美化、装饰功能。

一、首饰的佩戴礼仪

首饰，原指戴于头上的装饰品，现在多指用各种金属材料、宝石、玉石材料、有机材料以及仿制品等制成的与服装搭配、装饰人体及其相关环节的装饰品。

（一）首饰的佩戴规则

1. 数量规则

在数量上以少为佳，要力求简单，必要时可以不戴首饰，若有意同时戴多件时，在数量上不要超过3件，除耳环、手镯外，同类首饰不要超过1件，否则会给人以凌乱之感。

2. 色彩规则

戴有镶嵌的首饰时，应使其与主色调保持一致。若同时佩戴两件或两件以上首饰，应使其色彩一致，如翡翠珠宝的镶嵌物可为红色、蓝色或绿色等，千万不要使所戴的几种首饰色彩斑斓，把佩戴者打扮得像一棵“圣诞树”。

3. 质地规则

若同时佩戴两件或两件以上首饰，应使其质地相同。戴镶嵌首饰时，应使其与被镶嵌物质地一致，托架也应力求一致。如同时戴戒指、耳环、项链，应同为黄金或其他材质的；若是有珠宝镶嵌的，则其镶嵌物或托架亦应质地一致。

4. 身份规则

在选择佩戴的首饰时，要把自己的性别、年龄、职业和工作环境这些因素考虑进去，保持大体一致，而不宜使之相去甚远，显得首饰的出现特别突兀。例如，公务员不宜佩戴浮夸或者颜色特别鲜艳的首饰；出席重要场合时，宁可不戴任何首饰，也不能佩戴廉价的首饰，否则会与场合格格不入，对他人也不够尊重。

5. 体型规则

体型规则是要使首饰为自己的体型扬长避短。切忌用首饰突出自己的劣势，如脖颈上有赘肉和褶皱的女士，可戴项链，以免他人过多关注颈部；手指欠修长丰润的，不要戴镶有大宝石或珍珠的戒指。

6. 季节规则

金色、深色首饰适于寒冷季节佩戴；银色和较艳丽的首饰则适合于较暖季节佩戴。春夏季佩戴的饰品宜轻巧精致；秋冬季可戴庄重和典雅的，可以衬出毛绒衣物的温暖与精致。切不可一条项链戴过春夏秋冬，没有可以不戴，否则会显得单调和缺乏韵味。

7. 搭配规则

佩戴首饰要兼顾服装的质地、色彩、款式。职业装最适合佩戴珍珠或做工精良的黄金、白金首饰；穿晚装时可以戴宝石或钻石首饰；穿休闲装时比较适合戴个性化或民族风格的首饰。上衣穿“花”，可不必佩戴首饰；浑身素雅无华，款式又极其简洁，可戴一两件首饰。袖子长至手腕，成串的手镯便显得笨拙。服装的胸襟部位本身有精致的花边、荷叶边、飘带，项链之类就显得繁琐，可以把装饰重点放在手上。耳环、项链、胸花、腰带、戒指、手镯一起穿戴，是最大的败笔。如果戴了项链，除手上还可以佩戴一件首饰之外，其他配饰全免。如果佩戴手表，就不要再戴手镯。如果戴了手镯和耳环，就不需要再戴项链，以免累赘；如果一定要戴，应该戴短的颈链，并摘下耳环，以免与手镯“争光”。当把握不住某件首饰是否该戴的时候，宁可不戴。

8. 习俗规则

佩戴首饰时，要遵守习俗。不同地区、不同民族，佩戴首饰的习惯多有不同，对此要予以了解和尊重，在此不再赘述。

(二) 首饰的佩戴细则

根据装饰部位的不同，首饰通常可以分为发饰、冠饰、耳饰、脸饰、颈饰、胸饰、手饰、腰饰和脚饰等。发饰包括发卡、钗等；冠饰包括冠、帽徽等；耳饰包括耳钉、耳环、耳线、耳坠等；脸饰包括鼻部在内的饰物(多见印度饰物)；颈饰包括项链、项圈等；胸饰包括吊坠、链牌、胸针、领带夹等；手饰包括戒指、手镯、手链、袖扣等；腰饰包括腰带、皮带头等；脚饰包括脚链、脚镯等。我们以生活中常见的首饰为例，来探究首饰的佩戴细则。

1. 耳饰

耳饰有耳环、耳链、耳钉、耳坠等款式，并且讲究成对使用，也就是说每只耳朵上均佩戴一只。耳环是女性的重要饰品之一，由于它显露在人体的重要部位，因此选择耳环时要考虑自己的脸型、头型、发式、服饰等诸方面的因素。耳饰如图 2-19 所示。

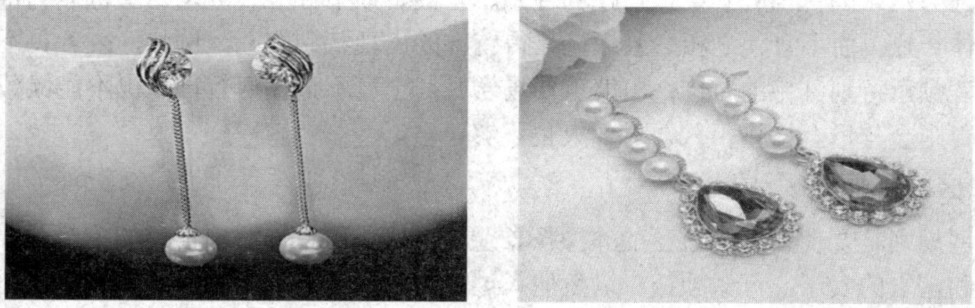

图 2-19　耳饰

1) 耳环与脸型的搭配

圆脸是非常可爱的脸型，适合任何款式的耳饰，但最好不要戴圆形耳环，会使脸部显得更丰满。国字型脸很有刚气，精致细巧的耳环，可增添柔美。长型脸的人可佩戴圆耳环或大的耳环来弥补面部的不足，使脸部丰满动人。方型脸的人适宜佩戴小巧玲珑的耳钉或狭长的耳坠，也可以佩戴夸张的大耳坠来修饰脸型。尖型脸选择圆形耳环比较好。

2) 耳环与服饰的搭配

选择耳环与项链相仿，应首先考虑与衣装色彩相协调，一般来讲，纯白色的耳环和金银耳环可配任何衣服，而鲜艳色彩的耳环则需与衣装相一致或接近，如穿淡绿的衣裙，佩戴浅黄、浅绿的耳环会显得清凉和谐。

耳环的质地也多种多样，常见的有金银、钻石、珍珠三大类。佩戴熠熠闪亮的钻石耳环或洁白晶莹的大珍珠耳环时，必须配以深色高级天鹅绒旗袍或高档礼服，否则会相形见绌；人们一般习惯佩带的金银耳环对服装则没有更多的限制。

2. 项链

项链是戴于颈部的环形首饰，可装饰人的颈项、胸部，男女均可使用。项链款式如图 2-20 所示。

图 2-20 项链款式

1) 项链的分类

项链是首饰中最明显、表现面最大、装饰性最强的饰品，主要有金属项链和珠宝项链两大系列。金属项链给人一种娇贵富丽的感觉；珍珠项链则给人以清雅脱俗之感；雕成花球形的不透明象牙或骨质项链同样也会产生高雅的美感。

根据长短不同，项链可分为四种：一是短项链，长约 40 厘米，适合搭配低领上装；二是中长项链，长约 50 厘米，可广泛使用，适合采用名贵高雅的珍珠、富贵华丽的金银、古朴神秘的珐琅、妩媚柔美的玛瑙等材料制作；三是长项链，长约 60 厘米，适合女士用于社交场合；四是特长项链，长约 70 厘米，适合女士在隆重的社交场合佩戴。

2) 项链的选择

选择项链时，粗细应与脖子的粗细成正比，与脖子的长短成反比。体型较胖、脖子较短的人宜佩戴较粗、较长的项链；身材苗条修长、脖子细长的人最好选择略粗一些的短项链。另外，如果衣领翻得较高，项链的尺寸也不宜太长和太粗，否则就看不出链坠或挂件。穿一字领的羊毛衫可以只戴项链、不配挂件；而在穿三翻领及高领的羊毛衫和绒线衫时，项链应当戴在衣服的外面，同时注意避免与衣物的磨损。细小的金项链与无领的连衣裙搭配会显得清秀，而戴在厚实的高领衣装外则十分不适宜。长项链有助改变矮胖圆的体型；适合佩戴在衣服外，并搭配款式较为简单的长套裙、长裤、长裙。脖颈细长的人，以贴颈的短项链，尤以大珠项链最为适宜，最好配 V 字领上衣。

在选择与项链配套的项链坠时，要使两者整体上协调一致。在正式场合不要选用过分怪异或容易令人误解的图形或文字，也不要同时使用两个或两个以上的坠子。

3. 戒指

戒指是个环状物，没有开始，也没有结束，如同爱情的浪漫和永恒。古埃及人认为左手无名指有一条静脉血管直通心脏，所以当戒指作为爱情信物馈赠时，一定要戴在左手无名指，以象征心心相印和坚贞忠诚，这个传统一直沿用到今天。在西方国家，戒指的佩戴往往暗示着佩戴者的婚姻和择偶状况。国际上较为通行的戒指佩戴规范是戴在左手上，拇指不戴戒指；戴在食指上，表示无偶求爱；戴在中指上，表示正在恋爱；戴在无名指上，表示已订婚或结婚；中指和无名指上同时戴，表示已婚并且夫妻感情很好；戴在小指上，表示奉行独身主义。在不少西方国家，未婚女子的戒指戴在右手而不是左手上。修女的戒指戴在右手无名指上，这意味着她已经将爱献给了上帝。戒指款式如图 2-21 所示。

图 2-21　戒指款式

4. 胸针

佩戴任何饰物都要讲求得体大方，具有美感。对于女性而言，胸针的影响力更偏重于个性方面，戴上适当的胸针，令女性看起来温文幽雅。穿西装时，应别在左侧领上；穿无领上衣时，宜别在左侧胸前。发型偏左时，胸针居右；发型偏右时，胸针偏左。佩戴高度在自上往下第一与第二粒纽扣之间。在原则上，佩戴胸针后不宜再戴其他首饰，否则会装饰过度，反为不美，服装的款式亦如是，胸针只宜插在款式单纯的服装。不要贪图胸针过大，穿着娴雅时，宜采用名贵小型胸针最合适的；只有款式极简单的服装，才适宜佩戴较大的胸针，如无领连衫裙就比较适合较大的胸针。胸针如图 2-22 所示。

图 2-22　胸针

5. 手链手镯

男女都可以佩戴手链，但一只手只能戴一条，而且应戴在左手上。它可以和手镯同时佩戴。在一些国家，佩戴手链、手镯的数量和位置，可以表示婚姻状况。但是，手链不要和手表同时戴在一只手上。

佩戴手镯，强调的是手腕和手臂的美丽，如果二者不美则应该慎戴。手镯可以只戴一只，也可以戴两只。戴一只时，通常戴于左手；戴两只时，可一手戴一只或都戴在左手上。在正式场合不要在一只手上同时戴多个手镯。手链如图 2-23 所示，手镯如图 2-24 所示。

图 2-23　手链

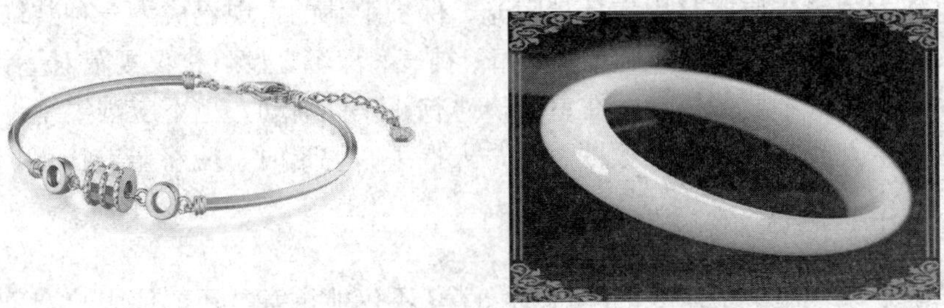

图 2-24　手镯

6. 脚链

脚链是当前比较流行的一种饰物，多受年轻女士的青睐，主要适合在非正式场合，正式场合极为少见。佩戴它，可以吸引别人对佩戴者腿部和步态的注意，如果腿部缺点较多，最好不要佩戴。如果戴脚链时穿丝袜，就要把脚链戴在袜子外面。脚链如图 2-25 所示。

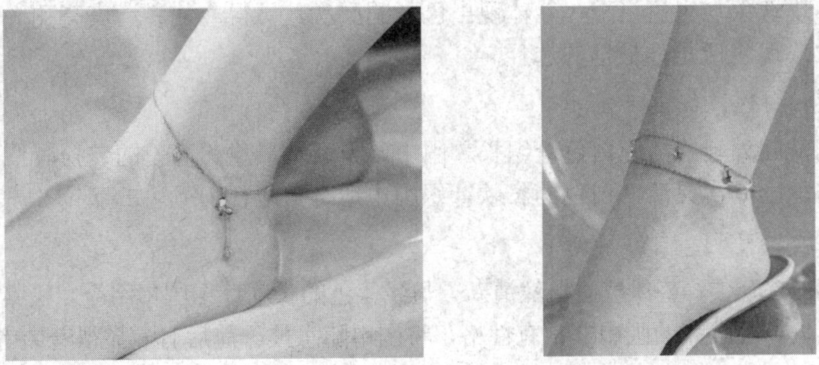

图 2-25　脚链

二、配饰的佩戴礼仪

在正式场合，配饰的选择和佩戴也至关重要。俗话说，细节决定成败。配饰选择得当，既符合礼仪要求，也能提高个人的社会影响力。下面介绍几类现代社会中常见的配饰佩戴礼仪。

（一）帽子

在通常情况下，进入公共场合时，应当注意佩戴帽子的礼仪，如男子不允许在室内戴帽子；女子则可把帽子及其他用品作为礼服的一部分，允许在室内穿戴。

帽子的造型颜色要与脸型、身高相匹配。在色彩选择上：肤色较白的人，选择余地大；肤色较深的人不宜带深色帽子；肤色发黄的人，最好是戴深红、咖啡色的帽子。在款式选择上：长脸型不宜戴高帽子，而圆脸型戴帽顶微凸的帽子就比较合适；个矮戴稍凸的帽子就会显高。帽子的戴法也有技巧：端端正正地戴，会使人脸部显得丰满，显得庄重；略歪斜的帽子产生的斜向线条会使人脸部略显清瘦，妩媚活泼。

（二）墨镜

墨镜也称太阳镜，原本是用作抵挡阳光、保护眼睛的，现已成为一种装饰品。戴上墨镜，会平添几分神秘感和魅力，给人以严肃、神气、深沉之感。礼仪规范对墨镜的要求是：在参加室内活动时，不要戴墨镜；在室外，遇有礼仪性活动，也不应戴墨镜。有眼疾需戴墨镜时，应向主人或客人说明并致歉。在与人握手、说话时，应将墨镜摘下。

（三）围巾

围巾无疑是现代服装最重要的配饰之一了，不仅能御寒，还能使服装增色。它不像项链、耳环之类的首饰过于模式化且佩戴起来有些拘谨，围巾是最随意洒脱也是很实用的配饰。围巾的配色原则是：深色衣服宜配鲜艳围巾，浅色衣服宜配素色围巾。

1. 围巾与服装的搭配

1) 玫瑰色+黑色，清爽亮丽

充满生命力的玫瑰色，为寒冷的冬天带来丝丝暖意，最能展现出女性温柔甜美特质。搭配技巧：玫瑰色与黑色搭配，能体现出色彩的层次，显得着装者清爽亮丽。如果你皮肤白皙，那么玫瑰色便是你最佳的选择。

2) 粉色+白色，甜美可爱

粉色的薄呢外套，搭配白色针织长款围巾，无疑是最甜美可爱的装扮。搭配技巧：粉色服装的搭配上非常灵活，白色的长款针织围巾适合搭配任何颜色的服饰。

3) 雪白+浅蓝色，自然清新

雪白的 OL 套装，整体气质自然清新，与浅蓝色的长款针织围巾组合，极其可爱。搭配技巧：纯色且长及膝盖的围巾非常有性格，将围巾随意披于前后肩，显得着装者潇洒自在。

4) 橘黄+白色，鲜艳出众

大胆热烈、明艳活泼的色彩，能够让你在人群中显得出众，“抢夺”众人的目光。搭配技巧：橘黄色的大棒针织围巾，搭配白色薄呢外套，让人印象深刻。橘黄色大胆、绚丽，在服饰方面要选择简洁成熟的款型。

5) 黑色+湖蓝，随意时尚

黑色的针织围巾绝对是百搭，但黑色一贯给人稳重、沉闷的感觉，所以在与服装的搭配中，应该选用色彩鲜艳的服装。搭配技巧：湖蓝色的大衣与黑色围巾相搭，会显得非常协调。

2. 围巾颜色与肤色的搭配

围巾与脸部最为接近，对气色有一定的衬托作用，如果觉得围巾不好看，很可能是与肤色不相称。下面介绍几种围巾的搭配方法：

(1) 肤色较黄的人宜戴浅黄、粉红、中灰、浅灰蓝等浅色柔和的围巾，不宜选用深红、深紫、黄色、墨绿等色。

(2) 肤色较黑的人不宜选用深红、深紫、深灰、黑色等深、暗色调的围巾，而以选用淡灰、湖蓝、玫瑰红等颜色为佳。

(3) 皮肤较白的人选用色彩的范围较广，深灰、大红等深色会使肤色显得更加白净，淡黄、粉红等浅色又能使你格外谐调柔和。

3. 围巾与身材的搭配

选择与个人体型、相貌等相协调，才能达到扬长避短、美观大方的效果。

(1) 身材高大魁梧者，选用宽长一点的丝巾较美观大方；身材矮小纤细选用长宽适中的丝巾显得匀称利落。系结后的花型大小也要与身材相称。

(2) 身材矮且胖，胸围较大的人宜选用花样单纯、颜色较深、色调单一的宽松类针织围巾或丝绸围巾，深色能起到收敛的视觉效果。身材瘦小者宜选用花型款式简洁朴素、素淡雅致的围巾，但色彩应选用暖色调的。

(3) 凹胸和胸围较小的人应选用提花式样的围巾，质地柔软、蓬松，给人丰厚感。

(4) 肩窄或溜肩的人，宜选用加长型围巾，可将围巾两端斜搭在肩部向身后垂挂，视觉上会使肩部相对变得宽厚些。

(5) 脖颈较长的人，男性选用加厚、加长的围巾，使脖颈显短；而女性宜用宽松绕脖的丝巾，色彩要和上衣贴近。

丝巾最受女士钟爱。确实，不管什么场合，利用飘逸柔媚的丝巾作点缀，一下就能让你的穿着更有味道。挑选丝巾时重点是看丝巾的颜色、图案、质地和垂坠感。用丝巾可以调节脸部气息，如红色系可映得面颊红润。丝巾的质感也要和服装的质感、厚薄相搭配。丝巾作为饰物，扎在手腕，或系在拎包或背包上，也是流行的装饰新方法。

(四) 手套

手套曾经是君王权威和圣职的象征。中世纪时，西方国王下达圣令和封赐，必须授予手套才有权威性。贵妇们以精美手套作为珍贵的馈赠物。风云人物都有重视手套的习惯，以示地位和荣耀。上世纪 40 年代，长长的黑色薄手套，是好莱坞女星们最时髦的饰物。需要注意的是，和别人握手，不管冬夏，都要摘掉手套；女士握手时，有时也可以不用脱手套，但如果摘掉手套会显得更加礼貌；进屋以后，一般要马上摘下手套；吃饭的时候，手套必须摘下。

(五) 手表

在社交场合佩戴手表，通常意味着时间观念强、作风严谨。在正规的社交场合，手表往往被看作首饰，也是一个人地位、身份、财富状况的体现，所以男士的手表，往往比较引人瞩目。

在正式场合佩戴的手表，在造型上要庄重、保守，避免怪异、新潮，尤其是尊者、年长者更要注意。一般正圆形、正方形、长方形、椭圆形和菱形手表适用范围极广，适合在正式场合佩戴；而那些新奇、花哨的手表造型，仅适合少女和儿童。在颜色方面，单色或双色手表清晰、高雅；黑色的手表更百搭，会让人有种精致感。除数字、商标、厂名、品牌外，手表没必要再出现其他图案。怀式表、广告表、卡通表等不宜出现在工作人员的手腕上。

(六) 腰带

纤柔的腰部，是最具魅力的女性特点之一，也是服装设计家们煞费心机的设计“心理中心”。腰饰的大小、造型要与衣着形成统一的风格和个性，或增添活跃感，或表现出飘逸的体态，或令人感到精神干练，或显得自然朴实。

男士的腰带质地比较单一，大多是皮革的；而女士的腰带很丰富，除了皮革的，还有编织物及其他纺织物的。

无论男女，扎腰带时一定要注意：出门前检查确认腰带扎得是否合适，有没有“异常”，在公共场合或别人面前调整腰带是不合适的；在进餐的时候，更不能当众松紧腰带，这样既不礼貌，也不雅观，如果有必要，可以到洗手间去整理。

相关链接

饰品发展趋势

饰品最初是为了遮体，随着生活水平和创造力的不断发展，开始向修饰作用转化，衍生出了各种装饰品。饰品就是用来装饰和佩戴的，有些饰品还可以起到芳香、清洁、美化等作用。好的饰品可以让佩戴者焕然一新、心旷神怡，诸多的精品店也越来越注重饰品市场，居家装饰、生日礼物、朋友聚会等都离不开饰品。饰品行业是从珠宝首饰、工艺礼品行业中分离出来，综合形成的一个新兴产业。饰品作为新经济的增长点，发达国家已逐步走向成熟，各种档次的专卖店、销售点星罗棋布；各种款式、各种层次的产品充分满足了日益增长的市场需求。而在中国内地，这一行业尚处于发展初期，随着社会经济、文化的飞跃发展，人们从温饱型步入小康型，更加崇尚人性和时尚，不断塑造个性和魅力。

那么中国饰品行业的发展趋势会怎样呢？下面我们从饰品行业的基本特征来进行分析。

1. 饰品配饰化

饰品逐渐向配饰化方向发展。配饰是未来时尚产业发展的一个重要领域，发展空间巨大。众多饰品企业与服装企业洽谈合作，大批的服装企业也纷纷涉足饰品行业。服装和饰品两个产业的融合，已成为眼下饰品行业发展的一个趋势。大批服装品牌企业开始向帽子、围巾、包、饰品、眼镜、腰带等配饰方面发展。这是服装企业的成长点和转型点，也是饰品企业的机会。

2. 饰品品牌化

目前，中国饰品品牌建设还处于一个起步阶段，规模化程度、品牌影响力、品牌附加值等都还比较欠缺。因此，在未来相当一段时间里，饰品品牌化建设是发展的必然。

3. 饰品电商化

现在绝大多数的饰品企业都有自己的电商团队，“线上+线下”的营销模式让饰品企业得到了更好的发展。

⊠ 技能训练 ⇨⇨⇨⇨⇨⇨⇨⇨⇨⇨

学会系围巾

一、实训目的

(1) 通过男生的分组展示，掌握围巾的适用场合和佩戴方法；通过女生的分组展示，掌握职场丝巾的佩戴方法和技巧。

(2) 感受围巾的搭配技巧。

二、实训要求

(1) 男生组需要准备男士围巾、手机或摄像机等物件。

(2) 女生组需要准备女生丝巾、手机或摄像机等物件。

(3) 多媒体、投影仪、功放音响等放映设备。

三、实训内容

(1) 男女生分组展示，男生展示围巾的佩戴方法，女生展示职场丝巾的佩戴方法。

(2) 展示结果拍摄成视频。女生 3～5 人一组，分工协作，一人负责录制视频，一人穿职业套裙充当模特，其余同学分别展示职场丝巾的各种围法，并说明搭配的理由。男生 2～5 人一组，分工协作，一人负责录制视频，其余同学分别展示男士围巾的各种围法，并说明搭配的理由。

(3) 每小组把拍摄的视频拷贝到多媒体教室，统一放映。同学们通过屏幕回放，进行自我点评、小组点评和互相点评，老师进行总结点评。

四、实训考核

根据完成实训的综合情况给予考核，围巾/丝巾展示实训考核表如表 2-2 所示。

注意：每位同学一张考核表，由小组考核和教师考核两部分构成，分别评分，各占 50%。其中，小组评分部分，组员由组长打分，组长由组内成员综合打分。综合成绩计入本课程的平时成绩。

表 2-2　围巾/丝巾展示实训考核表

学生姓名						
学习情境		饰品礼仪				
评价项目与内容		项目分值	小组评分	教师评分	综合成绩	
知识掌握情况	饰品礼仪	10				
活动参与情况	全程出席，参与拍摄展示	10				
	分工负责，各司其职又配合紧密	10				
佩戴展示情况	围巾/丝巾的选择符合礼仪	15				
	各种围法/丝巾的展示正确、规范	20				
视频制作情况	拍摄完整、画面清晰、声音洪亮	10				
	剪辑得当、制作精美、有一定的创意	10				
讨论点评情况	勇于大方正视自己、点评客观	5				
	小组点评公正、切中要害	5				
	积极点评同学、意见中肯	5				
合计	100 分	100				

⊠ 技能训练 ⇨⇨⇨⇨⇨⇨⇨⇨⇨⇨

自我形象设计

一、实训目的

掌握不同行业、不同岗位从业人员服饰的穿戴与搭配。

二、实训要求

为不同职业、不同岗位的人员进行形象设计，如为学校教师、公司文员、酒店客服、银行职员等岗位的人员设计妆容及服饰搭配。

三、实训内容

学生分组，5～6 人一组，设计不同岗位，每组学生进行角色扮演，演示各岗位服饰的穿戴与搭配；用数码摄像机记录整个过程，然后在大屏幕回放；学生进行自我评价，老师总结点评学生存在的个性和共性问题；最后评选出最佳表现组，计入平时成绩。

四、实训考核

评价标准共有两个考核表，如表 2-3、表 2-4 所示，分别考核服装的穿戴能力和饰品的佩戴能力。

表 2-3 服装能力训练考核评价表

内容		评价	
学习目标	评价内容	小组评价 (1、2、3、4、5)	老师评价 (1、2、3、4、5)
知识掌握	服装的类别		
	各岗位从业人员着装的基本要求		
专业能力	男士西装的穿着		
	女士西装套裙的穿着		
通用能力	自我管理能力		
	审美能力		
	自控能力		
态度	热爱服务工作		
	一丝不苟的精神		
	遵守服务规范		
努力方向：		建议：	

表 2-4 服饰能力训练考核评价表

内容		评价	
学习目标	评价内容	小组评价 (1、2、3、4、5)	老师评价 (1、2、3、4、5)
知识掌握	饰物的类别		
	佩戴饰物的原则		
专业能力	各种饰物佩戴应该注意的问题		
通用能力	自我管理能力		
	审美能力		
态度	热爱服务工作		
	一丝不苟的精神		
	遵守服务规范		
努力方向：		建议：	

项 目 小 结

通过本项目的学习，学生应重点理解和掌握以下理论和技能知识：

(1) 本项目共有两个任务，分别是着装礼仪和饰品礼仪。

(2) 着装礼仪讲到服装的要素、着装的基本原则和职业着装规范。其中，职业着装规范主要介绍了男士西装的着装规范和女生套装、套裙的着装规范。

(3) 饰品礼仪介绍了首饰的佩戴礼仪和配饰的佩戴礼仪。

思 考 与 练 习

案例分析(一)

南山宾馆根据收到的求职材料约见小赵作为预选对象。面试时，小赵涂着鲜艳的口红，烫着时髦的发式，穿着低领紧身的吊带装，首饰华丽而夸张，给人以一种轻佻的感觉。第一轮面试小赵就落选了。人事总监对她说："我认为你不可能仅仅因为化了美丽的妆而取得一个职位，但是我可以肯定如果你穿错了衣服，就会使你失去一个职位。"

讨论题：

(1) 本案例对你有何启示？

(2) 结合本情境内容谈谈面试时应该怎样着装？

案例分析(二)

小黄去一家外企进行最后一轮客户前台接待岗位的面试。为确保万无一失，这次她做了精心的打扮。一身前卫的衣服，时尚的手环，造型独特的戒指、亮闪闪的项链、新潮的耳坠，身上每一处都是焦点。她的竞争者只是一个相貌平平的女孩，学历也并不比她高，所以小黄觉得胜券在握。但结果却出乎意料，她没有被这家外企认可，主考官抱歉地说："你确实很漂亮，你的服装、饰物无不令我赏心悦目，可我觉得你并不适合做客户前台接待这份工作，实在很抱歉。"

讨论题：

(1) 小黄面试失败的原因究竟是什么？

(2) 如何把握饰物佩戴的礼仪？

项目三 仪态礼仪

项目分析

举止是人外显的可观察的动作。除了先天不可更改的肢体外，如何运用肢体进行活动，往往体现了一个人的礼仪修养、文化水平和自制能力。有的人不善言谈，但举止行为却热情而不失态、自然而有礼节。由于他的肢体语言帮助了口头语言，同样会赢得理想的社会效果。有的人虽然拥有一副好口才，但他不善于运用肢体语言，在陌生人面前手足无措、心神不宁，其表达效果自然大打折扣。因此，我们在交往中应力争做到举止文明、得体、有度。

一般来说，我们往往可以从一个人的仪态来判断他的品格、学识、能力和其他方面的修养程度。广义的仪态举止包括：站、坐、立、蹲的姿势；与人交谈的态度；说话的声音；风度气质；行为动作；面部表情；卫生习惯等。在这里，我们侧重介绍站姿、坐姿、行姿、蹲姿、手势的礼仪知识。

项目任务

(1) 认识仪态的重要性和常规要求。

(2) 反思自身存在的不良仪态，并通过训练予以纠正。

知识目标

(1) 了解仪态的重要性。

(2) 掌握与站姿、坐姿、行姿、蹲姿及手势有关的礼仪知识。

能力目标

(1) 掌握正确的站姿、坐姿、行姿、蹲姿。

(2) 掌握正确的手势礼仪。

任务一　站姿与坐姿规范

任务要求

(1) 掌握规范站姿、坐姿的基本要领。
(2) 观察、分析、纠正不规范站姿与坐姿。
(3) 训练优雅的站姿与坐姿。

案例导入

某公司销售经理离职后该职位一直空缺，领导看中了近来销售业绩第一的小刘并对其考核。在考核中，小刘坐在那里一边回答问题，一边不停地变化着坐姿，甚至不停地抖着双腿，眼睛一会儿看这里，一会儿看那里，领导看得直皱眉。

思考题：

你知道小刘哪些地方做得不得体吗？

"站如松"是指人的站立姿势要像松树一样端直挺拔，即给人挺、直、高的感觉。站姿的特点是端正、挺拔、舒展、俊美。

一、站姿规范

站立是人们在交际场所最基本的姿势，也是其他姿势的基础。站姿是指人的双腿在直立静止状态下所呈现出的姿势。站姿是步态和坐姿的基础，一个人想要表现出得体雅致的姿态，首先要从规范站姿开始。

(一) 站姿的要求

站姿要求做到"站有站相""站如松"。正确的站姿能给人以挺拔笔直、舒展俊美、精力充沛、充满自信的感觉。若站立时歪脖、斜肩、屈腿，尤其是撅臀、挺腹，就会让人觉得轻浮，不懂规矩，缺乏教养。

1. 站姿的基本要求

双腿基本并拢，双脚呈 45° 到 60° 夹角，身体直立，挺胸，抬头，收腹，平视。主持人的标准站姿，要求上半身挺胸收腹，直腰，双肩平齐、舒展，双臂自然下垂；下半身双腿应靠拢，两腿关节展直，身体重心落于两脚中间。身体中心微微倾向于前脚掌，后跟同时用力下踩，头顶心感觉往上顶，似乎身体被拉长，有挺拔感。

切忌无精打采，动作散乱。双手不可叉腰，不可抱在胸前，不可插入口袋。身体不要东倒西歪，不要弯腰弓背，不要耷拉脑袋，不要挺着肚子，不要岔开双腿。站姿的要求如图 3-1 所示。

要领：

(1) 头正；

(2) 肩平；

(3) 臂垂；

(4) 躯挺；

(5) 身体重心主要支撑于脚掌、脚弓上；

(6) 从侧面看，头部肩部、上体与下肢应在一条垂直线上。

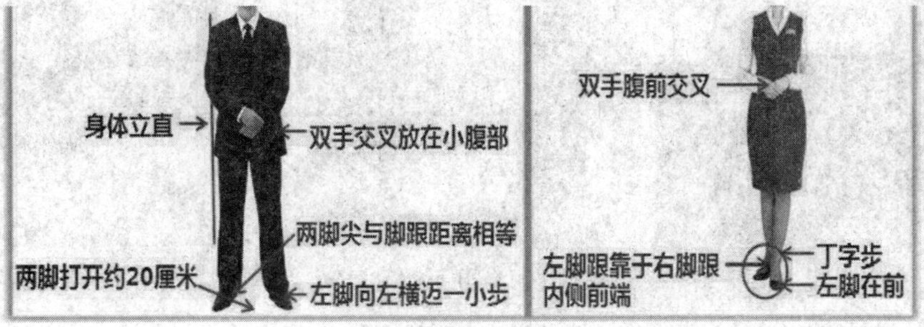

图 3-1　站姿的基本要求

2. 手位

站立时，双手可取下列之一手位。手位要求如图 3-2、图 3-3 所示。

(1) 双手置于身体两侧。

(2) 右手搭在左手上叠放于体前。

(3) 双手叠放于体后。

(4) 一手放于体前一手背在体后。

双手置于身体两侧

右手搭在左手上叠放于体前

图 3-2　手位要求

双手叠放于体后

一手放于体前一手背在体后

图 3-3　手位要求

3. 脚位

(1) “V”字型。

(2) 双脚平行分开不超过肩宽。

(3) 小“丁”字型。

脚位要求如图 3-4 所示。

“V”字型　双脚平行分开不超过肩宽　小“丁”字型

图 3-4　脚位

4. 几种基本站姿

1) 男士的基本站姿

(1) 身体立正，抬头挺胸，下颌微收，双目平视，嘴角微闭；双手自然垂直于身体两侧；双膝并拢，两腿绷直，脚跟靠紧，脚尖分开呈“V”字型。

(2) 身体立正，抬头挺胸，下颌微收，双目平视，嘴角微闭；双脚平行分开，两脚间距离不超过肩宽，一般以 20 厘米为宜；双手手指自然并拢，右手搭在左手上，轻贴于腹部，不要挺腹或后仰。

(3) 身体立正，抬头挺胸，下颌微收，双目平视，嘴角微闭；双脚平行分开，两脚间距离不超过肩宽，一般以 20 厘米为宜；双手在身后交叉，右手搭在左手上，贴于臀部。

男士站姿如图 3-5 所示。

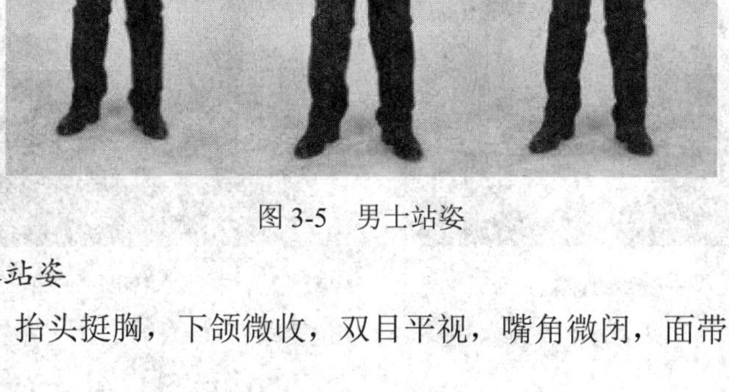

图 3-5　男士站姿

2) 女士的基本站姿

(1) 身体立正，抬头挺胸，下颌微收，双目平视，嘴角微闭，面带微笑；双手自然垂直于身体两侧；双膝并拢，两腿绷直，两脚跟靠紧，脚尖分开呈“V”字型。

(2) 身体立正，抬头挺胸，下颌微收，双目平视，嘴角微闭，面带微笑；两脚尖略分开，右脚在前，将右脚跟靠在左脚脚弓处，两脚尖呈“V”字形；双手自然并拢，右手搭在左手上，轻贴于腹前；身体重心可放在两脚上，也可放在一脚上，并通过重心的移动减轻疲劳。

女士站姿如图 3-6 所示。

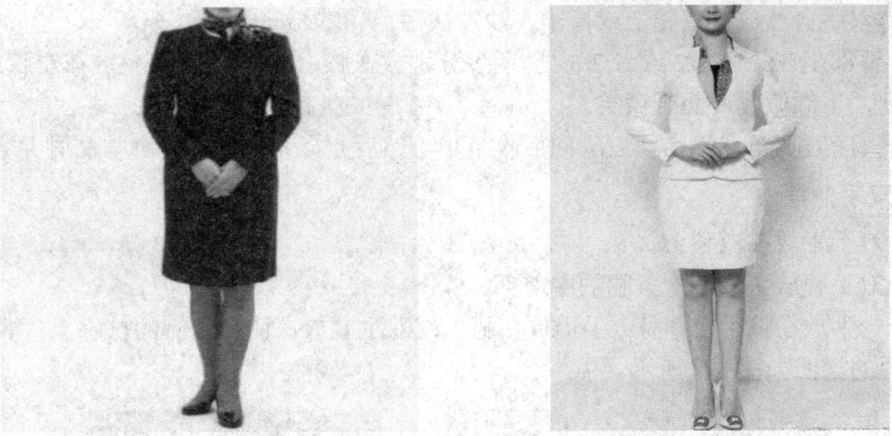

图 3-6　女士站姿

(二) 禁忌站姿

(1) 忌叉腰、抱肩、靠墙等姿势。

(2) 忌用脚尖或脚跟点地，甚至发出声响。

(3) 忌弯腰驼背，东倒西歪，两肩一高一低。

(4) 忌双手下意识地做小动作，如玩弄衣物、头发、物件，咬手指等。

(三) 站姿训练方法

(1) 顶书训练。把书本放在头顶上练习，头、躯体自然保持平衡。这个方法是要纠正低头、仰脸、晃头及左顾右盼的毛病。

(2) 背靠背站立：两人一组，要求两人脚后跟、小腿、臂、肩及脑后枕部相互紧贴，并在两人的肩部、小腿部相靠处各放一张卡片，不能让其滑动或掉下。

(3) 背靠墙练习：背靠墙站直，要求脚后跟、小腿、臀、肩及脑后枕部紧贴墙。

二、坐姿规范

坐姿也是举止的主要内容之一，是身体的一种静态造型。正确的坐姿不仅能在交际场合使别人对你的印象加深，而且还可以避免不正确的坐姿带来的生理伤害。按国际惯例，坐姿可分为端坐、侧坐、跪坐、盘坐等。国际上公认的也是最普遍的坐姿是端坐和侧坐。坐，作为一种举止，同样有美与丑、优雅与粗俗之分。总的来说，坐姿应给人文雅、稳重、自然、大方的美感。

(一) 坐姿的具体要求

1. 坐姿的基本要求

(1) 入座时要轻稳。走到座位前转身后，右脚向后退半步，然后轻稳坐下，再把右脚与左脚并齐。如是女士，入座时应先背对着自己的座椅站立，右脚后撤，使右脚确认椅子的位置，再整理裙边，挺胸、双膝自然并拢，双腿自然弯曲，双肩自然平正放松，两臂自然弯曲，双手自然放在双腿上或椅子、沙发扶手上，掌心向下。

(2) 臀部坐在椅子 1/2 或者 2/3 处，两手分别放在膝上(女士双手可叠放在左膝或右膝)，双目平视，下颌微收，面带微笑。

(3) 离座时要自然稳当，右脚向后收半步，然后起立，起立后右脚与左脚并齐。

2. 双手的摆法

(1) 双手平放在双膝上。

(2) 双手叠放，放在一条腿的中前部。

(3) 一手放在扶手上，另一手仍放在腿上或双手叠放在侧身一侧的扶手上，掌心向下。

双手的摆法如图 3-7 所示。

双手平放在双膝上

双手叠放，放在一条腿的中前部

图 3-7　双手的摆放

3. 双腿的摆法

双腿的摆法包括标准式、侧腿式、重叠式、前交叉式，如图 3-8 所示。

标准式

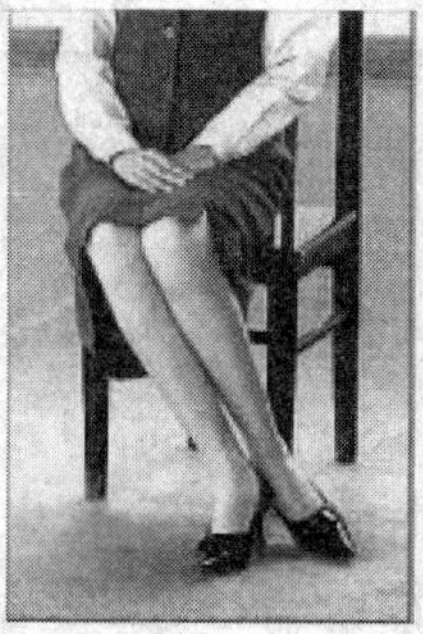

侧腿式

重叠式

前交叉式

图 3-8　双腿的摆法

(二) 几种基本坐姿

1. 女士坐姿

女士坐姿包括标准式、侧点式、前交叉式、后点式、曲直式、侧挂式、重叠式，如图3-9所示。

标准式

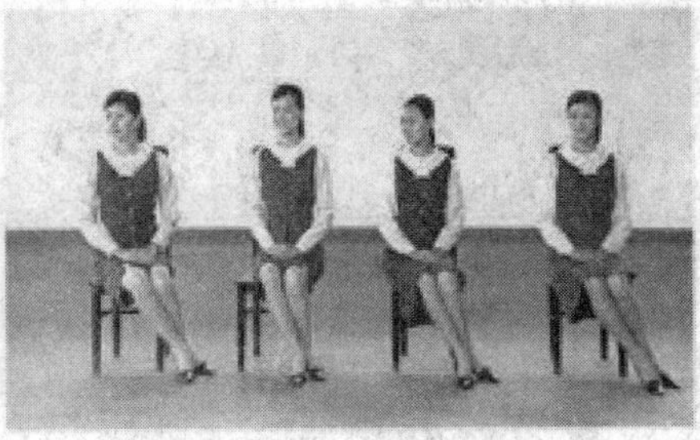

侧点式

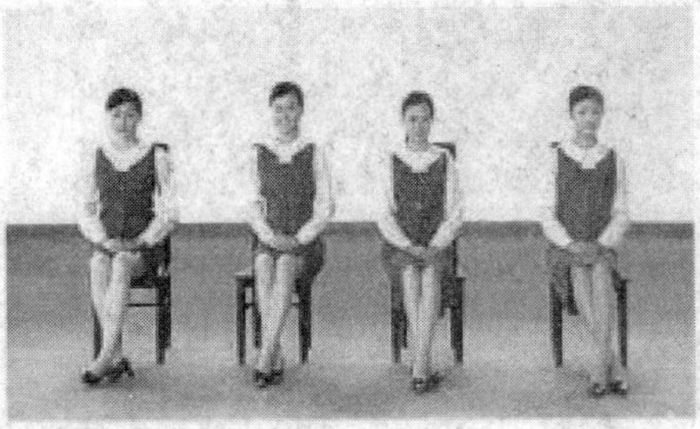

前交叉式

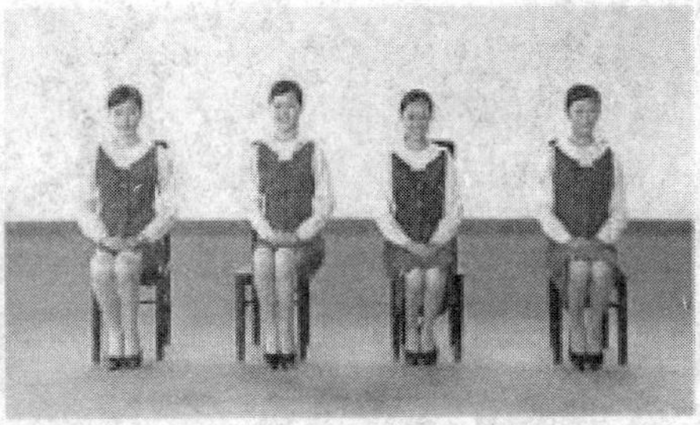

后点式

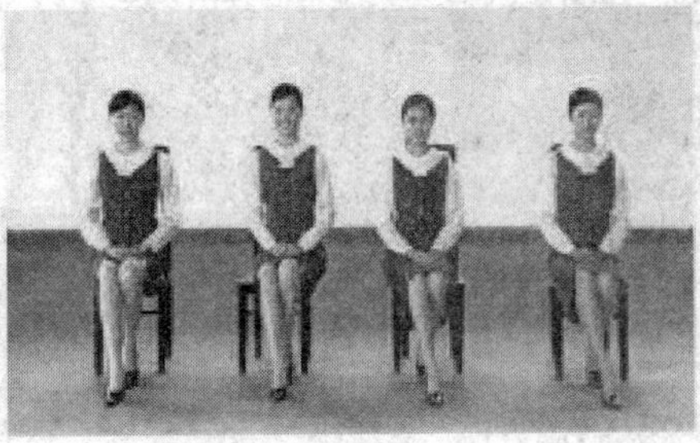

曲直式

侧挂式

重叠式

图3-9 女士坐姿

2. 男士坐姿

男士坐姿包括标准式、前伸式、前交叉式、交叉后点式、曲直式、重叠式，如图 3-10 所示。

标准式

前伸式

前交叉式

交叉后点式

曲直式

重叠式

图 3-10　男士坐姿

(三) 就座的礼仪

1. 注意礼让

位尊者先入座，或同辈之间同时入座，不可抢先入座。离座时，要让尊者先行，地位身份相仿时，可同时离座。

2. 讲究方位

通常都是侧身走近座椅，如方便的话，一般从左侧就座。离开时也从左侧离座，即“左进左出”。

3. 入座得法

从容就座，动作要轻稳，尽量不发出声音干扰别人，更不可双手拖拉座椅入座。

4. 离座谨慎

离座时事先说明，向在座的人致意。起座时，要端庄稳重，不可猛然跳起，也不可弄响座椅。等站好后，方可离开，不能边离座边走开或起身就跑。

5. 身体的朝向

交谈的时候，为表示重视，不仅应面向对方，而且应同时将整个上身朝向对方。

(四) 坐姿的注意事项

(1) 入座后不可前倾后仰，或歪歪扭扭。
(2) 双腿不可叉开幅度过大，或长长地伸出。
(3) 坐下后不可随意挪动椅子。
(4) 不可将大腿并拢，小腿分开，或双手放于臀部下面。
(5) 不可高架“二郎腿”或“八”字型腿。
(6) 不可抖腿、脚。
(7) 不要猛坐猛起。
(8) 与人谈话时不要用手支着下巴。
(9) 坐沙发时不应太靠后，不能呈后仰状态。
(10) 双手不要放在两腿中间。
(11) 脚尖不要指向他人。
(12) 不要脚跟落地，脚尖离地。
(13) 不要双手撑椅。
(14) 不要把脚架在椅子或沙发扶手上，或架在茶几上。

总结：
抬起头，挺起胸，端正身体不放松。
脚踏地，腿并拢，坐下就像一座钟。

(五) 坐姿训练方法

1. 入座和离座训练

入座时要轻稳。正式场合，一般要从椅子左侧入座，即“左进”，动作要轻柔，神态从容。首先把椅子轻移到就座的地方，然后走到椅子前，背对椅子，如离椅子较远，可先用右脚向后移半步，然后轻稳坐下再把右脚与左脚并齐。女士着裙装时，要先由后往前轻拢裙摆，而后入座。离座时自然稳当，右脚向后收半步，然后起立，起立后右脚与左脚并齐。正式场合讲究从椅子左侧离开自己的座位，即“左出”。

2. 坐姿练习

(1) 女生分组练习以上几种女士坐姿，要求每五分钟换一种坐姿，注意腿位、脚位及手的摆放。

(2) 男生分组练习以上几种男士坐姿，要求每五分钟换一种坐姿，注意腿位、脚位及手的摆放。

相关链接

从站姿看心态

每个人都有自己习惯的站立姿势，不同的站姿往往可以反映出一个人的性格特征。

1. 站立时习惯把双手插进裤袋

解析：城府较深，不轻易向人表露内心的情绪。性格偏于保守、内向。凡事步步为营，警觉性极高，不肯轻信别人。

2. 站立时常把双手置于臀部

解析：自主心强，处事认真而绝不轻率，具有驾驭一切的魅力。他们最大的缺点是主观，性格比较固执。

3. 站立时喜欢把双手叠放于胸前

解析：这种人性格坚强，不屈不挠，不轻易向困境压力低头。但是，由于过分重视个人利益，与人交往经常摆出一副自我保护的防范姿态，拒人于千里之外，令人难以接近。

4. 站立时将双手握置于背后

解析：性格特点是奉公守法，尊重权威，极富责任感，但有时情绪不稳定。最大的优点是富于耐性，而且能够接受新思想和新观点。

5. 站立时习惯把一只手插入裤袋，而另一只手放在身旁

解析：性格复杂多变，有时会极易与人相处，推心置腹；有时则冷若冰霜，对人处处防范，给自己筑起一道防护网。

6. 站立时两手双握置于胸前

解析：其性格表现为成竹在胸，对自己的所作所为充满成功感。虽然不至于睥睨一切，但却踌躇满志，信心十足。

7. 站立时双脚合并，双手垂置身旁

解析：其性格特点表现为诚实可靠、循规蹈矩但生性坚毅，不会向任何困难屈服低头。

8. 站立时不能静立，不断改变站立姿态

解析：性格急躁、暴烈，身心经常处于紧张状态，而且会不断改变自己的思想观念。

技能训练 ⇨⇨⇨⇨⇨⇨⇨⇨⇨⇨

站姿、坐姿练习

一、实训目的

(1) 掌握正确的站姿。

(2) 掌握优雅的坐姿。

二、实训要求

(1) 完成站姿项目训练、背靠背训练、背靠墙训练。
(2) 完成几种常见坐姿训练。

三、实训内容

(1) 学生按性别分组，每 5 人一小组，练习站姿、坐姿。
(2) 进行互评、互测。

四、实训考核

根据完成实训的综合情况，给予考核，考核项目及评分如表 3-1 所示。

表 3-1　实训评测单

学习情境		拜访礼仪		
评价项目与内容		应得分	实得分	改进措施
准备工作	角色定位及时，模拟出场迅速	5		
	实训过程全组协调良好	5		
站姿、坐姿、手位、体态等	站姿准确	5		
	坐姿正确	5		
	手位无误	5		
	体态有美感	10		
	表达无误	5		
	表演整体效果	5		
	组员的配合	10		
	违反禁忌一次扣 5 分，直到扣完为止	15		
观摩讨论	观摩认真	5		
	讨论积极	5		
实训报告	按规定时间上交	5		
	字迹清楚、填写规范、内容详尽完整	5		
	实训分析总结正确	5		
	能提出合理化建议和创新性见解	5		
合计		100		

任务二　走姿与蹲姿规范

任务要求

(1) 了解走姿的基本要求。
(2) 掌握正确的走姿。
(3) 掌握正确优雅的蹲姿。

案例导入

在热闹的市中心广场，一位穿着超短裙的年轻女子一边走一边玩手机，对面跑来一个小男孩，因躲避不及，撞掉了女子手中的手机。女子焦急地蹲下，捡起手机。

思考题：

该女子应该怎样蹲下才能不走光？

一、走姿规范

无论是在日常生活中，还是在社交场合，走姿往往是最引人注目的体态语言之一，也是最能表现一个人风度的动作。走姿优美可增添人的魅力，生活中如何正确地使用标准走姿，是给人留下美好印象的关键之一。因此，学习规范的走姿是很有必要的。

对走姿的总体要求是从容、平稳，走出直线，还要“行如风”。所谓“行如风”，即走起路来像风一样轻盈稳重、有雅致的步态。其基本要领是：上体正直，不低头；眼平视，面带笑容；两臂自然前后摆动，肩部放松；身体稍向前，重心在脚掌前部，挺胸，收腹，小腹用一点点力使身体略微向上挺。走路时，不要前俯后仰，左右摆晃。

(一) 走姿的基本要求

标准的走姿是要以端正的站姿为基础的。基本要求：上身略向前倾，身体重心落在前脚掌上。行走时，上身挺直，双肩平稳，目光平视，下颌微收，面带微笑。手臂伸直放松，手指自然弯曲。摆动时，以肩关节为轴，上臂带动前臂，前后自然摆动，摆幅以前摆 35 度、后摆 30 度为宜。步幅适当，一般应该是前脚的脚后跟与后脚的脚后跟相距一脚长。跨出的步子应是全脚掌着地，膝和脚腕不僵直，行走路线要成为一条线或两条平行线。行走速度，男士一般为 108 至 110 步/分，女士 118 至 120 步/分。

行走时，男士不要左右晃肩，女士髋部不要左右摆动。着高跟鞋应注意保持身体平衡，以免摔跤。男女两人同行，由于女士步幅较小，男士应适当调整步幅，尽量与女士同步行走。

行走时的手势语要求做到简洁、大方、明了。只有这样，才能在仪态举止方面显出挺拔、优雅、潇洒的风度。

总的来说，步态是一种动态的美。对步态美的要求是做到协调稳健，轻盈自然。行走中的姿态，男士要显示出阳刚之美，女士要显示出阴柔之美。正确的走姿如图 3-11 所示。

图 3-11 正确的走姿

男士的步态美：

在工作场合，男士应挺胸大步向前走，显出朝气，给人以充满自信感及镇定自如的气度。悠闲行走时，应不慌不忙，显示出逍遥的风度，谈笑风生，给人以气度不凡的姿态。

女士的步态美：

步态轻盈是对女士行走的基本要求。同时，应注意稳健、自然、大方，体现出力度与弹性，不可上下摇晃或左右扭动。

(二) 走姿禁忌

走路最忌讳八字步。其次，忌讳弯腰、驼背，歪肩晃脑。走路时，不可大甩手，扭腰摆臀，大摇大摆，左顾右盼；不可摇头晃脑、吹口哨、吃零食，不可把手插在口袋里或打响指；不可与他人拉手、勾肩搭背。女士应尽量避免穿高跟鞋在大厅或走廊发出刺耳声响。

(三) 变向行姿

变向行姿是指在行走中，需转身改变方向时，身体先转，头随后转，并同时向他人告别、祝愿、提醒、寒暄时的行走姿态。

1. 后退步

与人告别时，不能扭头就走，应先向后退三步，再转身离去。退步时，轻踩地面，不要高抬小腿，后退步幅要小。转身时要身先转，头稍后一些转。后退步如图 3-12 所示。

图 3-12　后退步

2. 侧身步

引导来宾时，应尽量走在宾客的左前方，髋部朝向前行的方向，上身稍向右转体，左肩稍前，右肩稍后，侧身向着来宾，与来宾保持两三步的距离。当走在较窄的路面或楼道中与人相遇时，也要采用侧身步，两肩一前一后，并将胸部转向他人，不可将后背转向他人。侧身步如图 3-13 所示。

图 3-13　侧身步

3. 前行转身步

在前行中要拐弯时，要在距所转方向前侧的一脚落地后，立即以该脚掌为轴，转过全身，然后迈出另一脚。向左拐时，要右脚在前时转身；向右拐时，要左脚在前时转身。

（四）不同着装的走姿

在日常生活中，场合不同，着装不同，相应的走姿也会有区别。一般而言，直线条服装具有舒展、庄重、大方的特点，而以曲线条为主的服装则显得妩媚、柔美、优雅，因此走姿要展现服装的特点。

1. 穿西装的走姿

西服以直线为主，应当走出穿着者的挺拔、优雅的风度。穿西装时，后背保持平正，两脚立直，走路的步幅可略大些，手臂放松伸直摆动，手势简洁大方。行走时，男士不要晃动，女士不要左右摆髋。

2. 穿旗袍的走姿

行走时，要求女士身姿要挺拔，胸微含，下颌微收，不要塌腰撅臀。走路时，步幅不宜过大，以免旗袍开叉过大。两脚跟前后要走在一条线上，脚尖略微外开，两手臂在体侧自然摆动，幅度也不宜过大。髋部随脚步和身体重心的转移左右小幅摆动，使裙摆显示出优美的韵律感。站立时，双手可交叉于腹前。

3. 着裙装的走姿

穿着长裙能显出女性身材的修长。行走时要平稳，步幅可稍大些。转动时，要注意头和身体协调，调整头、胸、髋三轴的角度。穿着短裙，要表现轻盈、活泼、得体，步幅不宜过大，但脚步频率可以稍快些，保持轻快灵巧的风格。

4. 着裤装的走姿

当穿裤装时，宜走成两条直线。保持后背平正，两脚立直，使套装挺拔。步幅可略大些，不要左右晃肩。

5. 穿高跟鞋的走姿

女士在正式社交场合经常穿着黑色高跟鞋，行走要保持身体平衡。具体做法是：直脖立腰，收腹提臀，挺胸抬头。膝关节不要前屈，臀部不要向后撅。一定要把踝关节、膝关节、髋关节挺直，行走时步幅不宜过大。

二、蹲姿

欧美国家认为，“蹲”这个动作是不雅观的。所以，只有在非常必要的时候才蹲下来做某件事情。在日常生活中，蹲下捡东西或者系鞋带时一定要注意自己的姿态，尽量迅速、美观、大方，应保持端庄的蹲姿。

(一) 优雅蹲姿的基本要领

站在所取物品的旁边，上身尽量保持正直，蹲下屈膝去拿，不要低头、弓背，要慢慢地把腰部低下。两腿合力支撑身体，掌握好身体的重心，臀部向下。一脚在前，一脚在后，两腿向下蹲，前脚全着地，小腿基本垂直于地面，后脚跟提起，脚掌着地，臀部向下。男士两腿间可留有适当的缝隙，女士则要两腿并紧，穿旗袍或短裙时需要更加留意，以免尴尬。

若用手捡东西，可以先走到东西的左边，右脚向后退半步后再蹲下来。脊背保持挺直，臀部一定要蹲下来，避免弯腰翘臀的姿势。即使穿着长裤，两腿展开平衡下蹲，撅起臀部的姿态也不美观。

(二) 两种优雅的蹲姿

1. 交叉式蹲姿

下蹲时，右脚在前，左脚在后，右小腿垂直于地面，全脚着地。左腿在后，与右腿交叉重叠，左膝由后面伸向左侧左脚跟抬起脚掌着地。两腿前后靠紧，合力支撑身体。臀部向下，上身稍前倾。交叉式蹲姿如图 3-14 所示。

图 3-14　交叉式蹲姿

2. 高低式蹲姿

下蹲时，左脚在前，右脚稍后，不重叠，两腿靠紧向下蹲。左脚全脚着地，小腿基本垂直于地面，右脚脚跟提起，脚掌着地。右膝低于左膝，左膝内侧靠于左小腿内侧，形成左膝高右膝低的姿势，臀部向下，基本上以右脚支撑身体。男士选用这种蹲姿时，两腿之间可有适当距离。高低式蹲姿如图 3-15 所示。

图 3-15　高低式蹲姿

三、手势

在仪态礼仪中，手势的含义极为丰富，往往能表达出微妙复杂的感情，诸如招手致意、挥手告别、拍手称赞、拱手致谢、举手赞同、摆手拒绝；又如手抚是爱、手指是怒、手搂是亲、手捧是敬、手遮是羞，都有其特殊的含义。事实证明，能够恰当地运用手势表情达意，将会为交际形象增辉添彩。

既然不同的手势表达不同的含义，我们在具体运用手势的时候要注意什么呢？总体而言，应注意以下三个方面的问题：

(1) 注意区域性差异。在不同国家、不同地区、不同民族，由于文化习俗的不同，手势含义差别很大。只有规范地运用手势，才不至于产生误会和尴尬。

(2) 手势宜少不宜多。一般说来，多余的手势会给人装腔作势、缺乏涵养的感觉。因此，除非特别需要，应适当控制手势的运用频率。

(3) 避免出现不良手势。在交际活动中，有些手势会让人反感，严重影响自身形象，如当众搔头皮、掏耳朵、抠鼻子、咬指甲等。

相关链接

你知道吗，同样的手势在不同的地区，含义可以完全相反。

1. 向上伸大拇指

中国：好、了不起，有赞赏、夸奖之意。

意大利：数字一。

希腊：拇指向上表示“够了”，向下表示“厌恶”“坏蛋”。

美国、英国、澳大利亚等国：好、行、不错。

2. 向上伸中指

两千多年来，罗马人一直称中指为“轻浮的手指”。事实上，单独伸出中指的手势在世界绝大多数国家都不意味着好事情，普遍用来表示“不赞同”“不满”或“诅咒”之意。

美国、澳大利亚、突尼斯，这种手势表示侮辱。

在法国，表示行为下流龌龊。

在新加坡，表示侮辱性行为。

在菲律宾，表示诅咒、愤怒、憎恨和轻蔑。

在中国，表示对方“胡扯”或对对方的侮辱。

在缅甸和尼日利亚，向上伸出中指表示“一”。

在突尼斯表示“中间”之意。

3. 向上伸食指

世界上使用这一手势的民族很多，但表示的意思不一样。

中国人向上伸食指，表示数目，可以指“一”，也可指“一十”“一百”“一千”等整数。

在日本、朝鲜、菲律宾、斯里兰卡、印度尼西亚、墨西哥等国，食指向上表示只有一个(次)的意思。

在美国，食指向上指让对方稍等。

在法国，学生在课堂上向上伸出食指，老师才会让他回答问题。

在新加坡，谈话时伸出食指，表示所谈的事最重要。

在缅甸，请求别人帮忙或拜托某人某事时，都要使用这一手势。

在澳大利亚的酒吧、饭店，向上伸出食指，表示“请来一杯啤酒”。

在缅甸、马来西亚，这一手势表示顺序上的第一。

4. 向下伸大拇指

世界上有相当多的国家和地区都使用这一手势，但含义不尽相同。

在中国，把大拇指向下，意味着“向下”“下面”。

在英国、美国、菲律宾，大拇指朝下含有“不能接受”不同意”“结束”之义，或表示“对方输了”。

墨西哥人、法国人则用这一手势来表示“没用”“死了”或“运气差”。

泰国、缅甸、马来西亚、印度尼西亚，拇指向下表示“失败”。

在澳大利亚，使用这一手势表示讥笑和嘲讽。

在突尼斯，向下伸出大拇指，表示“倒水”和“停止”。

5. 搓手

在欧美国家，搓手表示“完成了所做的事”。在非洲，人们常用“搓手”来表明自己与某件事毫不相干、没有关联。

6. 大拇指和食指搭成圆圈

将拇指和食指弯曲合成圆圈，手心向前，在美国表示 OK。

在拉丁美洲，表示下流低级的动作。

7. 摆手

在欧洲，人们习惯于见面时用“摆摆手”来打招呼。如果在欧洲，前后摆动整只手，则表示“不”“不对”“不同意”或“没有”。在世界许多地方，摆手表示让人走开。

希腊和尼日利亚，在别人脸前摆动整只手意味着极大的侮辱。

在秘鲁，前后摆动整只手则表示“到这儿来”。

8. 屈伸手指

在拉丁美洲、英国、美国、意大利、西班牙、葡萄牙、突尼斯以及亚洲、非洲部分地区，人们伸出下臂，稍微抬起，手心向上屈伸手指，表示“让人走过来”。

在中国，这一手势是用作招呼动物或幼儿的。

9. 伸出弯曲的食指

在中国，这一手势表示“9”。

在日本，表示小偷，特别是那些专门在商店里偷窃的人及其偷窃行为。

在泰国、新加坡、马来西亚，则表示死亡。

在墨西哥，表示钱或询问价格及数量的多少。

技能训练 ⇨⇨⇨⇨⇨⇨⇨⇨⇨⇨

练习走姿和蹲姿

学生按性别分组，每组 5 人，练习走姿和蹲姿，互相纠正错误姿势，并评价。

一、实训目的

(1) 掌握正确的走姿。
(2) 掌握正确的蹲姿。

二、实训要求

(1) 找出自己走姿存在的问题并纠正。

(2) 找出自己蹲姿存在的问题并纠正。

三、实训内容

(1) 学生分组。
(2) 进行互评，互测。

四、实训考核

根据完成实训的综合情况给予考核，考核项目及评分内容如表 3-2 所示。

表 3-2 实训考核表

学习情境		拜访礼仪		
评价项目与内容		应得分	实得分	改进措施
准备工作	角色定位及时，模拟出场迅速	5		
	实训过程全组协调良好	5		
站姿、蹲姿、手位、体态等	走姿准确	5		
	蹲姿正确	5		
	手位无误	5		
	体态有美感	10		
	表达无误	5		
	表演整体效果	5		
	组员的配合	10		
	违反禁忌一次扣 5 分，直到扣完为止	15		
观摩讨论	观摩认真	5		
	讨论积极	5		
实训报告	按规定时间上交	5		
	字迹清楚、填写规范、内容详尽完整	5		
	实训分析总结正确	5		
	能提出合理化建议和创新性见解	5		
合计		100		

项目小结

通过本项目的学习，学生应重点理解和掌握以下内容：

(1) 站姿、坐姿、走姿、蹲姿的基本要求。

(2) 针对各种场合所需姿态的要点练习，并熟练掌握。

思考与练习

案例分析(一)

观察下列两幅图，这些坐姿适合正式场合吗？正确的坐姿应该是怎样的？

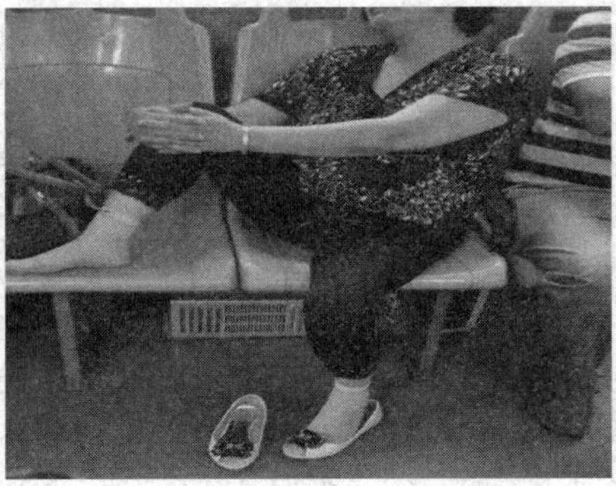

案例分析(二)

老布什之所以能坐上总统的宝座，成为美国的“第一公民”，原因很多，其中之一是与他的仪态表现密不可分的。在 1988 年的总统选举中，竞选对手杜卡基斯猛烈抨击老布什是里根的影子，没有独立的政见。当时，老布什在选民心目中的形象也的确不佳，民意测验一度落后杜卡基斯 10 多个百分点。可就在短短的两个月后，老布什却一举扭转了颓势，奇迹般地反超竞选对手 10 多个百分点。

原来，老布什接受了礼仪专家的指导，完善了自身的形象。他在过去的演讲中，嗓音又尖又细，手势极为僵硬，手臂非常死板。通过有针对性的系统训练，老布什克服了自身的弱点，在演讲中展现出独特的魅力，彻底改变了选民们对他的不利评价，终于获得了最后的胜利。

讨论题：

短短两个月的礼仪训练，为什么老布什会呈现出截然不同的竞选形象？

项目四 生活礼仪

项目分析

中国有着几千年文明历史，文化源远流长。作为礼仪之邦，中国历史上有很多关于礼仪的经典故事，这些故事至今仍深深地影响着我们，例如“孔融让梨”“黄香温席”……听了这些故事，你认为在家庭生活中我们应该怎么对待父母呢？怎样才能做好家庭文明礼仪呢？在优越的物质生活条件下生长起来的孩子们，有些在文明礼仪方面却显得很“贫穷”：对家人冷漠自私，一切以自我为中心，不理解家长的辛苦，不珍惜家长的钱财，不分担家庭的劳动，一味索取，不知奉献；不与父母沟通，一味地责怪父母不理解自己、有代沟……

项目任务

(1) 了解并掌握家庭礼仪的内容，学会尊重父母、尊重他人。
(2) 了解并掌握校园礼仪的内容，做一名有魅力的大学生。

知识目标

(1) 了解家庭礼仪与中国传统文化的关系。
(2) 掌握家庭礼仪的内容。
(3) 掌握校园礼仪的内容。

能力目标

(1) 掌握家庭礼仪的内容。
(2) 掌握校园礼仪的内容。

任务一　家庭礼仪

任务要求

(1) 掌握家庭成员间相处的礼仪。
(2) 掌握家庭中接待客人的礼仪。
(3) 掌握家庭中做客的礼仪。

案例导入

案例(一)

星期六早上七点，小王家的门铃就响个不停。小王揉着迷糊的双眼，打开房门，就看到同事小张站在门口，嘴里不停地埋怨小王开门太慢。小张说自己习惯早起，想来找小王下两盘象棋。刺耳的门铃把小王妻子小杨也吵醒了。两人看着坐在沙发上的小张，面面相觑。

案例(二)

小龙家里来了三个老家的远房亲戚：两位长者和一个二十多岁的年轻人。由于过去很少来往，彼此之间也比较陌生。老一辈之间还勉强能够相处，小龙却觉得无比痛苦。三个亲戚一来就住了半个多月。期间，小龙不得不陪着亲戚聊天，帮着父母买菜做饭、洗碗拖地。小龙家只是普通的两居室，突然多了三个人，感觉家里都没有转身的空间了。这几个亲戚说话非常随便，经常拿小龙开玩笑，甚至有时候还会数落小龙父母。亲戚带来的年轻人更是随意摆弄小龙的物品，将他最珍视的耳机也搞坏了，还埋怨小龙买到劣质品，害他不能好好看视频。小龙想不明白，这样的亲戚，究竟应该如何接待呢？

思考题：

你有遇到过类似的情况吗？如果你也遭遇到案例中的情况，你会如何有效处理呢？

家庭礼仪是指人们在长期的家庭生活中，用以沟通思想、交流信息、联络感情而逐渐形成的行为准则和礼节、仪式。我国传统的家庭道德标准是：人际和睦，勤俭持家，艰苦朴素，讲究礼仪。这是巩固和维护家庭正常关系的纽带，也是增强家庭凝聚力和工作、学习效率的强大精神支柱。俗话说，“父子和而家不败，兄弟和而家不分，乡党和而争讼息，夫妇和而家道兴。”可见，“和(相互谦恭有礼)”是关键。为了建设团结和睦的家庭，使人们生活得更加幸福，我们必须学习和掌握家庭礼仪。

一、家庭相处礼仪

儒家历来提倡先修身齐家，然后才能治国平天下。中国的老百姓也普遍认为，连自己的家都管不好的人，是办不成什么大事的。家庭是每个人生活的起点，是社会的细胞，是人们主要的活动场所，家庭中的人际关系和谐了，社会秩序也就稳定了一大半。

家庭成员是家庭活动的主体，也是家庭礼仪的具体操作者，其地位相当重要。

家庭礼仪在某种程度上即家庭成员礼仪。家庭成员礼仪主要指家庭成员之间的礼仪规范，如夫妻之间的礼仪、父母子女之间的礼仪、兄弟姐妹之间的礼仪等。

家庭是社会的细胞，虽是亲人，有时候相处不当，也会影响家庭和睦。家庭成员相处礼仪也是一门学问。

(一) 父母与子女相处的礼仪

1. 以身作则，言传身教

作为父母，在孩子面前一定要以身作则、言传身教，为孩子树立一个可以信赖、模仿的榜样。当然，孩子的行为习惯不是一朝一夕就能够建立的，父母可以从小事做起，利用生活中的点点滴滴引导孩子成长。比如，不说、不做违背社会生活准则和社会公德的话和事。生活中，创造和谐的家庭环境，尊敬师长，孝敬父母，夫妻关系和睦；工作中，好学上进，办事公道，待人热情等。父母说话要算数，任何时候都不要对孩子撒谎，许诺孩子的事，要尽量兑现。

2. 一视同仁，不偏不倚

研究表明：子女多的家庭，父母能否表现出不偏不倚、公正无私的态度，对手足感情的培养和家庭成员的和睦有很大影响。古代的育儿理论很早就注意到这个问题，曾有“人之爱子，罕亦能均”，认为父母平均爱心对待每个子女是很难做到的，孩子多时，难免存在分配不均的问题，因此在对待孩子方面也有不平等现象。一些孩子因此对父母记恨在心，小时候形成的阴影会笼罩一生，长期以来会形成忧郁、排斥的心理。

因此，父母对多个子女应一视同仁，对每个孩子应给予同样的爱，不要厚此薄彼，否则会使孩子的心灵受到创伤。

3. 奖惩并重，教育有方

创造良好的家庭环境，需要家长根据不同情况对子女进行热情的鼓励和及时的批评教育。

首先，表扬和批评要针对具体的行为，让孩子明白自己是因为什么受到了表扬或是批评。这就需要家长仔细观察，善于发现。当然，表扬总体上要多过批评，这样孩子才有干劲，才会有自信。

其次，批评要讲究方式、方法，要循循善诱，启发引导，少训斥和唠叨，尽量不要当着外人的面批评孩子，否则会使孩子觉得在外人面前丢了脸。父母平时应注意观察并表扬孩子的优点，多鼓励孩子，对孩子提出的问题，要尽量给予答复，让他们从小就树立自尊心和自信心。总之，教育子女要善于抓住时机，采取正确有效的方法。

4. 换位思考，作风民主

父母很容易犯的一个错误就是说得多、听得少。其实教育是一个双向的过程，父母要能低下身子，静下心来，倾听孩子的话，从中感受孩子的心声。面对孩子的苦恼，父母首先要接受，尽量去客观全面地了解情况，然后找出解决的办法。这样，父母就能走进孩子的内心，从精神层面上关心他们。

特别是进入信息化社会后，行业竞争日趋激烈，人们的生活节奏越来越快，学习紧张，工作繁忙。细心的家长不仅要关心子女的衣食住行，还要格外重视他们的成长和进步。一般来说，朝气蓬勃的青年人更喜欢自由宽松的生活、学习、工作环境。因此，作风民主、开明的父母要多理解子女，在家庭生活中尽量给子女创造较宽松的氛围，当子女在生活、学习、工作中遇到困难时，父母可提供些参考意见，少一点命令，多一些沟通。

（二）子女与父母相处的礼仪

1. 感恩父母

有人说过，世上最大的恩情，莫过于父母的养育之恩，值得我们用生命去珍爱，用至诚的心去感激，用切实行动去报恩。作为子女，一定不要给自己留下“树欲静而风不止，子欲养而亲不待”的遗憾，要想将来不追悔莫及，我们现在就要从身边的小事做起，去感恩父母、回报父母。回报也不一定非得是物质上的回报，更多的是精神上的、情感上的。就算是远渡重洋、留学海外，也要时刻怀揣一颗感恩的心。作为一名在校大学生，大部分时间都不能和父母朝夕相处，那么一通电话就能捎去我们对父母的感恩和祝福，平时多给家里打打电话，多问候父母的身体情况，让父母注意天气变化、注意身体等。寒暑假回家，给父母带点礼物，不需要多贵，关键是心意；给父母做一顿饭，让父母品尝一下自己的手艺；多陪陪父母，不要经常出去找朋友吃喝玩乐；等等。

俗语说，“滴水之恩，当涌泉相报。”更何况父母给我们的不是“一滴水”，而是一片“汪洋大海”。感恩，虽是一个行为动词，但它不止需要行动，更重要的是做到真心实意。

2. 尊重父母

子女对待父母，应当以尊重为先，认真对待自己对父母的一言一语。与父母讲话、办事时，一定要讲礼貌、守规矩，时时刻刻按照礼仪规范行事。对于父母的批评与指教，子女应虚心接受。大家都清楚这样一个事实：自己的成长、进步都凝结了父母的心血和汗水。在日常生活中，有人因不能忍受父母的唠叨、事事过问而烦恼，甚至顶撞父母。这样一来，父母和子女之间就免不了发生口角和冷战。如果换另外一种态度来对待父母的这种关心，情况就会不一样。例如，先听父母说，不急于表明自己的想法，或者以征求他们意见的方式，阐述自己的想法，询问一下这样做是否合理。因为无论与父母有多大的分歧，有一个前提是不该违背的，那就是尊重父母。

父母在长期的生活和工作中，建立起了自己的尊严和名誉，这是任何人不能玷污的，包括自己的子女。子女的言行，特别是在社会上的言行，要维护父母的尊严和名誉，不能给父母脸上抹黑，否则会极大地伤害父母的自尊。

此外，还要尊重父母的生活习惯，理解他们的精神要求，营造和睦友爱的家庭氛围。老年人的婚姻自由受法律保护，子女或者其他亲属不得干涉老年人离婚、再婚及婚后的生活。

3. 孝敬父母

孝顺父母是人类共有的美德，是一个人应尽的义务之一。一个人，不论做什么工作，对父母的养育之恩都要回报。孝敬父母不仅是指物质上、生活上的帮助和照料，还包括精神上的慰藉。父母晚年时可能身体欠佳，倍感孤独，这种情况下更需要老少两代密切相处。

我们要在生活的方方面面孝敬父母。在家中孝敬父母，可以从许多细微之处做起。例如，早晨起床之后，向父母道声早安；外出或回到家后，与父母聊聊天；吃东西前，先问问父母吃不吃；父母身体不适时，要多关心、多问候，尽可能地多陪伴他们，主动为父母分忧，是最好的尽孝方式。远离家乡的子女，可通过电话、邮件等问候父母。这些看起来似乎是微不足道、做起来又非常容易的小事，却可以给长辈带来莫大的精神安慰。

4. 理解父母

在理解父母方面，要做好与父母的沟通。与父母沟通时要心平气和，若发生争执，要先想想自己在这件事情上有没有做得不太好的地方或者不对的地方，如果是自己的问题，要反省改正错误。如果是父母有不对的地方，不要与其争吵，而要坐下来与父母沟通，相信父母也会接受你的看法。在沟通时双方都要冷静，因为烦躁是解决不了问题的，只有这样才能更好地与父母沟通，加深对彼此的理解和帮助。

5. 赡养父母

对父母要尽赡养义务，在平时生活中应关心、照料和体贴父母。对无经济收入或者收入低微的单独居住的父母，子女应按月给付赡养费。对患病或者生活不能自理的父母，子女应承担护理的责任。

虽然目前我国关于老年人的社会保障体系相对完善，但是再完善的社会保障体系，也不能给老年人带来其所需的完备赡养。因为赡养并不仅是物质层面的，更是精神层面的。对辛劳了一辈子的父母来说，他们缺的不是那一口饭、看一次病的钱，而是子女的一声问候、一次交流。被人惦记和被人需要的感觉，才是父母最需要，对他们来说，需要的不是“尽力”，而是“尽心”，要的是子女真心的“孝心承诺”。

(三) 夫妻相处的礼仪

1. 夫妻相处的原则

夫妻之间要互爱互谅，特别在对方遇到烦恼、不幸的时候，关怀和体贴会促进夫妻的情意。夫妻相互谅解，是解决生活中的矛盾的一个重要方面。

夫妻双方应共同承担家务劳动。丈夫不应该把家务都推给妻子，认为“女人应该围着炉灶转”；而妻子也不应该娇气，把自己能做的事都推给丈夫。对家务事可以做出不同的分工，这样做起来有条有理，忙而不乱。

夫妻双方在婚后仍应保持和修饰好自己的仪容，这样有利于巩固和发展夫妻间的爱情。

在实际生活中，夫妻双方应注意以下问题：互相尊重对方的人格，男方不搞“大男子主义”，女方不搞“夫人专政”；一方不要随便怀疑对方，不要贬低对方家庭及家庭成员；夫妻间不要求全责备、斤斤计较。

2. 夫妻相处礼仪的精髓

夫妻关系是家庭关系的核心，只有夫妻之间和睦相处，家庭生活才会幸福。许多夫妻婚后不再讲究礼节，举止也随便起来，对待对方的态度也恶劣起来，这样是不对的。要谋求幸福的家庭关系，夫妻间必须学会以礼相待，互敬互爱。

(四) 女婿与岳父母、媳妇与婆婆之间的相处礼仪

女婿与岳父母、媳妇与婆婆之间在相处时应遵行一个基本原则：尊重对方，认知不一致时，求同存异。

家庭成员之间在同一件事情上因为各种原因而产生分歧是很正常的，在这个时候不要争论不休，最好的做法是求同存异，互相尊重，互相理解。

二、家庭接待礼仪

如果有客人要来家中拜访，应该怎样接待对方呢？我们在日常生活中应多总结、多思考，尽量做到有礼貌地招待客人，给人留下美好的印象。这里有一些技巧供大家参考。

1. 家庭接待前的准备

(1) 家庭环境的布置原则：实用性、舒适性、娱乐性和欣赏性。家庭接待一般要有花卉，显得有生命力；室内的空气要清新，适当地播放优美高雅的音乐。要在客人到来之前将居室收拾得干净整洁，一般纯白桌布显干净，绿白格、黄白格、咖啡色、淡蓝色的桌布更能显示出浪漫的情调。

(2) 主人的服饰：家庭接待的服饰应是具有一定档次的休闲装，这样显得比较亲切、随和。另外，主人要施淡妆，这样能够表现出对客人的尊重。

(3) 其他准备工作：若有小孩，要事先安排好，不要在客人到来的时候因为孩子的事情而导致不悦的情况发生；要准备好相应的水果、食品、餐具、娱乐用具等。若留客人吃饭，要事先准备丰盛可口的酒菜，如果要现做，也要安排好陪客人的人，不要冷落了客人。若有小客人同来，要准备一些玩具和画册，表现出对客人到来的愉悦和欢迎。准备工作越是充分、详细、具体，主人对客人的尊重程度就显得越高。

2. 家庭迎客的礼仪

主人应按事先约定的时间站在门口迎接。客人到后，主人要和所来的客人一一握手，并主动接过客人衣帽。一般来说，若到来的是一对夫妇，则首先两位女士互相问候，其次两位男士向女士表示问候，然后两位男士相互问候。但是在接待客人时，还要看几位客人与主人的关系及客人所站的先后位置。客人到来后，主人要做好介绍：不管客人是男是女，男主人都应先将客人介绍给自己的妻子，除非对方是一位长者或地位很高的人；但妻子无论对什么人都应先向来人介绍自己的丈夫，介绍后丈夫应及时伸手表示："您好！快请坐。早就听她提起过您，很高兴认识您。"如果来的客人比较多，应按照介绍的礼节进行介绍；若家里还有其他人，则要进行简单的介绍，然后热情地招呼客人入座。

3. 家庭待客的礼仪

(1) 在家庭接待过程中，一般应将最佳的位置让给客人坐，我们通常称之为上座。居室中的上座一般是比较舒适的座位、较高一些的座位、靠右边的座位并面对正门的座位。客人一旦落座，就不再劝其换座。来客若是亲朋挚友，可以不拘礼节，随便一些反而显得比较亲密；来客若是师长、领导，则应注意礼节，不可轻率、随便。

(2) 请客人落座后应马上敬茶，可事先请教客人的喜好是茶、咖啡，还是其他饮料。

如有点心招待，应先将点心端出，然后奉茶。敬茶时注意水温不宜太烫，以免客人不小心被烫。若同时有两位以上客人，端出的茶色要均匀，并配合茶盘端出，左手捧茶盘底部，右手扶茶盘的外缘。敬茶时还要注意辈分或地位。一般先敬年龄长者，地位高者。倒茶水时要倒七分满，上茶时应向在座人说声“对不起”，面带微笑，眼睛注视对方，以右手端茶，从客人右方奉上，并说“请喝茶”。敬烟时要注意不要用手直接拿烟嘴。若客人不吸烟，不要勉强。为客人点烟时，不要一次点三只烟。若要端上水果，梨、苹果等应削皮递给客人，西瓜、菠萝等应去皮，水果最好切块用水果盘端送给客人。若当着客人的面削皮，刀口应朝内，并要注意手不要碰到果肉。

(3) 如果是夏天，应打开空调，送上扇子、冷饮。主人家所有成员应对所来的每一个人都热情招呼，有时也可点头致意。主人接受客人带来的礼物时，眼睛应注视着对方并双手接过礼物，并表示感谢。中国传统习惯是接过礼物不打开包装，等客人走后再打开。

(4) 若在接待朋友过程中又有朋友来，则可简单介绍并一同接待。如果有事需与其中一方交谈，可向另一方坦诚相告，并让其他人接待；应为先到的客人安排消遣活动，并尽量不让客人等待过长时间。万一主人有急事要办，应向客人说明并表示歉意。

(5) 在接待中要善于得体地与客人交谈。交谈时注意交谈的礼仪，态度要诚恳，不要频频看表，不要显出厌倦或不耐烦的样子。有客人在场，夫妻双方意见不一致时，丈夫应尊重妻子的意见，孩子不听话也要等客人走后再说。总之，在客人来访的整个过程中要使客人感到主人家里是一个和睦、温馨、文明、有修养的家庭。

4. 送客的礼仪

在家庭接待礼仪中，好的开场好似一束鲜花，使人愉快，精彩的告别就是一杯芬芳的美酒，令人回味。当客人要走时，应婉言相留，这是情谊流连的自然表示，并非俗套与多余。当客人起身告辞时，主人和在场的人应起身道别。主人送客应送到门外或楼下，待客人伸出手来握别时，方可以手相握，切不可在送客时先“起身”或先“伸手”，免得有厌客之嫌。若送客人到门外，应站在门口目视客人下楼，并在客人下楼梯拐弯时，挥手致意。回到居室后要轻声关门，并且不要马上关门灯，感觉到客人走远时再把门灯关上。

三、家庭做客礼仪

做客主要包括拜访、探望、请教、赴宴、留宿等。拜访前，最好用电话或书信与主人约好时间，时间约定后，要准时赴约。如遇特殊情况，要事先与主人打招呼，重新约定拜访时间。

到他人家中做客时，要注意选好拜访时间，尽量回避被访者的用餐时间；仪表应整洁、庄重，着装要朴素、大方，以表示对主人的尊重；到主人门前时，要轻轻敲门或按门铃，敲门要把握好力度和节奏，切忌使劲和用脚踢门；敲门或按门铃后，屋内若无反应，可再敲或再按电铃，但时间不可过长。

主人听到敲门或电铃声出来后，互相问候方能进屋，不可门开即进；即使门大开，也不可直入屋内，而应在门口说一声：“×××先生在家吗？”不要讲：“里面有人吗？”待主人应允后方可进屋。

进入主人家门后，要将自己的帽子、大衣、手套、雨具等交给主人的家人处理；如果主人家屋内是地毯或地板铺地，则应向主人要求换拖鞋。进入屋内后，要向长者、熟人，以及其他先来的客人打招呼，待主人安排座位后就座；主人端茶点烟，要起身道谢，双手迎接；主人献糖果，要等年长者和其他客人先取之后自己再取用；烟灰要弹在烟灰缸内，果皮、果核不要乱扔乱放；不可随便翻弄主人家的东西；告辞前要向主人表示谢意。

主人送出门口时，客人迈出门后要转回身致谢。如果主人站在门口，客人要走出几步后或在转弯处，回过身来告别，并向主人说“请回”“请留步”等话。

相关链接

中国传统文化中的家庭礼仪

传统社会中的家庭一般并不仅指我们通常所见到的核心家庭(即夫妻双方和自己的子女在一起生活的小家庭)。我们知道，中国传统社会十分重视家族的亲属关系，即使已经分家，也还保持聚族而居，大家族之间有许多事务要共同处理，来往密切。历史上更有不少家庭保持着累世同居的大家庭格局并引以为荣。这样一来，家庭、家族中的人会越来越多，关系相对就会复杂起来，要相处得和睦、井然有序就更不容易。因此，要明确家庭、家族中人与人之间的关系准则，并且制订出他们相互交往时各自必须遵循的一系列行为规范。只有这样，家庭、家族的生活才不会乱，家族才会稳固发展、正常运行。没有规矩，不成方圆。家庭、家族生活中的这些规矩、规范、准则，通常称为家礼。

传统家礼有着尊老爱幼、和睦相处、互谅互让、相濡以沫等优良传统，同时又不可避免地存在着诸多弊端，成为社会进步的沉重负担。传统家礼大致上可分成父子之礼、夫妻之礼、兄弟之礼和闺媛之礼四个部分。

1. 父子之礼

父母与子女之间的感情是人类的天性。家庭之所以稳定，两代人之间的血缘联系是极其重要的因素。历史上一般把两代人之间的礼仪称为父子之礼。

父子之礼又可分成两层：子女对父母，主要是“孝”；父母对子女，则是“慈”“严”“教”。这两层之中，历来更强调的是“孝”。

2. 夫妻之礼

男女结婚，形成夫妻关系，这是核心家庭形成的先决条件，而后才会有子女，使核心家庭进一步充实、稳固。如果夫妻离异，则家庭破裂。正如《礼记·昏义》所说，“男女有别，而后夫妇有义；夫妇有义，而后父子有亲；父子有亲，而后君臣有正。故曰：昏礼者，礼之本也。”这里虽然说的是婚礼，其实也说到了夫妻之礼。习惯上，把结婚的仪式称为婚礼，而把婚后夫妻相处时应遵循的行为规范称为夫妻之礼。由此不难看出夫妻之礼在传统礼仪中占据重要地位。

传统的夫妻之礼的内容很多，也颇为琐细，其总纲可用“夫为妻纲”四字来概括。也就是说，在家庭中的地位，丈夫尊贵，妻子卑贱；丈夫为上，妻子为从；享受要先让给丈夫，劳作则妻子必须多做。儒家提倡的这种夫妻之礼的格局产生于父权制社会，充分表现出父权制和私有制社会的固有特征，只是把妇女看作家庭中的一种私有财产而已。在那个时代里，妇女得不到起码的人格尊重，妇女在家庭中的地位也就可想而知了。

通常把夫妻之礼又概括为“夫义妻顺”四个字。所谓夫义，是对丈夫行为的约束和规范，但是历史上在这方面并不太强调；而对于“妻顺”，却有着种种约束和规范。

3. 兄弟之礼

《礼记·中庸》云：“君臣也，父子也，夫妇也，昆弟也，朋友之交也，五者天下之达道也。”传统礼仪将兄弟之间的关系与上述的四种关系并列，可见其重要性。人们认为，兄弟之间有着天然的血缘关系，如果不能很好地相处，如何设想你能够和外人和睦相处呢？所以历来把父子之礼中的“孝”和兄弟之礼中的“悌”相提并论，称之为“孝悌”。将“悌”提到“万善之本”的高度去认识“四海之内皆兄弟也”这句话，则又从另一个侧面反证了人们对兄弟之礼的重视。人们要求对待任何人都要像对待自己的亲兄弟那么团结友爱，这说明大家都认为兄弟友爱是天经地义的，而人们对道德的理想追求则是要把这种天然亲密关系扩大到对待所有的人。

4. 闺媛之礼

这里所说的闺媛之礼是传统礼仪对女子的特殊要求。为什么要对女子提出特殊要求呢？这跟妇女在传统社会中处于被压迫的地位是分不开的。恩格斯说：“正如马克思所指出的，神话中的女神的地位给我们展示了一个更早的时期，那时妇女还享有比较自由和比较受尊敬的地位，但是到了英雄时代，我们就看到妇女已经由于男子的统治和女奴隶的竞争而被贬低了。”中国古代的情况也是如此。随着父权制代替母权制，家庭开始由丈夫来统治，妇女就处于被压迫、被管制的地位。所谓闺媛之礼，也就是从男性的利益出发，对家庭中的女性所制订的一系列行为规范。

☒ 技能训练 ⇨⇨⇨⇨⇨⇨⇨⇨⇨⇨⇨

训练家庭礼仪

一、实训目的

(1) 掌握家庭成员相处的礼仪。
(2) 掌握家庭待客与做客的礼仪。

二、实训要求

合理运用家庭礼仪，牢记家庭礼仪的禁忌。

三、实训内容

(1) 学生分组，模拟家庭待客情境、做客情境及与家人发生争执时的情境，进行练习。
(2) 进行互评、互测。

四、实训考核

根据完成实训的综合情况，给予考核，实训考核表如表 4-1 所示。

表 4-1　实训考核表

组别：

学习情境		会面礼仪		
评价项目与内容		应得分	实得分	改进措施
准备工作	角色定位及时，模拟出场迅速	5		
	实训过程全组协调良好	5		
家庭礼仪	家庭相处礼仪	20		
	家庭待客礼仪	20		
	家庭做客礼仪	20		
观摩讨论	观摩认真	5		
	讨论积极	5		
实训报告	按规定时间上交	5		
	字迹清楚，填写规范，内容详尽完整	5		
	实训分析总结正确	5		
	能提出合理化建议和创新性见解	5		
合计		100		

任务二　校园礼仪

任务要求

(1) 认识校园礼仪的重要性和常规要求。
(2) 掌握师生礼仪、同学礼仪、课堂礼仪、寝室礼仪的具体要求。
(3) 培养良好的课堂礼仪习惯，了解与校园礼仪相关的禁忌。

案例导入

某日中午 12 时 50 分，某理工职业学院的两名学生因口角发生冲突。在冲突中，一名学生严重受伤。经过医院紧急抢救，受伤学生暂时脱离了生命危险，但情况依然不容乐观。医生表示，即使痊愈，也可能会留下后遗症。据记者调查，行凶的小韩和受伤的小王是同班同学，并且住在同一个宿舍。

思考题：

请从礼仪角度，分析作为同窗的小韩和小王何以因为一点小事而导致一人性命难保、一人即将坐牢的悲剧。

校园，不仅是播种文明的沃土，更是同学们快乐成长的摇篮；不仅是雏鹰试飞的原野，更是同学们厚积薄发的人生驿站。“宝剑锋从磨砺出，梅花香自苦寒来”，只有励志省身、规范自我，才会知书达理，温文尔雅。总之，校园是同学们学习科学文化知识、提高思想道德素质、养成良好行为习惯的重要场所。当前，礼仪已成为现代社会衡量一个国家文明程度的重要标志，加强大学生礼仪教育研究、推进校园礼仪教育实践就显得尤为重要。

一、课堂礼仪

学生在课堂上，在与教师和同学相处的过程中，都要遵守一定的礼仪。其中，遵守课堂纪律是学生最基本的礼仪。

（一）上课前的礼仪

学生应在课前两分钟进入教室，准备好上课用品，静候教师的到来。学生因特殊情况迟到，应注意举止文明，要做到以下几个方面：

(1) 如教室门关闭，应轻轻叩门，在得到教师允许后方可进入教室。

(2) 要向教师说明迟到的原因，说话态度要诚实，得到教师谅解和允许后，方可入座。

(3) 走向座位时，速度要快，脚步要轻，动作幅度要小，尽量不要发出不必要的声响，更不要有任何滑稽可笑的举止。坐下后，应立即集中注意力听讲。

（二）上课听讲和回答问题的礼仪

在课堂上，要认真听教师讲解，集中注意力，独立思考，重要的内容应做好笔记。当教师提问时，应该先举手，待教师点到名字时才可以站起来回答。发言时，身体要站直，态度要落落大方，声音要清晰响亮，并且应当使用普通话。如果对教师所提的问题答不上来，也应先站起来，再用抱歉的语调实事求是地向老师说清楚，不要坐着不动。别人在回答问题时，不应随便插嘴；即使他人答错了，也不应讥笑嘲讽；如果自己能回答，可以举手向老师示意。

（三）下课的礼仪

听到下课铃响时，如果老师未示意下课，学生应当专心听讲，不要忙着收拾书本或把桌椅弄得乒乓作响，这是对老师极大的不尊重。下课时，全体同学仍需起立，与老师互道“再见”，待老师离开教室后，学生方可自由活动。

二、师生礼仪

（一）师生校内外相遇

学生与教师相遇，通常由学生主动先向教师问好，教师应面带微笑回应。

在校外和教师相遇时，学生应主动向教师行礼问好；在车、船等处遇见教师，即使人多拥挤，学生也应让老师先上车、船，并主动让座。

在进出门口、上下楼梯时和老师相遇，学生应主动招呼，请老师先行。

老师来家访问，学生应热情迎接，主动向家长介绍老师。同时，请老师入座，给老师倒茶。为了便于老师和家长交谈，学生应暂时回避；当老师离开时，学生应热情送别。

毕业后，遇到老师要主动热情地向老师问好。重要节日，特别是教师节，应给老师写慰问信、贺卡或去拜望老师，使老师感到欣慰。

（二）师生谈话

学生与老师谈话，应注意以下几点：

和老师谈话时，学生应主动请老师坐下；若老师不坐，学生应和老师一起站着说话。

无论是站着还是坐着，学生都应姿势端正，不可东张西望、抓头摸耳、抖腿跷脚，应双目凝视老师，认真听老师说话。

如果对老师说的话，学生感到不理解，或无法接受，并有不同看法，应谦虚而诚恳地向老师请教，直到彻底弄明白为止。

对于老师的规劝和正确的批评，学生应愉快地接受，而且态度要谦虚，决不能当耳旁风。即使老师态度较为生硬、急躁，也不应计较，更不能嫌烦抵触，而要想到这是老师在关心帮助自己。

学生不能在办公室久留或乱翻老师的东西，不可影响其他老师的工作。

三、同学礼仪

学生之间的交往是校园中最频繁的交往。学生共同生活在一个集体中，共同营造校园的文明环境，共同营造团结奋进、生动和谐的氛围。同学关系如果处理得当，将有利于巩固班级团结，提升学习成绩；同学关系如果处理失当，就会带来诸多负面影响。因此，同学之间的交往必须注意同学礼仪。

（一）同窗交往的基本原则

1. 互相尊重

同学相见时应互相问好，分别时应互相道别。相互之间，可以姓名相称，但称呼必须讲究礼貌。一般来说，在学校里不宜互称小名，也不能给同学起绰号或带侮辱性的称号。不要讥笑同学的生理缺陷，也不能对女生评头品足。不要毫无事实根据地恭维他人，也不要触及同学的伤心事、羞愧事，不能当众使人难堪。未经允许，不能翻动他人的物品，更不能私拆他人信件、包裹，不能四处打听别人的私事并以此作为谈资四处散播。

2. 互相谦让

生活在同一个集体中，同学之间享受的权利总体上是平等的，但又不可能时时、处处、事事都整齐划一。例如，座位会有正有偏，床会有上有下，行路会有前有后，这是必须正视的一个事实。同学之间，应互相谦让。例如，在安排教室座位时，视力较好的同学就应让视力较差的同学坐在前面；在安排宿舍床位时，身体强壮、行动灵活的同学就应让身体弱小、行动迟缓的同学睡下铺；在走路时，也要互相礼让，切忌拥挤、争抢或推搡。同学之间发生争执和误会时，应主动进行自我批评，这也是谦让的具体表现。

3. 互相帮助

无论在思想上、学习上还是生活上，只要同学遇到困难，就应主动关心，予以帮助，不能袖手旁观，更不能幸灾乐祸。当同学有心事而闷闷不乐时，可以主动与他谈心，帮助他尽快从烦恼中解脱出来。在学习上，同学之间有什么好的经验，可以互相交流、共同进步。在劳动中，要主动照顾那些体弱的同学。当同学生病时，更应主动去探望、照顾。

(二) 同窗交往的主要内容

1. 说话有分寸

交谈是同学之间进行沟通交流的主要形式和手段。平时说话时，一定要注意场合，把握好分寸。即使是好朋友之间开玩笑，也要注意分寸，该说的说，不该说的一定不能说。总之，要管好自己的嘴巴。古人说“盛喜之时，多失信；盛怒之时，多失体。”所以，在特别高兴和特别生气的时候，一定要更加注意自己的言行，不要一高兴就信口开河，不计后果，也不要一生气就暴跳如雷，什么难听就说什么，这不仅会造成恶劣的影响，也是缺乏礼仪修养的表现。一般来说，与师生交谈相比，同学之间的交谈往往比较随意，但也应当遵循一定的礼仪规范；说话的态度一定要诚恳，交谈语言应力求文雅。在和同学相处中，对待传言，不乱信、不乱传、不乱说。如果听到有人在背后议论自己，一定要注意分辨真伪，不要意气用事。只要不是原则问题，大可以抱着有则改之，无则加勉的态度。当然，涉及原则问题时，该澄清的还是要澄清，只不过一定要注意方式、方法，并注意场合和分寸。

2. 相处要谦虚

要正确地对待同学，就必须正确地看待自己，时刻明确自己所处的真实环境和所在的真实位置。要明白一个道理，妄自尊大、妄自菲薄都是不可取的，要切实做到自知、自尊、自制。与同学交往时，既要不卑不亢，又要谦虚友善。说话、办事一定要讲信用，做到“言必行，行必果”，不要弄虚作假、要小聪明，否则自己将可能被孤立。

3. 待人需宽容

俗话说，尺有所短，寸有所长。在与同学交往中，不妨换位思考，平等对待，努力做到善解人意。即使彼此之间出现分歧，或者认为对方伤了你的自尊心、侵犯了你的利益，也要宽大为怀，不能过分计较。即使别人冒犯了自己，也不要怒火中烧，而应冷静下来，了解事情的原委和真假。如果心里容不得半点委屈，就难以与同学友好融洽地相处，甚至可能造成难以弥合的感情裂痕。误会往往是互相的，在别人误会你的同时，你也可能已经误会了别人。在非原则问题上宽容别人，不仅能显示出良好的个人修养，而且能感化那些行为不良的人，进而得到其他同学的尊重、赞赏。

4. 意识讲大局

在学校生活中，一定要顾全大局，严格遵守学校的规章制度，不可我行我素。凡事只考虑自己，不考虑别人，习惯将自己的快乐和方便建立在危害他人和集体的基础上，是很不道德的。有些人总是埋怨集体对他关心帮助不够，但他们究竟为集体、为他人付出了多少却从不去想。“我为人人，人人为我”，这是一种达观的处世态度，也是一种现实的待人技巧。有大局意识的人，往往能够维护集体和大多数人的利益，也自然能够得到多数人的推崇和赞许。这对于营造和维护良好的人际关系是极有益处的。

(三) 同学交往禁忌

在同学交往过程中，必须注意相关的禁忌，其中最为关键的是要注意以下三点：

1. 忌人格不平等

无论学习成绩好坏，身体素质高低，大家在人格上都是平等的。因此，不能在同学面前表现出自傲和自卑。事实证明，自傲者和自卑者实际上也存在着相同之处，那就是都可能在与其他同学交往的过程中人为地拉大交往距离，严重孤立自己，进而影响同学关系的正常发展。

2. 忌小团体主义

由于各种原因，学生们总会形成一些不同的群体。但是，不论是群体内的人还是群体外的人，都是自己的同学，在与他人交往时，切忌厚此薄彼，只与群体内的同学相处，而不与群体外的其他同学相处。事实上，人为地将自己定位成某个群体、某个圈子的一员，而与群外、圈外的人形成严重的对立，都是不可取的。在现代社会，要想成功就必须讲究人脉的建立，如果在大学阶段处理不好这个问题，则会影响将来在社会上的人际交往，从而损害自身的事业发展。

3. 忌不正当攀比

同学之间的交往，免不了各种攀比。对于这种现象，如果是比思想进步，比学习刻苦，比身体健康，那当然好；如果是比谁家人官大，比谁家阔气，比谁家有名，比谁家时髦，就完全不可取了。前一种比，比的是志气、学识、修养；后一种比，比的则是虚荣心、嫉妒心、私欲。其结果可想而知，如果比的是前者，则会越比越积极；如果比的是后者，则越比越落后。

四、寝室礼仪

寝室是反映学生精神文明和礼仪修养的一个窗口。对住校的学生来说，寝室是他们的主要生活环境之一，它的面貌在一定程度上能体现和反映出这些学生的文化和思想修养。住校学生生活在一个大家庭里，学习、生活及其他活动都是在集体中进行的。因此，除了要求学生自觉遵守学校的住校守则以外，还应特别注意以下礼仪：

(1) 恭而有礼。早晨起床，初见老师和同学时，应主动招呼。晚上就寝前，应与老师、同学道别。

(2) 处理好与同寝室同学之间的关系，不要和同学发生冲突。

(3) 如有同学生病了，要主动关心和照顾。

(4) 起床、做操、入寝、自修、用餐、熄灯都应按照学校规定的作息时间进行。

(5) 不能随便翻动、使用他人的物品。

(6) 在宿舍里不高声谈笑，夜间就寝后上下床的动作要轻。熄灯后，若需要，尽可能用微型手电筒照明，以免影响别人休息。听音乐或看视频时，尽量使用耳机或把音量调低。

(7) 要每天打扫寝室，保持寝室内外的整洁。不要在寝室内外乱抛瓜果、纸屑。

(8) 衣服、鞋帽、口杯、脸盆、碗筷等要放在规定的地方。

(9) 换下的脏衣物要及时洗涤和晾干，未洗前不要乱丢。在公共场所用水或晒衣服时，要先人后己，礼让三分。

(10) 寝室内外的墙壁严禁乱写乱画，严禁张贴，要保持墙面洁净。

(11) 严禁私安、乱接电源，不要在寝室内使用大功率电器。

(12) 严禁高空抛物。

相关链接

名人尊师小故事

子贡结庐

子贡，孔子杰出弟子，后弃官从商，成为孔子弟子中最富有者，商界公认他为“儒商始祖”。公元前 479 年，中国古代伟大的思想家、教育家、圣人—— 孔子溘然长逝。孔子死后，众弟子皆服丧三年，相诀而去，独有子贡结庐墓旁，守墓六年，足见师徒情深，尊师之诚，实属中华尊师孝道楷模第一人。后人感念此事，建屋三间，立碑一座，题为“子贡庐墓处”。因子贡为孔墓所植为楷树，后世便以“楷模”一词来纪念这位圣徒。

程门立雪

“程门立雪”这一成语家喻户晓，它出自北宋著名理学家杨时求学的故事。

杨时，将乐县人，四岁入村学习，七岁能写诗，八岁能作赋，人称神童。他十五岁时攻读经史，熙宁九年登进士榜。有一年，杨时赴浏阳县令途中，不辞劳苦，绕道洛阳，拜著名理学家、教育家程颐为师。

时值冬季的一天，杨时因与学友游酢对某问题有不同看法，为求正解而一起到老师家请教。他们顶着凛冽寒风来到程颐家时，适逢先生坐在炉旁打坐养神。杨时二人不敢惊动打扰老师，就恭恭敬敬侍立在门外，等候先生醒来。

过了良久，程颐一觉醒来，从窗口发现侍立在风雪中的杨时和游酢，只见他们通身披雪，脚下的积雪已一尺多厚了，赶忙起身迎他俩进屋。此后，“程门立雪”的故事就成为尊师重道的千古美谈。

技能训练

训练校园礼仪

一、实训目的

(1) 了解校园礼仪的内容与禁忌。

(2) 掌握校园礼仪的原则，做一名受欢迎的人。

二、实训要求

根据情境变化及角色改变，模拟训练恰当的校园礼仪行为。

三、实训内容

(1) 学生分组，模拟各情境练习。
(2) 进行互评、互测。

四、实训考核

根据完成实训的综合情况给予考核，实训考核表如表 4-2 所示。

表 4-2　实训考核表

<table>
<tr><td colspan="2">学习情境</td><td colspan="3">会面礼仪</td></tr>
<tr><td colspan="2">评价项目与内容</td><td>应得分</td><td>实得分</td><td>改进措施</td></tr>
<tr><td rowspan="2">准备工作</td><td>角色定位及时，模拟出场迅速</td><td>5</td><td></td><td></td></tr>
<tr><td>实训过程全组协调良好</td><td>5</td><td></td><td></td></tr>
<tr><td rowspan="4">校园礼仪</td><td>课堂礼仪</td><td>15</td><td></td><td></td></tr>
<tr><td>师生礼仪</td><td>15</td><td></td><td></td></tr>
<tr><td>同学礼仪</td><td>15</td><td></td><td></td></tr>
<tr><td>寝室礼仪</td><td>15</td><td></td><td></td></tr>
<tr><td rowspan="2">观摩讨论</td><td>观摩认真</td><td>5</td><td></td><td></td></tr>
<tr><td>讨论积极</td><td>5</td><td></td><td></td></tr>
<tr><td rowspan="4">实训报告</td><td>按规定时间上交</td><td>5</td><td></td><td></td></tr>
<tr><td>字迹清楚，填写规范，内容详尽完整</td><td>5</td><td></td><td></td></tr>
<tr><td>实训分析总结正确</td><td>5</td><td></td><td></td></tr>
<tr><td>能提出合理化建议和创新性见解</td><td>5</td><td></td><td></td></tr>
<tr><td colspan="2">合计</td><td>100</td><td></td><td></td></tr>
</table>

项 目 小 结

通过本项目的学习，学生应重点理解和掌握以下理论和技能知识：

(1) 掌握家庭礼仪、校园礼仪的基本要求。
(2) 熟练掌握家庭礼仪、校园礼仪，做一名受欢迎的人。

思考与练习

案例分析

张海和宁玲经过一年的恋爱，终于走进了婚姻殿堂。可没过多久，宁玲就向家人抱怨张海婚前婚后变化太大，想离婚。家人经过仔细询问才发现，张海在追求宁玲时总是打扮得风度翩翩，对宁玲有求必应；结婚以后，张海也不注重仪表了，对宁玲也没有以前那么体贴了，有时在家里也是大大咧咧地往沙发上一躺，上厕所时连门都懒得关，完全没有考虑宁玲的感受。

思考题：

请你从礼仪的角度分析张海在哪些地方做得不好，应该怎样改正。

项目五 求职礼仪

项目分析

当前，求职竞争日趋激烈，用人单位的门槛亦不断提高，这对求职者提出了更高的要求。美国职业学家罗尔斯曾说:“求职成功是一门高深的学问。”如何成功地叩开求职的大门，怎样找到一份称心如意的工作，成为每位求职者迫切关心的现实问题。本项目从提高求职者的素养入手，引导大学生掌握求职面试的礼仪常识和技巧。

项目任务

(1) 熟悉面试前应做的准备和面试后的应对技巧。
(2) 掌握面试中的礼仪规范和注意事项。

知识目标

(1) 了解求职面试礼仪的相关内容。
(2) 熟悉面试求职材料的撰写。
(3) 熟悉面试各环节的礼仪规范和行为禁忌。

能力目标

(1) 能设计符合岗位需求的个人形象。
(2) 掌握面试技巧，顺利求职就业。

任务一 面试前的准备

任务要求

(1) 了解自我，正确定位，能选择适合自己的职位。

(2) 列好清单，全面掌握用人单位信息。

(3) 结合岗位需求，设计自身面试形象。

案例导入

身为某外资企业市场总监的胡先生，提起 8 年前的第一次面试，至今还让他记忆犹新。当时的就业压力并不大，但胡先生还是早早地做好了充足的面试准备。无论是求职信、个人简历，还是自己的着装，都请教过很多人，可以说是很完美。而且，他事先也做了充分的心理调适，所以心态上也很放松。面试的时候，无论是说自己的经历，还是谈技术，从主考官的表情来看，还是对他非常满意的。40 分钟的面试就要接近尾声了，主考官突然问："胡先生，我看您事先做了很充分的准备，说明您对我们公司和这份工作很重视。那您知道我们公司是干什么的吗?""干什么的?"胡先生一下子就懵了，对呀，干什么的我还真没注意过！半晌，胡先生一脸尴尬地说："对不起，这一点我还没来得及进行足够的关注……"主考官手一挥:"好了，胡先生，你可以走了。"

思考题:

主考官为什么让胡先生走了?

面试对我们非常重要。一位有经验的主考官说:"面试的成败是在面试前决定的。"面试是在一个非常有限的时空中展示自己最优秀的方面。所以，我们应充分做好面试前的每一项准备，为自己的成功获职增加砝码。

一、明确自身定位

为了避免找工作时的盲目性，求职者应当及早全面客观地分析和评价自己的实际情况，正确地判断出自己究竟适合哪种工作，从而使自身情况与职业要求结合起来，实现个人与职业的最佳匹配。

一个理想的职业应是符合自己的个性、最使自己感兴趣以及最能发挥自己潜力的工作。因此，全面分析解剖自己时，需要从以下四个方面着手进行：

(一) 分析自己的知识和能力结构

只有客观地分析评价自己所学的专业、知识与能力，才知道自己到底适合从事哪个行业的哪项具体工作，从而选出最能发挥出自己潜力的工作。

(二) 分析自己的气质和性格

求职者可以进行气质与性格的心理测验，了解自己的优点、缺点、长处和短处，从而根据自己的性格与气质类型来判断适合什么样的工作。

(三) 分析自己的兴趣与爱好

兴趣与爱好往往是职业定向的萌芽，是初步的职业意向。求职者可以进行职业个性测试，以协助了解自己的职业兴趣和职业倾向，及早为自己的职业生涯做好准备。

(四) 分析了解自己的身体状况

求职者必须对自己的身体状况作一个全面的衡量，内容包括一般状况(身高、体重等)、疾病情况、有无缺陷等，从生理角度来判断自己比较适合从事哪种职业。可见，了解和定位自我就是要清楚自己是什么样的人、自己想干什么以及能干什么的过程，最终使自己对自我有一个清晰的认识，以便在求职择业时做到有的放矢、成竹在胸。

二、了解用人单位

面试之前的准备工作，绝不可以只关注自己，还要多多关注求职单位的有关情况。只有这样，才能使面试过程更加顺利。

为了获得理想职业，面试前不妨把有助于了解用人单位的信息点列成清单，然后逐一落实。这些信息点通常包括该单位的内部信息与外部信息两大类。

(一) 内部信息

内部信息包括单位发展历史与最新动态、发展目标与企业文化、最高领导者的姓名、规模(员工数量)与行政结构、总部及分支机构的业务范围与地理分布、产品或服务内容与类别、财政状况、绩效考核体系、培训体系和薪酬体系、正在招聘的职位描述及能力要求、员工的职业发展路径等。

(二) 外部信息

外部信息包括客户类型与规模、竞争对手的类型与规模、该单位的公众形象与社会评价等。上述信息点会在面试交流中最大限度地得到体现。比如，若对于所面试的职位有清晰的认识，就能够说出为什么这是你渴望的职位。

总之，这些信息可以成为面试过程中言之有物的知识背景，内化在逻辑化、结构化、清晰化的交谈过程中，体现出面试者对该单位发展持有的高度敏感性、兴趣和获得该职位的诚意。

三、准备面试物品

当明确了自己的职业定位，了解了用人单位的基本信息后，就要为自己备足一份求职的书面资料，如求职简历、求职信等。

(一) 求职简历

1. 个人简历的基本内容

(1) 个人基本信息：姓名、性别、年龄、籍贯、政治面貌、毕业院校及专业、家庭住址、电话号码、E-mail 等。

(2) 教育背景及培训：如果已经有全职工作经验了，一定要把工作经历放在此项前面；如果刚刚毕业，就把教育背景放在第一。从最高学历写起，依次往下推，并列举出接受过的相关培训。

(3) 工作经历及业绩情况：从最近的工作经历写起，一一列出曾经就职过的公司名称、担任过的职务、主要工作内容、起止时间等。在填写这一项时，刚毕业的学生可以把在校期间参加社会实践、兼职打工、在校参加的社团活动、担任学生干部等经历写上去。

(4) 求职意向：求职目标或个人期望的工作职位，表明你希望得到什么样的职位以及未来3～5年的奋斗目标。

2. 个人简历“五要”和“五不要”

(1) 要言简意赅，不要啰里啰唆。

(2) 要扬长避短，不要暴露缺点。

(3) 要内容真实，不要弄虚作假。

(4) 要恰如其分，不要过分谦虚。

(5) 要重点突出，不要平铺直叙。

3. 个人简历“四忌”

(1) 忌遗漏要点。

(2) 忌在文字格式上出错。

(3) 忌太花哨。

(4) 忌写酬金要求。

4. 个人简历模板

个人简历

个人概况：

姓名：________________

性别：________ 出生年月：____年____月

健康状况：___________

毕业院校：________ 专业：________

电子邮件：____________________

联系电话：_______________

通信地址：_______________

邮编：____________________

求职意向：

教育背景：

____年—____年 ___________ 学校 __________专业

主修课程：

计算机水平：

获奖情况：

实践与实习：

____年__月—____年__月 _________公司__________工作

工作经历:

____年__月—____年__月 _________公司__________工作

个性特点：

(二) 求职信

1. 求职信格式

1) 开头部分

这部分由称呼、问候语、缘由和求职意向组成。

称呼要礼貌，先写上招聘单位的全称，然后另起一行，写上收信人的具体姓名，如果没有收信的具体对象，可以称“人力资源部门负责人”或“组织人事部门负责人”。

问候语一般用敬语：您好！

另起一个段落，写明你是如何得到招聘信息的，以及应聘什么职位的意愿等。

作为信的开头部分，应尽力抓住招聘者的注意。

(1) 叙述你是从何处得到招聘信息的。

例如：我在_____年_____月_____日_____报的招聘信息上获悉，贵单位招聘______职位的，现送上我的简历，敬请关照。

(2) 叙述招聘单位在你心目中的地位。

例如：贵公司是全国闻名的大企业，我对贵公司仰慕已久，今天终于有了我盼望已久的应聘机会……

2) 主体部分

这一部分是求职信的重点部分，也是自我推荐的内容。这部分可以概述自身所具有的、对所应聘职位有用的知识和技能，主要包括求职的资格、相关的实践和实习经历、个人素质等，具体可从以下几个方面介绍：

(1) 叙述所学的知识和技能，代表领域内最新的发展趋势，将对该单位的发展有一定的作用。

(2) 介绍你在实习期间如何努力工作，也同时参与了有关项目的研究、实施工作，并得到实习单位的好评、肯定等。

(3) 表述你在学校期间，参与学校的研究课题，有较强的实践能力等。

(4) 表述你是一个能吃苦耐劳、诚实守信、有责任心、有爱心的人。

(5) 介绍你的个性特征，以及与所求职位有关联的兴趣爱好等。

3) 结尾部分

此部分可包含如下内容：

(1) 感谢招聘者有时间阅读并关注你的求职请求，表示期盼得到面试的机会。

(2) 写上预约面试的时间，或者希望尽快得到回音。

(3) 强调联系方式，并附上简历。

2. 求职信写作五忌

(1) 忌用单位信封与信纸。

(2) 忌照搬简历。

(3) 忌丢三落四。

(4) 忌张冠李戴。

(5) 忌啰唆冗长。

3. 求职信模板

求职信

尊敬的**经理：

您好！

我从晚报上看到贵公司的招聘启事。贵公司在国内外都享有盛誉，如能到贵公司从事**工作，我将感到非常荣幸。现将我的简要情况发给您。

介绍自己的基本情况，如年龄、学历、所学专业、毕业时间、奖惩情况等。

最后表明自己的立场。

此致

敬礼

附件：个人简历(成绩表、证书等)

求职者：×××

××××年××月

附上自己的准确的联系方式，以便有了录取结果可第一时间得到消息。

(三) 英文履历表写作要领

英文履历表写作要领包括以下几个内容：

(1) Objective (目标)。首先求职者必须了解目前想应聘的岗位、工作内容，并能具体写出这份工作吸引自己的地方。

(2) Personal (个人资料)。只要写出生年月日即可，不用特别强调性别等。

(3) Education (教育程度)。教育程度一栏只写最高学历。大学毕业生在写相关课程的时候，只要写出几门有特色的、与所求岗位工作相关的科目即可。

(4) Experience (工作经验)。在这里要突出自己的工作亮点。毕业生不要忘记自己的社会工作细节，它会弥补工作经验少的缺陷。

(5) Professional Qualities (专业技能)。针对想应聘的岗位明确地列出自己究竟拥有哪些专业技能，技术、知识或管理方面的能力均可。

(6) Language & Skills (语言及其他技能)。在英文履历表中也要相应地列出自己拥有的资格考试证书、资料，包括英文国家四、六级考试分数、雅思分数或托福分数等，有关计算机技能要注明会使用的计算机软件的情况等。

(7) Interests (兴趣或爱好)。不要泛泛而谈，如爱好运动，要具体到哪一项运动。字数不宜太多，两行即可。

四、设计个人形象

(一) 男生面试的个人形象

1. 西装

男生应在平时就准备好一两套得体的西装，不要到面试前才去匆匆购买，那样不容易选购到合身的西装。选购整套的西装，颜色应当以主流颜色为主，如灰色或深蓝色，这两种颜色在各种场合穿着都不会显得失态；在价钱上应符合学生身份，不要盲目攀比，购买高级名牌西服，如果用人单位看到求职者的衣着不符合学生身份，对求职者的第一印象也会打折扣的。

2. 衬衫

衬衫应以白色或浅色为主，这样能较好地搭配领带和西裤。衬衫在面试前应熨平整，不能皱巴巴。这里要提醒一点，面试时不宜穿新购置的西服、衬衫、裤子、皮鞋等，这会让人事主管认为你的服饰都是匆匆凑齐的，也许还会质疑你的面试资料是否也是匆忙准备的。而且新衣、新裤、新鞋从头到脚包裹在身上，会因为不舒适而分散你的注意力，从而影响你的面试表现。

3. 皮鞋

不要以为皮鞋越贵越好，而要以舒适大方为宜。皮鞋以黑色为佳，且面试前一天要擦亮。

4. 领带

男生参加面试一定要在衬衣外打领带，领带以真丝的为好，上面不能有油污，不能皱巴巴，平时应准备好与西服颜色相衬的领带。

5. 袜子

袜子的颜色也有讲究，穿西服革履时的袜子必须是深灰色、蓝色、黑色等深色，这样在任何场合都不会失礼。

6. 头发

避免在面试前一天理发，以免看上去不够自然，最好在三天前理发。男生、女生都应在面试前一天洗干净头发，避免头屑留在头发或衣服上，保持仪容整洁是取得用人单位良好第一印象的前提。

此外，男生要将胡须剃干净，但不要刮伤皮肤；指甲应在面试前一天修剪整齐。

(二) 女生面试的个人形象

1. 套装

每位女生应准备一两套较正规的套装，以备去不同单位面试之需。女式套装的花样可谓层出不穷，每个人可根据自己的喜好来选择，但原则是必须与上班族的身份相符，颜色鲜艳的服饰会使人显得活泼、有朝气；素色稳重的套装会使人显得大方干练，女生可针对不同背景的用人单位选择适合的套装。

2. 化妆

参加面试的女生可以适当地化淡妆，浓妆艳抹，过于妖娆，不符合大学生的形象与身份。

3. 皮鞋

皮鞋鞋跟不宜过高；夏日最好不要穿露脚趾的凉鞋，更不宜给脚趾甲涂抹特别鲜艳的颜色；丝袜以肉色为宜。

4. 皮包

要选择能背的皮包，可以只拿公文包而不背皮包，但不能把公文包里的文件全部塞在皮包里。

5. 手表

面试时不宜佩戴过于花哨的手表。面试前应调准时间，以免迟到或闹笑话。

禁忌：男、女生都不能在面试时穿T恤、牛仔裤、运动鞋，这样会显得过于随便而不受人事主管的欢迎。女生一定不要在服饰上给人错误的信号，如性感暴露的打扮会惹来许多麻烦甚至骚扰，对求职本身毫无益处。

相关链接

面试提问的准备

在面试过程中，面试官会提到一些问题，要提前做好准备。毕业生在面试中经常会遇到的问题以及解析如下。

问题一：请介绍一下你自己。

分析：这个问题看似简单，但回答时不能从出生到毕业平铺直叙。因为用人单位主要是想通过你对这个问题的回答来判断你的概括和表达能力，因此，你必须以精练的语言，简明扼要地介绍自己在校期间学习并掌握的知识和技能、取得的成绩，并表示自己的资格和能力能为用人单位作什么贡献。叙述时应根据你想应聘的职位扬长避短，尽量突出自己的强项，淡化自己的弱点，要强调自己的职业忠诚。

问题二：你在学校学了哪些课程，成绩如何?

分析：回答这个问题不能面面俱到，应该把学习的主要课程，如基础课、专业基础课、专业课等，特别是与所应聘的工作有关的课程要讲出来、并稍做详细介绍。这个问题也是在考察你的学习成绩，以及对学校学习所持的态度和将来的职业意向等。

问题三：你有什么特长和爱好?

分析：对这个问题要据实回答，有什么特长就讲什么特长，有什么爱好就讲什么爱好，不要无中生有，也不要过分谦虚。

问题四：你如何评价你的大学生活及室友?

分析：这个问题主要是在考察你处理人际关系的能力，有的毕业生会在不经意间流出对他人的不满和抱怨，这会给面试官留下不好的印象，会就此判断你的团队合作能力不好，而这一点正是所有的用人单位都非常重视的。

问题五：你担任过何种社会工作，组织或者参加过什么社会活动?

分析：这主要是考察毕业生的动手能力、组织协调能力和工作积极性。

问题六：你为什么应聘本单位?

分析：回答这个问题要从工作条件、工作性质如何有利于发挥自己的才能，有利于为单位、为社会多作贡献的角度来回答。一定要以事业和发展为主题，不能讲因工资高、福利好才来的，否则会给对方以目光短浅的印象。

问题七：你了解我们公司吗？

分析：这个问题主要是考察你对应聘公司关注的原因和程度，甚至在暗示该公司的福利不高，或工作很辛苦，以试探你是否有心理准备。对这个问题的回答应该坦率，不要胡编乱造，并要表明自己看重的是工作和今后的发展，而不是福利待遇、工作条件等。

问题八：如果单位的安排与你本人愿望不一致，你是否愿意服从？

分析：这有可能是暗示你应聘的职位已经招满了而你又比较优秀，不想放弃你；也有可能是考验你的组织纪律性和忠诚度。

问题九：如果工作安排与你的专业无关，你怎样考虑？

分析：这是在考察你对专业、工作和再学习三者之间关系的看法。

问题十：如果本公司与另一个公司要同时聘用你，你如何选择？

分析：这是在考察你对人是否诚实，对事是否忠诚。

问题十一：谈谈你的家庭。

分析：和睦的家庭对于培养一个人的健康心理和人格有密切的关系，而且和家人和睦相处、关系融洽也体现出毕业生的健全人格以及关心他人、与人相处的能力。一个亲人关系紧张的毕业生可能会在工作中面临很多无形的压力。

问题十二：你还有什么想问的？

分析：这实际上是告诉你面试将要结束，对方目的已经达到，再给你一个自由发挥的机会来阐述或提出你没有提及但有意义的事情，你应把握住机会，通过提问或表态来强化对方对你的印象，表现出你对这个公司这个职位的兴趣和关心，发言不要离题，更不能长篇大论，回答完这个问题就应该主动称谢告辞。

技能训练

面试个人形象设计

将学生分成男女两组，结合求职岗位分别设计面试形象，完成后两组交叉打分。

一、实训目的

(1) 掌握面试求职的服饰设计技巧。
(2) 掌握面试求职中仪容设计技巧。

二、实训要求

(1) 完成面试仪容的形象设计。
(2) 完成面试服装的形象设计。

三、实训内容

(1) 学生分组。
(2) 选择需要的工具。

(3) 进行自评、互评。

四、实训考核

根据完成实训的综合情况进行考核。考核项目及评分如表 5-1 所示。

表 5-1　面试前准备实施评测单

学习情境		求职个人形象设计		
评价项目与内容		应得分	实得分	改进措施
准备工作	模拟出场迅速	5		
	实训过程全组协调良好	5		
男生、女生服饰	上装	10		
	下装	10		
	鞋子、袜子、配饰	15		
男生、女生仪容	发型	10		
	面部	10		
	手部	10		
观摩讨论	观摩认真	5		
	讨论积极	5		
实训报告	按规定时间上交	5		
	字迹清楚、填写规范、内容详尽完整	5		
	实训分析总结正确	5		
	能提出合理化建议和创新性见解	5		
合计	100 分	100		

任务二　面试中的礼仪

任务要求

(1) 了解并掌握求职面试中通过眼神、微笑、坐姿、站姿、手势、言谈等细节塑造自身形象的技巧。

(2) 掌握求职面试的注意事项与成功诀窍，能利用相关技巧成功求职。

案例导入

一天，一家公司的人力资源部经理来上班，在公司大厅里有很多人在等电梯。电梯来了，人们一拥而进，十分地拥挤，于是站在电梯按钮旁的人就开始为大家按要到的楼层。这时，一个陌生的小伙子想从人群中挤到按钮前自己按，旁边的人说："你就说你到几楼吧，前面的人会帮你的。"小伙子说了声"9 楼"，别人就替他按了"9"，小伙子却没有任何表示。等人力资源部经理到了办公室，刚坐下一会儿，就看到刚才在电梯里的小伙子来应聘。经过询问，经理对他的专业水平很满意，但一想到他在电梯里的表现，还是决定不录取他。

思考题：

(1) 人力资源经理不录用他的原因是什么？

(2) 求职面试过程中应注意哪些事项？

面试求职是大学生走向社会的第一步，这一步是至关重要的，会影响其未来的发展。在面试中充分展现自己的才能，在众多学生中脱颖而出，才能给考官留下深刻美好的印象。

面试官不仅要考察你的专业技能、心理素质以及思想观念等，还要考察你是否有良好的自身礼仪修养。因此，良好的面试礼仪会大大增加你被录取的几率。

一、面试中的仪态

(一) 眼神

与人交流时不要低头，要注视对方，看着对方的眼睛或眉间，不要回避视线。但万万不可盯着别人看，那会让人觉得很不礼貌。做出具体答复前，可以把视线投在对方背景上约两三秒钟做思考，不宜过长；回答问题时，应该把视线收回来。如果不止一个人在场，要用目光扫视一下其他人，以示尊重和平等。

(二) 握手

当面试官伸出手时，面试者握手应当坚实有力，双眼要注视对方，不要太用力，也不要使劲摇晃；不要用两只手，用这种方式握手在外国公司看起来不够专业。手应当是干燥、温暖的，如果在匆忙赶到面试现场的情况下，应先用凉水冲冲手，使自己保持冷静；如果手心发凉，就用热水暖一下。

(三) 坐姿

在没有听到"请坐"之前，绝对不可以坐下，否则会留给面试官不好的印象。要注意，坐下时，要坐在主考人员指定的座位上，不要随意挪动已经安排好的椅子的位置；入座时要轻、稳、缓。一般从椅子的左边入座，离座也要从椅子左边离开；不要紧贴着椅背坐，也不要在椅子边沿轻坐，一般以坐满椅子的三分之二为宜。入座后应并拢双膝，把手自然地放在上面，身体要略向前倾，这既可以让你腾出精力应对考官的提问，也不至于让你过于放松。

(四) 手势

其实，在日常生活交际中，人们都会自然地运用手势帮助自己表达意愿。那么，在面试中应怎样正确地运用手势呢？

1. 表示关注的手势

在与他人交谈中，一定要对对方的谈话表示关注，对方在感到自己的谈话被人关注和理解后，才能愉快专心地聆听你的谈话，并对你产生好感，面试时尤其如此。一般表示关注的手势有双手交合放在嘴前，或把手指搁在耳下；双手交叉，身体前倾。

2. 表示开放的手势

这种手势表示你愿意与交谈者接近并建立联系，能表现出你的热情与自信，并让人觉得你对所谈问题已胸有成竹。这种手势的做法是手心向上，两手向前伸出，手要与腹部等高。

3. 表示有把握的手势

如果你想表现出对所述主题的把握，可先将一只手伸向前，掌心向下，然后从左向右做一个大的环绕动作，就好像用手“覆盖”着所要表达的主题。

4. 表示强调的手势

如果想吸引听者的注意力或强调很重要的一点，可把食指和大拇指捏在一起，以示强调。

以上介绍的是面试中常见的手势，但要达到预期的目的，还应注意因时、因地、因人灵活运用。

二、面试中的言谈

语言是求职者的第二张名片，它客观反映了一个人的文化素质和内涵修养。在面试场上，你的语言表达艺术反映了你的成熟程度和综合素养。对求职应试者来说，掌握语言表达的技巧无疑是重要的。那么，面试中应怎样恰当地运用谈话的技巧呢？

(一) 口齿清晰，语言流利，文雅大方

交谈时要注意发音准确，吐字清晰，还要注意控制说话的速度，以免磕磕巴巴，影响语言的流畅。为了增添语言的魅力，应注意修辞美妙，忌用口头禅，更不能有不文明的语言。

(二) 语气平和，语调恰当，音量适中

面试时要注意语言、语调、语气的正确运用。打招呼时宜用上语调，加重语气并带拖音，以引起对方的注意。自我介绍时，最好多用平缓的陈述语气，不宜使用感叹语气或祈使句。声音过大令人厌烦，声音过小则难以听清，音量的大小要根据面试现场情况而定。两人面谈且距离较近时声音不宜过大，群体面试而且场地开阔时声音不宜过小，以每个用人单位都能听清你的讲话为原则。

(三) 语言要含蓄、机智、幽默

说话时除了表达清晰以外，适当的时候可以插进幽默的语言，使谈话增加轻松愉快的气氛，也会展示自己的从容风度。尤其是当遇到难以回答的问题时，机智幽默的语言会显示自己的智慧，有助于化险为夷，并给人以良好的印象。

(四) 确认提问内容，切忌答非所问

面试中，如果对用人单位提出的问题难以理解时，可将问题复述一遍，并先谈自己对这一问题的理解，并请教对方以确认内容。对不太明确的问题，一定要搞清楚，这样才会有的放矢，避免答非所问。

(五) 把握重点，简捷明了，条理清楚，有理有据

一般情况下，回答问题要结论在先，议论在后，先将自己的中心意思表达清晰，然后再进行叙述和论证。否则，长篇大论，会让人不得要领。面试时间有限，神经有些紧张，多余的话太多，容易走题。

(六) 讲清原委，避免抽象

用人单位提问总是想了解一些应试者的具体情况，切不可简单地仅以“是”和“否”作答。应针对所提问题的不同，准确回答，如有的需要解释原因，有的需要说明程度。不讲原委，过于抽象的回答，往往不会给主试者留下具体的印象。

(七) 知之为知之，不知为不知

面试遇到自己不知、不懂、不会的问题时，回避闪烁、默不作声、牵强附会、不懂装懂的做法均不足取，诚恳坦率地承认自己的不足，反倒会赢得主试者的信任和好感。

(八) 注意听者的反应

求职面试不同于演讲，而是更接近于一般的交谈。交谈中，应随时注意主试者的反应。比如，主试者心不在焉，可能表示他对自己这段话没有兴趣，你得设法转移话题；侧耳倾听，可能说明由于自己音量过小使对方难以听清；皱眉、摆头可能表示自己言语有不当之处。根据对方的这些反应，要适时地调整自己的语言、语调、语气、音量、修辞以及陈述内容，才能取得良好的面试效果。

(九) 有个人见解和个人特色

用人单位有时接待应试者若干名，相同的问题问若干遍，类似的回答也要听若干遍，难免会有乏味、枯燥之感。只有具有独到见解和个人特色的回答，才会引起对方的兴趣和注意。

三、面试中常犯的错误

在面试时，求职者的行为举止十分重要。一般而言，没有经验的求职者常犯以下几个

错误：

（一）应聘时结伴而行

无论应聘什么职位，独立性、自信心都是招聘单位对每位应聘者的基本素质要求，结伴而行会让招聘单位误认为你不够独立。

（二）与主考官距离过近

面试时，求职者和主考官必须保持一定的距离，不适当的距离会使主考官感到不舒服。如果应聘的人多，招聘单位一般会预先布置好面试室，把应试人的位置固定好。当求职者进入面试室后，不要随意将椅子挪来挪去，有的人喜欢表现亲密，总是把椅子向前挪，殊不知，这是失礼的行为。如果应聘的人少，主考官也许会让你同坐在一张沙发上，求职者这时应界定距离，太近了，容易和主考官产生肌肤接触，这是失礼的行为。

（三）不拘小节

有求职者自持学历高，或者有经验、有能力，在求职时傲慢不羁，不拘小节，表现出无所谓的样子，这是不可取的。正是这些不易被人注意的细节，使不少人失去了好的工作机会。

（四）犹豫不决

一般来说，求职者应聘时举棋不定的态度是不明智的，会让主考官感到你信心不足，难免怀疑你的工作作风和实际能力，而使自己丧失了一次机遇。

四、面试成功的诀窍

（一）遵时守信

求职者一定要遵时守信，千万不要迟到或毁约。迟到和毁约都是不尊重主考官的一种表现，也是一种不礼貌的行为。如果求职者有客观原因不能如约按时到场，应事先打个电话告知主考官，以免对方久等。如果已经迟到，可主动陈述原因，但要简洁表达。

（二）放松心情

许多求职者一到面试点就会产生恐惧心理，害怕自己思维紊乱，词不达意，出现差错，以致痛失良机，于是往往会因为紧张而出现心跳加快、面红耳赤等情况。此时，应控制自己的呼吸节奏，努力调节，尽量达到最佳状态后再面对招聘考官。

（三）以礼相待

求职者在等候面试时，不要旁若无人，随心所欲，对接待员熟视无睹，自己想干什么就干什么，给人留下不好的印象。对接待员要礼貌有加，也许接待员就是公司经理的秘书、办公室的主任或人事单位的主管，如果你目中无人，没有礼貌，在决定是否录用时，他们可能也有发言权，所以，你要给所有的人留下良好的印象，而并非只是对面试的主考官。面试时，应自觉将手机等关掉。

(四) 入室敲门

求职者进入面试室的时候，应先敲门，即使面试房间是虚掩的，也应先敲门，千万别冒冒失失地推门就进，给人鲁莽、无礼的印象。

敲门时要注意声音速度。正确的敲门方法是用右手的手指关节轻轻敲三下，问一声：我可以进来吗？待听到允许后再轻轻推门进去。

(五) 微笑示人

求职者在踏入面试室的时候，应面露微笑。如果有多位考官，应面带微笑地环视一下，以眼神向所有人致意。

一般而言，陌生人在相互认识时，彼此会首先留意对方的面部，然后才是身体的其他部分。面带真诚、自然、由衷的微笑，可以展示一个人的风度、风采，有利于求职者塑造自己的形象，给人留下美好的印象。

求职者与主考官相识之后，便要稍微收敛笑容，集中精神，平静的面容有助于求职者面试成功。

(六) 莫先伸手

求职者进入面试室，应是主考官先伸手，然后求职者以右手热情相握。若求职者拒绝或忽视了主考官的握手，则是失礼。若非主考官主动先伸手，求职者勿贸然伸手与主考官握手。

(七) 请才入座

求职者要等主考官示意就座时再入座。主考官示意入座时，求职者应该表示感谢，并坐在主考官指定的椅子上。如果椅子不舒适或面对阳光，求职者可以征求主考官意见，自己可否换把椅子或换个位置。

(八) 递物大方

求职者求职时必须带上个人简历、证件、介绍信或推荐信，面试时一定要保证不用翻找就能迅速取出所有资料。送资料时，应双手奉上，表现得大方和谦逊。

相关链接

应试者消除紧张的技巧

由于面试成功与否关系到求职者的前途，所以大学生面试时往往容易产生紧张情绪。有些大学生可能由于过度紧张而导致面试失败，因此必须设法消除过度的紧张情绪。这里介绍几种消除过度紧张的技巧，供同学们参考。

(1) 面试前可翻阅轻松活泼、有趣的杂志或书籍。阅读书刊可以转移注意力，调整情绪，克服面试时的怯场心理，避免等待时紧张、焦虑情绪的产生。

(2) 面试过程中注意控制谈话节奏。进入试场致礼落座后，若感到紧张先不要急于讲话，而应集中精力听完提问，再从容应答。一般来说，人们精神紧张的时候讲话速度会不自觉地加快，讲话速度过快，既不利于对方听清讲话内容，又会给人一种慌张的感觉。讲话速度过快，往往容易出错，甚至张口结舌，进而强化自己的紧张情绪，导致思维混乱。当然，讲话速度过慢，缺乏激情，气氛沉闷，也会使人生厌。为了避免这一点，开始谈话时可以有意识地放慢讲话速度，等自己进入状态后再适当增加语气和语速。这样，既可以稳定自己的紧张情绪，又可以改善面试的沉闷气氛。

(3) 回答问题时，目光可以对准提问者的额头。有的人在回答问题时眼睛不知道往哪儿看。魂不守舍，目光不定的人，会使人感到不诚实；眼睛下垂的人，给人一种缺乏自信的印象；两眼直盯着提问者，会被误解为向他挑战，给人以桀骜不驯的感觉。如果面试时把目光集中在对方的额头上，既可以给对方以诚恳、自信的印象，也可以鼓起自己的勇气，消除紧张情绪。

技能训练 ⇨⇨⇨⇨⇨⇨⇨⇨⇨⇨

求职面试模拟

学生两人一组，扮演求职者与主考官，然后再交换角色，由教师逐一点评。

一、实训目的

(1) 掌握求职面试的基本技巧。
(2) 避免求职面试的常见错误。

二、实训要求

(1) 面试中的仪态规范。
(2) 面试中言谈准确。

三、实训内容

(1) 学生分组。
(2) 准备需要的材料。
(3) 进行自评、互评。

四、实训考核

根据完成实训的综合情况，给予考核，考核项目及评分内容如表 5-2 所示。

表 5-2　面试中礼仪实施评测单

求职者：		求职岗位：	面试官：	
测评内容	考评点 (各项满分 5 分)	评 分 标 准		评分
面试相关准备	面试材料准备 搜集相关资料 职位调研	准时或提前到达，职位调研充分，材料准备齐全，并搜集了有效的相关资料	5 分	
		准时到达，资料齐全，面试目的尚不明确，缺乏认识	4 分	
		虽守时到达，但相关证件携带不全	2 分	
		迟到(无论是否带齐证件资料)	0 分	
	简历结构内容 格式规范工整	内容完整，语句通顺简洁，无错别字，没有时间、经验上的逻辑错误	5 分	
		内容完整，格式规范打印工整，言简意赅，重点突出	4 分	
		内容基本完整，无遗漏重要信息，文档的格式排版符合规范	2 分	
		简历外观不整洁，结构内容不完整，目的性不明确	0 分	
	面试心理准备 面试内容准备	态度端正，心态稳定，自信心强，回答问题，逻辑清晰，表达清楚	5 分	
		态度端正，心态较好，能清楚回答问题，但缺乏针对性	4 分	
		态度端正，紧张，不那么自信，能回答部分问题	2 分	
		态度随便或浮躁，过分紧张，回答问题无章法	0 分	
自我介绍	普通话发音标准 内容完整表述 自然语言通畅	陈述内容与简历一致，条理清晰层次分明，突出了自身能力素质与所应聘职位的适合度和关联性	5 分	
		表述流畅、自信，有针对性地表达了自身具有的优势与应聘职位的一致性，思路清晰	4 分	
		内容表达不够完整，没有针对应聘岗位突出阐述自身的能力与优势	2 分	
		普通话发音不标准，介绍内容寥寥数语，漫无目的	0 分	
个人定位	实事求是 切合实际	合理评估自身专业知识与技能，结合对求职岗位的准确分析，合理定位	5 分	
		自身能力优势与求职岗位之间的关联性与适合度不清晰，但意愿强烈，心态良好	4 分	
		不切合实际的盲目定位，过高估计了自身专业知识与技能	2 分	
		缺乏自我判断与分析，对于个人、职位、职业发展目标等相关概念无认知	0 分	

续表一

测评内容	考评点 (各项满分 5 分)	评分标准		评分
沟通表达	语言的组织表达及说服力，反应敏捷、思路清晰	准确传达内容，前后连贯、口齿清晰，用词准确，并引用实例进行了辅助说明	5 分	
		发言有主题，言语顺畅，虽伴有案例佐证，但缺乏说服力	4 分	
		针对性不够，表达缺乏准确性，叙述累赘繁冗	2 分	
		对问题理解有误、逻辑混乱，语言缺乏组织，无中心思想	0 分	
求职意愿	意愿表达， 地点选择， 岗位薪金要求	意愿表达强烈，心态平和，对选择就业的区域城市有较综合、全面的了解	5 分	
		意愿明确，心态较好，相关信息虽有一定认知与了解，但缺乏深度	4 分	
		就业观模糊，信息了解不全，暴露出选择的不确定性和摇摆性	2 分	
		缺乏正确就业观，选择就业城市随意性较大，缺乏了解	0 分	
职业规划	职业规划及 发展目标	职业生涯发展有规划，针对不足方面有自我学习与改进的意识	5 分	
		未来职业发展目标制订较合理，能清晰认识到自身优势与尚待提高改善的方面	4 分	
		对于自身职业生涯发展没有相应规划；没有近/短期职业目标	2 分	
		没有明确的发展方向与目标，相关观念淡漠	0 分	
仪表气质	形象准备 仪表服饰	穿着得体，举止大方，用语文明，面带微笑，态度诚恳，冷静自信	5 分	
		着装整齐无明显失态，走路、敲门、坐姿符合礼节，语气坚定，无不良动作	4 分	
		服装干净整洁，行为规范基本符合要求	2 分	
		表情生硬、态度冷漠傲慢	0 分	

续表二

测评内容	考评点 (各项满分 5 分)	评分标准		评分
从业素质	个人行为规范 性格特征 职业素养及潜能	态度端正，实事求是，语气中肯；能积极地进行自我肯定，强调自己的专业与能力，把自己与众不同的特点发挥出来，让对方充分了解自己的优点与潜能，反应敏锐	5 分	
		举止文明，有较强的逻辑思维能力、态度诚恳，能客观评价自己，坦然自信	4 分	
		具备基本的职业素质，谈吐自然，态度端正，对事件的认知符合逻辑，不偏激	2 分	
		行为随意，态度自我，思维谈吐有违常理，有强烈的个人意识	0 分	
45～50 分优秀；35～44 分良好； 25～34 分合格；24 分以下不合格		□A 优秀　□B 良好 □C 合格　□D 不合格		

任务三　面试后的礼仪

任务要求

掌握面试后的操作要点，能根据不同的情况为自己的应聘画上圆满的句号。

案例导入

侯杰跳槽后，投了几十份简历，才拿到面试机会。这家公司是人力资源咨询公司，面试方法也与众不同，除了回答问题还要在电脑上做大约三个小时的测评题，面试结束后，让他们在两天之内等通知。侯杰因做过一年多的人力资源工作，HR 便将他的名字列在录取名单中，等待与老板研究。第二天下午，心情急切的侯杰打电话给公司说："公司录不录取我们没关系，能否把测评结果给我们？"接电话的 HR 愣了一下，和蔼地告诉他：测评结果只是公司用来选拔人才用，不给个人。侯杰又补充一句："录不录取我们没关系，我只想要测评结果，因为我测评了三个多小时呢！"放下电话，HR 将录取名单取出，划掉了侯杰的名字。

思考题：

(1) HR 为什么划掉了侯杰的名字？

(2) 面试后如何做才能赢得主考官的青睐？

许多求职者只留意应聘面试时的礼仪，而忽略了应聘后的工作，其实这些步骤亦能加深别人对你的印象。面试结束并不意味着求职过程就结束了，也不意味着求职者就可以袖手以待聘用通知的到来，有些注意事项还要遵守。

一、感谢主考官

(一) 打电话

在面试后的一两天之内，不妨给主考官打个电话表示感谢。电话感谢要简短，最好不要超过 3 分钟。电话里不要询问面试结果，因为打电话仅是为了表现你的礼貌和让对方加深对你的印象而已。

(二) 写面试感谢信

主考官对面试人的记忆是短暂的，感谢信是面试者最后的机会，它能使面试者显得与其他面试者有所不同。面试感谢信包括电子邮件和书面感谢信。

如果平时是通过电子邮件的途径和公司联系，那么在面试结束后，发一封电子感谢信，是既方便又得体的方式。

但最好还是写书面感谢信，特别是在面试的公司非常传统的情况下，更应如此。书面感谢信最好用白色的 A4 纸，字的颜色要求是黑色。内容要简洁，最好不要超过一页纸，在书写方式上有手写和打字两种。打印出来的感谢信较为标准化，表示你熟悉商业环境和运作模式，但有时难免给人留下千篇一律的印象。如果想与众不同，或是想对某位给予你特别帮助的主考官表示感谢，手写则是最好的方式，但前提是你的字写得比较正规、好辨认。

感谢信必须是写给某个具体负责人的，面试者应该知道他的姓名，不可以写“部门负责人”之类的模糊收信人。

感谢信的开头应提及面试者的姓名及简单情况以及面试的时间，并对主考官表示感谢。中间部分要重申面试者对该公司、该职位的兴趣，或增加一些对求职成功有用的新内容。结尾可以表示面试者对能得到这份工作的迫切心情，以及为公司的发展壮大作贡献的决心。

二、打电话询问

面试结束之后的两星期左右，如果还没有得到任何回音，就应主动给负责招聘的人打电话，询问一下面试结果。打电话询问面试结果，有两个礼仪细节必须要注意：什么时候问？怎么问?

(一) 什么时间打电话

从礼仪角度来说，打电话最得体的时间应该是对方方便的时间。什么是方便的时间？以下时间之外的时间，都可以认为是方便的时间：工作繁忙时间、休息时间、用餐时间、生理疲倦时间。因为询问面试结果是公事，所以当然必须是在正常工作时间段内打电话。

(1) 工作繁忙时间。一般是周一上午和周五下午，因为这两个时间段很多单位都有开例会的习惯。即使不开例会，因为周一早上是新的一周的开始，往往还处于适应期，而且还有工作上的事宜需要安排；周五下午又要面临着周末，所以从心理上自然会“排斥”给他添麻烦的事情。还有就是每天刚上班的一个小时和下班前的一个小时，这个时间段内不是要忙着安排一天的工作就是没法再集中精力处理公事。

(2) 休息时间。一般是指工作日的中午一小时左右的时间；其他私人时间，特别是节假日时间。

(3) 用餐时间。在用餐的时间给人打电话是不礼貌的，而且在这个时间打电话会找不到人，当然影响打电话的效果了。

(4) 生理疲倦时间。这个时间段一般都是每天下午下班前的一小时左右、中午下班前的半小时左右。

(二) 怎么问

在电话里，同样的一句话，问候方式的不同，虽不至于有不同的结果，最起码会给人不同的印象：礼貌或唐突。所以在通话的过程中，自始至终都要尊重自己的通话对象，表现得有礼、有节。

接通电话后，首先说一声：“您好!”接下来要自报家门，让对方知道自己是谁。自报家门的内容应该包括自己的全名、何时去面试的何职位，以便对方能及时知道你是谁。在电话中要表明自己对贵公司的向往和愿意为公司的发展作贡献。如果刚巧要找的人不在，需要接听电话的人代找，态度同样要文明而有礼貌，并且还要用“请”“麻烦”“劳驾”“谢谢”之类的词。留言或转告，都不是询问面试结果的首选方式，可以打听要找的人什么时间在，然后到时候再打。

打电话的时候，要拿好话筒，尽量不要把话筒夹在脖子下，或者抱着电话随意走动，或是趴着、仰着、坐在桌角上，或是高架双腿和人通话。通话要注意控制音量，不管打电话还是接电话，话筒和嘴都要保持 3 厘米左右的距离，声音宁小勿大。用电话交谈，完全依靠声音，电话是唯一的使者，你必须通过它给对方一个良好的印象。所以，传到电话那端的必须是一个清晰、生动、中肯、让人感兴趣的声音，音量还要适中，同时要注意发音和咬字准确。

打电话询问的时间长度要有所控制，宁短勿长。其实，就询问本身来说，两三分钟足能解决。所以，除直接询问结果外，“表白”的内容长度也要有所控制，不要没完没了地说。

注意倾听的方式。打电话时要认真倾听对方讲话，重要内容要边听边记。同时，还要礼貌地呼应对方，适度附和、重复对方话中的要点，不能只说“是”或“好”，要让对方感到你在认真听他讲话，但也不要轻易打断对方。作为打电话的一方，通话终止时，本着尊重对方的原则，结束通话的时候，可以让对方先挂电话。当通话因故暂时中断，你要立刻主动给对方拨过去，不能不了了之，或干等对方打来。

如果知道自己没被录用，此时你的情绪要非常稳定，然后冷静地、仍然热情地请教一下未被录用的原因，可以说：“对不起，我想请教一下我没有被录用的原因，我好再努力。”谦虚有可能赢得对方的同情，同时给你下一次的面试机会。

需要说明的是，打电话询问面试结果，最多打三次电话询问也就可以了。因为即使再研究，经过前后三个电话询问的周期，再复杂的研究程序也早该最后确定了，而且三次电话询问，也会让主考官对你有足够的印象了。如果想聘用你，就会直接告诉你或及时和你联系，电话过多会适得其反，甚至会给人“骚扰”“无聊”的感觉。

三、接收录取通知

作为一个求职者，在经过数日的奔波、很多次的面试之后，终于“修成了正果”，得到了被录用的消息。这时，你可能会庆幸自己数日的辛苦和努力没有白费，甚至还会欣喜若狂、大宴宾朋。先别急！虽然成功在望，但还有几个问题需要解决。

（一）录用你的公司是你的第几选择

确实，掌握机会是极重要的原则，不能三心二意，顾虑太多。不过，这件事不妨再稍加思考：录用你的公司是你的第几选择？在艰难的求职过程中，你或许投过很多份简历，面试过很多次，或是被你首选的公司屡次拒绝而使你十分失落，于是使得你的择业标准一降再降，而获得了现在的职位。但是，这份职业真的适合你吗？符合你的职业规划吗？这是一件非常值得思考的事情。否则，可能你将走更多的弯路，甚至做一辈子你并不喜欢的工作，更不用说你能在工作上有所成就了。

（二）录取的条件和面试时相符吗

录取的条件包括很多内容，比如职务、薪酬、报到日期等。现在有一些机构在招聘的时候同时招聘很多岗位，在部分岗位已经满额的情况下，会善意地安排他们认为比较不错的求职者从事其他岗位的工作，但对方安排的岗位可能并不是你的专业特长或你并不喜欢，而且岗位不同，薪酬待遇等方面也会有所不同。

如果录取的条件和面试时不一样，就要考虑你所追求的究竟是名称上的不同，还是实质上的差异，或是兴趣上的坚持。如果与你的追求或期望值有一定差距，就需要重新考虑了。面试的时候，大部分人会谈到薪酬。通知被录用的时候，如果所提到的薪酬和面试的时候谈得差不多，固然最好；但有了差异时，特别是差异较大的时候就要考虑后再做决定。

（三）接受之后，全面了解用人单位

收到你所心仪的公司的录用通知是一件喜事，值得庆祝一番。但同时还有一件事情要求你能认真地面对：了解公司、了解工作。在正式报到之前，先对所要服务的公司有所了解，这样在开展工作的时候就会顺畅很多。了解公司的方法很多，包括在面试时带回的公司简介、刊物，或企业形象方面的资料、企业网站等，有条件的话进行实地全面考察最好，这会使你对公司的整体情况和营运有所掌握，会对你更好地开展新工作带来很大帮助。

（四）做好再冲刺的准备

应聘中不可能个个都是成功者，万一在竞争中失败了，千万不要气馁，这一次失败了，还有下一次，就业机会不止一个，关键是总结经验教训，找出失败的原因，并针对这些不足重新做准备，以谋求“东山再起”。

相关链接

面试如何谈薪酬?

面试如何谈薪酬是很多求职者头疼的问题，面对企业 HR 我们应该如何去更好地展现自己？有哪些技巧可以拿到自己期望的薪酬呢？

一、薪酬填写原则

薪酬一般可以分为两类：一是心理底线；二是期望值。

薪酬会受多种因素影响，如公司所处行业、地区、职位、个人综合素质等。在没有很详细地了解公司之前，最好不要提出明确的薪酬要求。也就是说，在简历当中，不写薪酬要求，是一种比较保险的办法。在面试时根据你所掌握公司的情况综合分析，再结合你个人的情况，给出自己的预期薪酬范围。

如果是填写应聘表格，可以填写一个中间值；如果你对应聘企业有相当了解，同时对应聘成功很有信心，直接提出期望值也没有问题。

二、薪酬谈判误区

薪酬谈判误区主要有以下几个方面：

(1) 对薪酬避而不谈或语焉不详。

(2) 对目标企业、行业薪酬待遇没有足够的了解。

(3) 忽视薪酬结构而只重具体数字。

三、薪酬谈判原则

(一) 不要虚报自己的收入

许多公司都设有审查程序，可能会要求你提供原单位的工资单以进行对比核实。因此，在说明目前薪水时，要尽量真实，这既是对企业的尊重，也是对自己的尊重。

(二) 重点在薪酬结构

不要仅针对薪水“数字”进行讨论。正确的方法是结合以前以及将来的薪酬结构进行解说，这样既让面试官感觉真实可信，又能让公司充分了解你对薪酬的意见。

(三) 摸清行业整体薪酬水平

不同行业、特定的时期等因素都会直接影响你的薪酬待遇，在面试前应尽可能摸清求职行业的薪酬水平。有条件的话，还需了解所应聘公司、应聘岗位的大致薪酬情况。弄清这些，你就能有更大的空间和更充分的心理准备去争取合理的薪酬待遇。

(四) 薪酬要求要灵活

面试官询问你的期望薪酬前，大多已经有了大致的给付标准，他们会根据你的回答，在这个范围内进行调整。所以，对求职者来说，要注意保证薪酬要求的弹性，为自己留下余地。

四、薪酬谈判技巧

(一) 善于发问

薪酬待遇对求职者和公司双方来说都是一个敏感的话题，在商谈薪酬时一定要注意说话的技巧。这里的关键就是要善于发问，通过发问，巧妙转移你们商谈的焦点，先让对方多讲，然后根据对方的回答，比照提前了解的市场行情，最后结合自身实际提出薪酬要求。

(二) 迂回战术

当你对公司提供的薪酬待遇不太满意时，别着急表态，可以试着“曲线救国”，重申自身优势，突出你与应聘岗位的契合度，通过说明你能给公司带来更大的价值进行薪酬谈判。

(三) 着眼全局，多争取奖金和福利

企业除了基本工资，还会有奖金、福利等额外薪酬，所以你更应该立足全局而非局限于基本工资。尽量为自己争取每一个可能的奖金、福利，最终你的薪酬总量就会变得很可观，但是不要漫天要价，否则很可能会导致双方不欢而散。

(四) 避开具体数字，谈百分比

“很高兴公司愿意为我提供5000元的薪水，但我认为5800元更符合这一岗位的定位和价值……”虽然勇敢地表达了你的想法，但这样的措辞未免有些生硬，会让HR认为你不够专业而且斤斤计较。

不妨试试这样讲，“如果这边的待遇可以高出我目前薪酬30%，那我会非常愿意加入……”

技能训练 ⇨⇨⇨⇨⇨⇨⇨⇨⇨⇨

面试后的礼仪

学生两人一组，分别扮演面试官和求职者，模拟面试后致谢和询问环节，并由教师逐一点评。

一、实训目的

(1) 熟悉面试后收尾的基本步骤。

(2) 掌握面试后的致谢、询问和应答技巧。

二、实训要求

(1) 面试后的致谢。

(2) 面试后的询问。

三、实训内容

(1) 学生分组。

(2) 自己设计情节，表演面试后的致谢与询问环节。

(3) 进行自评、互评。

四、实训考核

根据完成实训的综合情况，给予考核，考核项目及评分内容如表5-3所示。

表 5-3　面试后礼仪实施评测单

评分项目	评 分 标 准	分值
感谢主考官	1. 致谢时间控制得当	50 分
	2. 致谢内容措辞得体	
	3. 致谢方式选择合适	
电话询问	1. 询问时间选择合理	50 分
	2. 通话内容符合要求	
	3. 倾听方式正确得体	

项 目 小 结

通过对本项目的学习，学生应重点理解和掌握以下理论和技能知识：

(1) 认识到求职技巧对成功求职的重要性。

(2) 掌握面试前的准备内容、面试中的礼仪规范、面试后的得体应对。

思 考 与 练 习

案例分析

打从孟尝君被撤了相位以后，齐闵王又和楚、魏两国灭了宋国，因此更加骄横起来。他一心想兼并列国，自己来当天子。这一来，列国诸侯对他都不满意，特别是齐国北面的燕国，经常受到齐国的欺负，更想找机会报仇。

燕国本来也是个大国。后来传到燕王哙(音 kuài)手里，听信了坏人的主意，竟学起传说中尧舜让位的办法来，把王位让给了相国子之。燕国将军和太子平进攻子之，燕国发生大乱。齐国借平定燕国内乱的名义，打进燕国，燕国差点被灭掉。后来燕国军民把太子平立为国君，奋起反抗，把齐国军队赶了出去。

太子平即位，就是燕昭王。他立志使燕国强大起来，下决心物色治国的人才，可是没找到合适的人。有人提醒他，老臣郭隗(音 wěi)挺有见识，不如去找他商量一下。

燕昭王亲自登门拜访郭隗，对郭隗说："齐国趁我们国家内乱侵略我们，这个耻辱我是忘不了的。但是现在燕国国力弱小，还不能报这个仇。要是有个贤人来帮助我报仇雪耻，我宁愿伺候他。您能不能推荐这样的人才呢？"郭隗摸了摸自己的胡子，沉思了一下说："要推荐现成的人才，我也说不上，请允许我先说个故事吧。"接着，他就说了个故事。

古时候，有个国君，最爱千里马。他派人到处寻找，找了三年都没找到。有个侍臣打听到远处某个地方有一匹名贵的千里马，就跟国君说，只要给他一千两金子，准能把千里马买回来。那个国君挺高兴，就派侍臣带了一千两金子去买，但是侍臣到了那里，千里马已经害病死了。侍臣想，空着双手回去不好交代，就把带去的金子拿出一半，把马骨买了回来。

侍臣把马骨献给国君，国君大发雷霆，说：“我要你买的是活马，谁叫你花了钱把没用的马骨买回来？”侍臣不慌不忙地说：“人家听说你肯花钱买死马，还怕没有人把活马送上来？”国君将信将疑，也不再责备侍臣。这个消息一传开，大家都认为那位国君真爱惜千里马。不出一年，果然从四面八方送来了好几匹千里马。

郭隗讲完这个故事，说：“大王一定要征求贤才，就不妨把我当马骨来试一试吧。”燕昭王听了大受启发，回去以后，马上派人造了一座很精致的房子给郭隗住，还拜郭隗作老师。各国有才干的人听到燕昭王这样真心实意招请人才，纷纷赶到燕国来求见。其中最出名的是赵国人乐毅。燕昭王拜乐毅为亚卿，请他整顿国政，训练兵马，燕国果然一天天强大起来。

思考题：

你从上面这个历史故事中领悟到什么?

项目六　办 公 礼 仪

项目分析

办公礼仪，是指人们在职业场所中应当遵循的一系列礼仪规范。每一个职场人都需要树立、塑造并维护自我的职业形象，必须了解、掌握并恰当地应用办公礼仪。本项目从职场人的职业形象塑造入手，达到强化大学生的职业观念，认识办公礼仪的重要性和常规要求的目的。

项目任务

(1) 掌握拜访、接待、会务等常见公务活动的常规要求。

(2) 掌握拜访、接待、会务等常见公务活动的礼仪规范，塑造良好的职业形象。

知识目标

(1) 熟悉预约、称呼、介绍、握手、递接名片等拜访礼仪的基本规范。

(2) 熟悉迎接、乘车、引导、照相、送别等接待礼仪的基本规范。

(3) 熟悉不同场合中位次礼仪的基本规范。

(4) 熟悉组织会务、谈判、仪式等会务礼仪的基本规范。

(5) 熟悉接打电话礼仪的基本规范。

能力目标

掌握拜访、接待、会务、位次安排、接打电话等常见公务活动的礼仪规范，塑造良好的职业形象。

任务一　拜 访 礼 仪

任务要求

掌握预约、称呼、介绍、握手、递接名片的操作要点。

案例导入

小杨在工作中一直很主动，老板对他很器重，他自己也认为是老板的大红人而沾沾自喜。以此，他再次在公司大会上受到了老板的嘉奖，觉得老板真是自己的人生知己，油然而生一个念头：要和老板像哥们儿一样聊聊天。

当天晚上，小杨精神抖擞地敲开老板别墅的铁门，老板不在，他解释半天，警惕的保姆像看恐怖分子一样看他，说没有预约不能进去。后来老板的夫人过来，客气地问他有什么事情，他支支吾吾地说就是看望看望老板。在老板家的客厅里小坐时，他明显地感到拘谨。

没有见到老板的他还不死心，几天后，他又一次敲开老板的家门，老板娘的第一句话是“又来了？”。他忐忑不安地进入客厅，而这时候，老板刚刚从浴室出来，穿着随意的浴衣，上面的水珠还在滴滴答答往下流，看见这位不速之客时，老板脸上露出了一丝尴尬的微笑，和在公司大会上的热情完全不一样了。在有一搭没一搭的交谈中，他如坐针毡。告辞时，老板委婉地告诉他，以后有什么事情尽量在公司谈。

思考题：

小杨做错了什么？他应该怎么做？

拜访，一是指短时间看望；二是指看望并谈话。无论何种拜访，商务人员必须遵守拜访的礼仪惯例和规范，以便塑造良好职业形象，促成拜访工作的成功。

一、预约

(一) 预约的方式

在拜访客户过程中，为了达到成交的目的，往往需要与客户进行多次沟通。在这一过程中，如果有重要的事情需要与客户沟通，一定要事先约好时间。只有这样，才能保证拜访计划的顺利进行。在约见客户的时候，一般有电话预约和信函预约两种方式。

1. 电话预约

1) 自定访问时间

根据本身的访问计划安排，大都是确定的。例如，考虑要去甲公司拜访，因为上午交通拥挤，而且即将访问的对象也有可能出去办事，于是可以决定下午去拜访。而如果去访问乙客户的时候，知道对方通常下午都去处理售后服务，所以最好上午去访问。这类访问的时间是由自己决定的，是属于自己比较能控制的问题。

2) 客户决定时间

商务活动，一般来说应迁就客户的意愿。在很多情况下，虽然你自己事先拟定了一个访问时间表，事实上仍旧必须循着客户决定的时间去办事，要维持客户优先的原则。而一旦与客户约定了见面的时间后，你就必须守时，如果不能很好地把握这一点，那么你就会被认为失礼，因此失去一次机会。

2. 信函预约

下面是拜访预约函模板。

尊敬 XX：

您好！

我(们)是 XX 企业的 XX，想预约拜访您商谈 XX 事宜，不知您 XX(时间)是否方便安排与我们见面，如不方便，请建议具体时间。期待您的回复！

XX 公司 XX

XX 年 XX 月 XX 日

(二) 预约的内容

预约的内容主要有五点：

(1) 自报家门(姓名、单位、职务)。

(2) 询问被访者是否在单位(家)，是否有时间或何时有时间。

(3) 提出访问的内容(有事相访或礼节性拜访)，使对方有所准备。

(4) 在对方同意的情况下商定具体拜访的时间、地点。注意要避开吃饭和休息、特别是午睡的时间。一般说来，下午四五点或晚上七八点是最恰当的拜访时间。

(5) 向对方表示感谢。

(三) 注意事项

1. 行前确认

应该在拜访的前一天打电话加以确认。

2. 必备文件

准备好必要的文件、纸、笔，检查名片、宣传手册等资料是否备齐。

3. 服饰要求

一般商务活动要求穿职业装，家庭拜访可以穿常服，聚会可以按聚会要求着装。

4. 礼物准备

办公室拜访一般不需要礼物，如果一定送礼可送办公用品。拜访客户时准备礼物不需太贵重，否则会被怀疑另有企图。

5. 守时守约

遵守时间是人们交往中极为重要的礼仪。失约是很失礼的行为。参加各种活动都应按约定的时间到达，如果太早到就会使主人因为没有准备好而感到难堪；迟迟不到则又会让主人和其他客人等候过久而失礼。如因故迟到，要向主人和其他客人表示歉意。万一因故不能赴约，要有礼貌地尽早通知主人，并以适当的方式表示抱歉。所以，比约定时间早到十五分钟是非常合理的，这样可以获得缓冲的余地，缓一口气，假如在约定你之前的一位来客，提前十几分钟离去了，这样你就与被访者的会面时间增加了十几分钟。

提早到达，尤其是夏季，刚好可以擦拭汗水，使燥热的心情平复，然后游刃有余地与客户交谈；在寒冷的冬季，可以舒展一下僵硬的身体，使气色慢慢转佳。

二、称呼

(一) 称呼的种类

目前国际惯用的称呼方式主要有以下几种；

1. 泛尊称

泛尊称是最简单、最普遍、也是面对陌生人最常用的称呼方式。女性称“小姐”，男性称“先生”。“小姐”应是对未婚女性的称呼，职业女性可统称为“女士”；已婚女性则应称呼“夫人”或“太太”。如果不清楚其婚姻状况，可统称为“小姐”，决不可仅凭对方的年龄或自己的猜测而随意称呼对方为“太太”。

2. 职务性称呼

在工作中，以交往对象的职务相称，以示身份有别、敬意有加，这是一种最常见的称呼方法。

(1) 仅称职务，如“部长”“经理”“主任”等。

(2) 职务之前加上姓氏，如“隋处长”“马委员”等。

(3) 职务之前加上姓名，仅适用极其正式的场合，如“x x会长”等。

3. 职称性称呼

对于具有职称者，尤其是具有高级、中级职称者，可直接以其职称相称。

以职称相称，下列三种情况较为常见：

(1) 仅称职称，如“教授”“律师”“工程师”等。

(2) 在职称前加上姓氏，如“钱编审”“孙研究员”。有时，这种称呼也可以简化，如“吴工程师”简称为“吴工”。但使用简称应以不发生误会、歧义为限。

(3) 在职称前加上姓名，适用于十分正式的场合，如“x x教授”“x x主任医师”“x x主任编辑”等。

4. 学衔性称呼

工作中，以学衔作为称呼，可增加其学术权威性。称呼学衔有以下四种情况使用最多：

(1) 仅称学衔，如“博士”。

(2) 在学衔前加上姓氏，如“杨博士”。

(3) 在学衔前加上姓名，如“x x博士”。

(4) 将学衔具体化，说明其所属学科，并在其后加上姓名，如“史学博士x x”“工学硕士x x”“法学学士x x”等，此种称呼最为正式。

5. 行业性称呼

在工作中，有时可按行业进行称呼，具体分为两种情况：

(1) 称呼职业。称呼职业，即直接以被称呼者的职业作为称呼。例如，将教员称为“老师”；将教练员称为“教练”；将专业辩护人员称为“律师”；将警察称为“警官”；将会计师称为“会计”；将医生称为“医生”或“大夫”，等等。

(2) 在称呼前加上姓氏或姓名。对商界、服务业从业人员，按性别的不同可分别称呼为“ｘｘ小姐”“ｘｘ女士”或“ｘｘ先生”。其中，“小姐”“女士”二者的区别在于：未婚者称“小姐”；已婚者或不明确其婚否者则称“女士”。在外企、宾馆、商店、餐馆、歌厅、酒吧等，此种称呼极其通行。

6. 直接称呼姓名

姓名性称呼，即直接称呼对方姓名。如有个人名叫“陈小东”，称呼全名多是在比较严肃的场合；“小东”，一般是朋友或家人称呼；如果只称呼“东”，那就更亲热。单纯只使用姓名的称呼方式一船是用于双方年龄、身份相仿时，或者好朋友之间，否则，就应在姓名后加上职务、职业等并称才恰当。

(二) 称呼注意事项

由于各地风俗习惯的差异，当用“姓”来称呼对方时，需要注意以下问题：

(1) 汉族人的姓名排列方式是姓在前、名在后；西方人的姓名排列方式恰恰相反，大多是名在前、姓在后，如约翰·史密斯的姓是史密斯，名是约翰，称呼时不要混淆。

(2) 中国人的姓名中有复姓的情况，如“欧阳”“诸葛”“司马”等，假如把“欧阳小姐”称作“欧小姐”，定会引起尴尬。

(3) 有些汉字在作为姓氏时有它特殊的读音，如“仇(qiú)”“单(shàn)”“区(ōu)”等。

(三) 称呼禁忌

在与他人交往时，注意不要因称呼而冒犯对方的禁忌。一般而言，下列称呼都是不能采用的：

(1) 错误称呼。在称呼他人时出现差错，是很失礼的。

(2) 缺少称呼。需要称呼他人时，如果根本不用任何称呼，或者代之以“喂”“嘿”“下一个”“那边的”以及具体代码，都是极不礼貌的。

(3) 距离不当的称呼。在正式交往中，若是与仅有一面之缘者称兄道弟，或者称其为“朋友”“老板”等，都是与对方距离不当的称呼表现。

(4) 绰号性称呼。对与自己关系一般者，切勿擅自为对方起绰号，也不应以道听途说而来的绰号去称呼对方。至于一些对对方具有讽刺侮辱性质的绰号，更是严禁使用。

(5) 庸俗低级的称呼。某些称呼因庸俗低级，而显得格调不高，在正式的交往中亦应禁用。

(6) 易于误会的称呼。一些国内常用的称呼，一旦到了境外便会变味。例如，“同志”可能被理解为“同性恋者”，“爱人”可能被理解为“婚外恋者”，“小鬼”可能被理解为“妖魔鬼怪”等，对此类称呼，在对外交往中一般不宜采用。

三、介绍

(一) 自我介绍

1. 自我介绍的时机

自我介绍的时机包括具体的时间、具体地点、具体场合。比如大家都在聚精会神地听报告，来了一个熟人，这种场合最多点下头，打个招呼完事，你再详细介绍这个是谁、那个是谁就会影响会场秩序，这种作法显然不合适。

2. 自我介绍的主角

自我介绍的主角就是谁先出面介绍，其规则是：

(1) 地位低的人需要向地位高的人说明情况。

(2) 主人应先向客人作介绍。

(3) 长辈和晚辈在一块，晚辈先自我介绍。

(4) 男士和女士在一起，男士先自我介绍，显得有绅士风度，也体现了尊重女性的美德。

3. 自我介绍的表达方式

自我介绍的表达就是介绍的时候说什么，该说什么不该说什么，该说的要言简意赅，不该说的不要说，避免起反作用。自我介绍的表达方式有以下几种：

(1) 应酬式：适用于某些公共场合和一般性的社交场合，往往只包括姓名一项即可，如“您好，我叫周琼。”

(2) 工作式：应当包括本人姓名、供职的单位及其部门、担负的职务或从事的具体工作等，如“你好！我叫张 xx，是 xx 市政府外办的交际处处长。”

(3) 交流式：包括介绍者的姓名、工作、籍贯、学历、兴趣以及与交往对象的某些熟人的关系等。如“我叫邢 xx，现在在北京吉普有限公司工作。我是清华大学汽车工程系 1990 级的，我想咱们是校友，对吗？”

(4) 礼仪式：包含姓名、单位、职务等项，但是还应多加入一些适宜的谦辞、敬语。如“各位来宾，大家好！我叫范 xx，是 xx 公司的副总经理。现在，由我代表本公司热烈欢迎大家光临我们的开业仪式，谢谢大家的支持。”

(二) 为他人作介绍

为他人作介绍在社交场合很重要，比如大家参加一个酒会，主人都认识客人，而客人之间就不一定全都相识了，客人到齐后主人就应该给大家互相作介绍。

1. 谁来当介绍人

谁来当介绍人在不同的场合情况不一样：

(1) 在家请客，主人当介绍人尤其是女主人更适合当介绍人，容易沟通。

(2) 一般性公务活动，得由专人作介绍，包括办公室主任、领导秘书、接待人员、公关人员等。

(3) 对口人员当介绍人，就是你要找的人员当介绍人。举个例子：你到某局找局长办事，他办公室正好有客人在，你们不认识，这时局长应起身给你们作介绍；再如，工作时间在办公室，你老家有人来找你，办公室还有其他同事，这时你就应该当介绍人给大家互相介绍。

2. 为他人作介绍的顺序

为他人介绍的具体顺序分为以下几类：

(1) 介绍长辈和晚辈，一般先把晚辈介绍给长辈。

(2) 介绍上级和下级，先把下级介绍给上级。

(3) 介绍主人和客人，先介绍主人。

(4) 介绍职务低的和职务高的，一般先介绍职务低的给职务高的，这个最容易出错。

(5) 介绍女士和男士，先介绍男士再介绍女士。

(6) 介绍已婚者和未婚者，先介绍未婚者后介绍已婚者。

(7) 介绍与会先来的和后来的，先介绍后来的，后介绍先来的。

如果先介绍方不止一人，则从职务高的向职务低的逐一介绍。

3. 为他人作介绍的方式

为他人作介绍有以下几种方式：

(1) 简介式介绍，适用于一般场合，内容只有双方姓名一项，甚至只提到双方姓氏为止。如“我来介绍一下，这位是张教授，这位是刘教授，你们认识一下。”

(2) 标准式介绍，适用于正式场合，内容以双方的姓名、单位、职务等为主。如“我来为两位引见一下。这位是xx音像公司公关部马小姐，这位是xx文化传播有限公司总经理林先生。”

(3) 强调式介绍，其内容除被介绍者的姓名外，往往还会刻意强调一下其中一位被介绍者与介绍者之间的特殊关系。如“这位是我的女儿刘xx，请杨总多多关照。”

(4) 推荐式介绍，适用于比较正规的场合，介绍时通常会对前者的优点加以重点介绍。如“这位是xx先生，他是一位出色的设计人才，对企业管理很有研究，还是经济学博士。杜总，你们细谈吧！”

(三) 集体介绍

1. 双方都是集体(单位)

集体介绍还是要先把地位低的一方介绍给地位高的一方，再把地位高的一方介绍给地位低的一方。地位低的一方一般是东道主，地位高的一方一般是客人。比如，A市政府代表团来B市学习参观，B市政府某领导和市直有关部门负责人陪同座谈。在这种情况下，中间人就应先把B市领导和部门负责人介绍给A市政府人员，然后再给B市领导介绍A市政府的人员。

2. 双方一方是集体，一方是个人

当一方是集体，一方是个人时，先把个人介绍给集体，不管个人地位再高、集体地位再低也要遵循这个原则。

四、握手

(一) 握手的顺序

握手的顺序有以下几种：

(1) 地位高的人先伸手。

(2) 男人和女人握手时，应该是女人先伸手，女士有主动选择是否有进一步交往的权利。

(3) 晚辈和长辈握手，应该是长辈先伸手。

(4) 上级和下级握手，应该是上级先伸手。

(5) 老师和学生握手，应该是老师先伸手。

(二) 握手的方法

握手的方法有以下几种：

(1) 一定要用右手握手。

(2) 要紧握双方的手，时间一般以1～3秒为宜。当然，过紧地握手或是只用手指部分漫不经心地接触对方的手都是不礼貌的。

(3) 被介绍之后，最好不要立即主动伸手。年轻者、职务低者被介绍给年长者、职务高者时，应根据年长者、职务高者的反应行事，即当年长者、职务高者用点头致意代替握手时，年轻者、职务低者也应随之点头致意。和年轻女性或异国女性握手，一般男士不要先伸手。

(4) 握手时，年轻者对年长者、职务低者对职务高者都应稍稍欠身相握。有时为表示特别尊敬，可用双手迎握。男士与女士握手时，一般只宜轻轻握女士手指部位。男士握手时应脱帽，切忌戴手套握手。

(5) 握手时双目应注视对方，微笑致意或问好，多人同时握手时应按顺序进行，切忌交叉握手。

(6) 在任何情况拒绝对方主动要求握手的举动都是无礼的，但手上有水或不干净时，应谢绝握手，同时必须解释并致歉。

(7) 握手时首先应注意伸手的次序。

(8) 握手时一定要用右手，这是约定俗成的礼貌。在一些东南亚国家，如印尼，人们不用左手与他人接触，因为他们认为左手是用来洗澡和上卫生间的。如果是双手握手，应等双方右手握住后，再将左手搭在对方的右手上，这也是经常用的握手礼节，以表示更加亲切，更加尊重对方。

(9) 在握手的同时要注视对方，态度真挚亲切，切不可东张西望，漫不经心。如果是一般关系、一般场合，双方握手时稍用力握一下即可放开，时间一般为2～5秒。如果关系亲密、场合隆重，双方的手握住后应上下微摇几下，以表示出热情。如果男士同女士握手，一般只轻握女士的手指部分，不宜握得太紧、太久。

(10) 如果是戴着手套，握手前要先脱下手套；若实在来不及脱掉，应向对方说明原因并表示歉意。不过在隆重的晚会上，女士如果是穿着晚礼服并戴着长手套则可不必脱下。

(三) 握手的禁忌

1. 忌先后错序

社交场合，一般由“尊者”决定是否握手。谁是“尊者”呢？正确的顺序为：女士、长辈、已婚者及位高者；相应的，男士、晚辈、未婚者和位低者就不可“先出手”。

如与多人握手，也应讲究“女士优先”，然后再按照先长辈后晚辈、先已婚后未婚、先位高后位低的顺序握手。

2. 忌心不在焉

与任何人握手，都要在握手时示好并看着对方眼睛，这不但表示对对方以礼相待，也是充满自信的表现。单手与人相握时，另一只手不可插在衣服或裤子的口袋里，应贴着大腿外侧自然下垂。

3. 忌不摘手套

女士允许在社交场合戴着手套与人握手，但也视具体场合、身份而言。如果你只是职场新人，又正好与位高权重或德高望重者握手，最好摘下手套显得更为谦逊得体。

手心有汗或手掌冰凉也是不太礼貌的表现，有汗时可趁人不注意悄悄擦掉。若常年手冰凉，与人握手时有两种解决办法：

第一，不要握得那么“实在”，在与对方手掌接触的时候稍微保持一点空隙。

第二，开门见山，给对方道歉：你好，李总。真对不起，我手有一点凉。

第二种方式好处还在于，若双方不熟，可借这个话题破冰；如双方都是女性，就能顺便寒暄一下养生之道。本来是缺点，转变成促进双方交流的契机，便是好事一桩。

4. 忌掌心下压

握手时掌心下压会给对方造成居高临下甚至藐视之感。想要表达对他人的尊重，握手时应掌心略微向上则为谦恭之意。

5. 忌用力不当

握手时用力过猛则显得粗鲁无礼，过轻又难免有敷衍了事之嫌。对于“两公斤”力度的拿捏，可在日常生活中多加练习。

6. 忌点头哈腰

适当的点头与身体前倾是正确的，但“过犹不及”。若在握手过程中不断地点头哈腰，这样的场景是不是能让你想起抗战电影中某些“反面”的形象呢？

7. 忌时间不当

与人握手 3 秒为宜，尤其是与异性握手，若时间过长会让对方觉得你没有素养或者“别有用心”；若是你是和异性握手，那就更要掌握好时间。

8. 忌滥用双手握手

双手握手一般只有几种情况：一是面对长辈、上司或贵宾，双手握手表示谦恭备至；二是久未见面的故友或至交，双手相握则表达一种深厚的情感。除此以外，一般单手握手就可表达问候之意。

9. 忌左手握手

不管是不是“左撇子”，都不能左手握手。尤其是印度人，他们的左手仅用于去洗手间或为自己洗浴，只有右手才能担负起高贵的使命，因此在与他们握手时，用左手或双手都不行——那是赤裸裸的侮辱！

10. 忌交叉握手

商务场合，通常会与很多人握手，可按照前面提到的礼仪顺序握手，或由近及远地依次握手。但切忌交叉握手，不管是自己双手握住不同的人，还是直接跨过正在握手的两人去握住另外一个人的手，都是不行的，这样很容易构成西方人忌讳的“十字架”情况，很不吉利。当然，有一种情况例外——剪彩。剪彩时，一般时间、场地有限，所以当剪彩嘉宾站成横排时，允许交叉握手。

握手事小，失礼事大。中华民族素有“礼仪之邦”的美誉，在与人交往过程中也喜欢更有礼貌、有素养的人。手是心灵之窗，千万别让人从这扇“窗户”里探出你并非“有礼”之人。

五、递接名片

（一）名片的内容与分类

名片的基本内容一般有姓名、工作单位、职务、职称、通信地址等，也可以把爱好、特长等情况写在上面。选择哪些内容，由需要而定，但无论繁简，都要求信息新颖，形象定位独树一帜。一般情况下，名片可分为以下两类：

1. 交际类名片

除基本内容之外，名片还可以印上组织的徽标，或可在中文下面用英文写，或在背面用英文写，便于与外国人交往。

2. 公关类名片

公关类名片可在正面介绍自己，背面介绍组织或经营范围。公关类的名片有广告效应，使组织收到更大的社会效益和经济效益。

（二）名片的设计

名片的语言一般以简明清晰、实事求是的方式来传递个人的基本情况，从而达到彼此交际的目的。在现实生活中，我们可以看到有些名片语言幽默、新颖，别具一格。例如：①“您忠实的朋友——×××”，然后是联系地址、邮编、电话。名片没有任何官衔，语言简洁，亲切诚实。②“家中称老大，社会算老九，身高一七八，自幼好旅游，敬业精神在，虽贫亦富有，好结四方友，以诚来相求”。③ 著名剧作家沙叶新的名片有一幅自己的漫画像，自我介绍的文字很幽默、有趣，使人印象深刻：我，沙叶新，上海人民剧作家——暂时的；上海人民艺术剧院剧作家——永久的；××委员、××理事、××顾问、××教授——都是挂名的。在设计上，除了文字外，还可借助有特色或象征性的图画符号等非语言信息辅助传意，增强名片的表现力，但不能有繁琐的装饰，以免喧宾夺主。

（三）名片的放置

一般来说，把名片放于容易拿出的地方，不要将它与杂物混在一起，以免用时手忙脚乱；若穿西装，宜将名片置于左上方口袋；若有手提包，可放于包内伸手可得的部位。不要把名片放在皮夹内、工作证内、甚至裤袋内，这是一种很失礼的行为。另外，不要把别人的名片与自己的名片放在一起，否则，一旦慌乱中误将他人的名片当作自己的名片送给对方，这是非常糟糕的。

（四）出示名片的礼节

1. 出示名片的顺序

名片的递送先后虽说没有太严格的礼仪讲究，但是也有一定的顺序。一般是地位低的人先向地位高的人递名片，男性先向女性递名片。当对方不止一人时，应先将名片递给职务较高或年龄较大者；或者由近至远处递，依次进行，切勿跳跃式地进行，以免对方误认为有厚此薄彼之感。

2. 出示名片的礼节

向对方递送名片时，应面带微笑，稍欠身，注视对方，将名片正对着对方，用双手的拇指和食指分别持握名片上端的两角送给对方，如果是坐着的，应当起立或欠身递送，递送时可以说："我是××，这是我的名片，请笑纳。""我的名片，请您收下。""这是我的名片，请多关照。"在递名片时，切忌目光游移或漫不经心。出示名片还应把握好时机，当初次相识，自我介绍或别人为你介绍时可出示名片；当双方谈得较融洽，表示愿意建立联系时就应出示名片；当双方告辞时，可顺手取出自己的名片递给对方，以示愿结识对方并希望能再次相见，这样可加深对方对你的印象。

（五）接受名片的礼节

接受他人递过来的名片时，应尽快起身或欠身，面带微笑，用双手的拇指和食指接住名片的下方两角，态度也要毕恭毕敬，使对方感到你对名片很感兴趣，接到名片时要认真地看一下，可以说："谢谢!""能得到您的名片，真是十分荣幸"，等等，然后郑重地放入自己的口袋、名片夹或其他稳妥的地方。切忌接过对方的名片一眼不看就随手放在一边，也不要在手中随意玩弄，不要随便拎在手上，不要拿在手中搓来搓去，否则会伤害对方的自尊，影响彼此的交往。

（六）名片交换的注意点

名片交换时应注意以下几点：

(1) 与西方、中东、印度等外国人交换名片只用右手就可以了，与日本人交换用双手。

(2) 当对方递给你名片之后，如果自己没有名片或没带名片，应当首先向对方表示歉意，再如实说明理由。例如，"很抱歉，我没有名片。""对不起，今天我带的名片用完了，过几天我会亲自寄一张给您的。”

(3) 向他人索要名片最好不要直来直去，可委婉索要。

方法之一：积极进取。可主动提议，“某先生，我们交换一下名片吧”，而不是单要别人的。

方法之二：投石问路。可先将自己的名片递给对方，以求得其予以“呼应”。

方法之三：虚心请教。比如，“今后怎样向您求教”，以暗示对方拿出自己的名片来交换。

方法之四：呼吁“合作”。例如，可以说：“以后如何与您联系？”这也是要对方留下名片。

(4) 如对方向你索要名片，你倘若实在不想满足对方的要求，也不应直言相告。为让对方不失面子，你可以表达得委婉一点。通常可以这样说：“对不起，我忘了带名片”；或是“不好意思，我的名片刚刚用完了。”

在商务活动中，商务人员须格外注重外在形象，随身携带去渍笔可随时对身上的服装、包、鞋子上的污点进行必要的清除，做到整洁、优雅，塑造良好的个人形象，体现个人礼仪修养，给人以彬彬有礼、落落大方之感，从而赢得他人的信赖。

相关链接

名片的起源与发展

名片起源于社交，并且随着文明时代的到来而到来，因为名片离不开文字。

原始社会没有发明文字，部落内部采用结绳记事的办法。人与人的交流也不多，还没有名片的产生。到了奴隶社会，虽然出现了文字，但只有奴隶主才有机会学习，人与人的交流不频繁，不构成名片产生的条件。

据史书记载，名片最早起源于封建社会。以孔子为代表的儒家与其他流派构成百家争鸣的景象。各个诸侯国开始致力于扩张领土，传播本国文化，形成百家争鸣的局面。秦始皇统一六国后，统一文字，分封了诸侯王。诸侯王为了拉近与朝廷当权者的联系，发明了“谒”。所谓“谒”，即拜会者把名字和其他推荐文字写在竹片或木片上，作为拜谒者的身份象征。

西汉时期，名片被称为“谒”。《释名•释书契》载：“谒，诣告也。书其姓名于上以告所至诣者也。”东汉时，名片又被称为名刺，据《后汉书》载，祢衡曾身怀名刺求见于人。在挖掘的汉墓中发现的谒或名刺，系木简，长22.5厘米，宽7厘米，上有执名刺者名字，还有籍贯。

随着造纸术的发展，名片的材料也由原来的竹片变成纸张了。至唐代，名片多以纸张为主要材料。唐代长安新科进士以红笺名纸互换，以便沟通。晚唐又唤作门状、门启，都是自报家门的一种联系措施。宋代的名纸还留有主人的手迹，据南宋张世南在《游宦纪闻》中解说，他藏有黄庭坚书写的名纸，而秦观送他的名纸，相仿于今天的贺年片。

元代易名刺为“拜帖”，明清时又称“名帖”“片子”；内容也有改进，除自报姓名、籍贯，还书写了官职。

到了明代，统治者因循了唐宋的科举法律，并使之平民化，读书便成了等闲人改进生存的出路，识字的人随之许多添置。人们接触的时机添置了，学生见老师，小官见大官都要先递上推自己的“名帖”，即唐宋时的“门状”。“名帖”这时才与“名”字有了纠纷，明代的“名帖”为长方形，等闲长七寸、宽三寸，递帖人的名字要写满帖面。如递帖给长者或上司，“名帖”上所书名字要大，“名帖”上名字大表示谦卑，“名帖”上名字小会被视为狂妄。

清朝才正式有“名片”的称呼。随着资本主义入侵，国内与外界接触更加频繁，名片也得到普及。清朝的名片，开始向小型化进展，尤其是在官场，官小利用较大的名片以示谦卑，官大利用较小的名片以示地位。

名片发展到现在，其使用相当普遍，分类也比较多，按名片用途，可分为商业名片、公用名片、个人名片三类；按名片制作方式，可分为数码名片、胶印名片、特种名片三类。

☒ 技能训练 ⇨⇨⇨⇨⇨⇨⇨⇨⇨⇨

拜访情境模拟

亚米是一位刚走出大学校门的毕业生，他的第一份工作是 A 公司销售部的一名销售人员。这天，亚米和本公司的销售部张三经理一起去见公司的重要客户——B公司的副总经理黄四先生，黄四先生和助理王五小姐接待了他们。

学生四人一组，分角色扮演，模拟拜访的整个流程。

一、实训目的

掌握预约、称呼、介绍、握手、递接名片的操作要点。

二、实训要求

(1) 进行拜访前正确预约。

(2) 进行拜访后恰当称呼、介绍、握手、递接名片。

三、实训内容

(1) 学生分组。

(2) 选择合适的角色。

(3) 进行自评、互评。

四、实训考核

根据完成实训的综合情况，给予考核，考核项目及评分内容如表 6-1 所示。

表 6-1 拜访礼仪实施评测单

学习情境		拜访礼仪		
评价项目与内容		应得分	实得分	改进措施
准备工作	角色定位及时，模拟出场迅速	5		
	实训过程全组协调良好	5		
神态、举止语言	拜访准备周到	5		
	称谓准确、恰当	5		
	自我介绍的方式	5		
	为他人作介绍的姿势	5		
	为他人作介绍的顺序	5		
	握手姿势、力度、时间	5		
	递、接名片姿势	5		
	交谈的语言、主题选择、方式	5		
	告辞的时机、方法	5		
	违反禁忌一次扣 5 分，直到扣完为止	15		
观摩讨论	观摩认真	5		
	讨论积极	5		
实训报告	按规定时间上交	5		
	字迹清楚、填写规范、内容详尽完整	5		
	实训分析总结正确	5		
	能提出合理化建议和创新性见解	5		
合计		100		

任务二 接待礼仪

任务要求

掌握接待活动中迎接、乘车、引导、参观、照相、送别的操作技巧。

案例导入

小李刚参加工作不久，学校举办了一次全国高校校长联席会议，邀请了国内很多高校校长参加。小李被安排在接待的岗位上。接待当天，小李早早来到机场，当等到来参加会议的人时，他便开口说："您好！是来参加全国高校校长联席会议的吗？请您提供一下您的姓名及单位名称，以便我们安排好就餐与住宿问题。"小李有条不紊地做好了记录。在会场，小李帮客人引路，他一直小心翼翼，虽然自己一向走路很快，但是他放慢步伐，很注意与客人的距离不能太远，一路带着客人；上下电梯，小李也是走在前面，做好带路工作。原本很简单的事情，却几次被上级批评。

思考题：

小李哪里做错了，领导为什么批评他？

接待工作是公务活动的重要工作之一，也是体现办公人员工作能力和水平的重要方面。接待活动中的礼仪规范，在很大程度上代表了一个企业的总体形象，也最能反映办公人员的礼仪素质、办事效率。

一、迎接与乘车

(一) 迎接

1. 了解来客情况

应提前掌握客人到达的车次或航班、客人个人资料、行李件数等情况。

2. 确定接待规格

通常遵循身份相当的原则，即主要迎送人与主宾身份相当，当不可能完全对等时，可灵活变通，由职位相当的人或由副职出面迎接。其他接待人员不宜过多。

3. 选择正确的接待地点

(1) 对于总经理的客人，可以由总经办人员或前台接待员直接引导带到总经理办公室进行接见。

(2) 对于办公室内只有一个人或两个人办公的部门，可以在办公室内接见客人，如副总经理、财务、采供办公室。

(3) 对于到其他办公室来访的客人，一律由前台接待员引导在小会议室等候，然后在此接见来访客人，不允许在办公室与客人交谈，而影响他人办公或给公司造成不必要的困扰。

4. 到机场、车站迎接客人

提前到达，准备鲜花和接站牌，主动问候，表示欢迎，做好介绍。

5. 提前准备好交通工具

为客人办理住宿手续并将客人领进房间，同时向客人介绍住处的服务、设施，将活动的计划、日程安排、地图或旅游图、名胜古迹等介绍材料交给客人。

6. 稍作停留

将客人送到住地后，迎接人员不要立即离去，应陪客人稍作停留，与客人热情交谈，可介绍客人参与的活动、当地风土人情、天气等。考虑到旅途劳累，让客人早些休息，不宜久留。

(二) 乘车

1. 乘车的位次

接送客人上车，要按先主宾后随员、先女宾后男宾的惯例，让客人先行。在比较正规的场合，乘坐轿车时一定要分清座次的尊卑，并在自己适得其所之处就座。轿车上座次的尊卑，从礼仪上来讲，主要取决于下述两个因素。

1) 轿车的驾驶者

驾驶轿车的司机，一般可分为两种：一是主人，即轿车的拥有者；二是专职司机。国内目前所见的轿车多为双排座与多排座，以下分述其驾驶者不同时，车上座次尊卑的差异。

(1) 主人亲自开车时，乘车的座次顺序除了应遵循通常规则以外，还应遵循以下规则：客人应当主动就座于副驾驶座，以示与主人“平起平坐”。主人开车乘车位次如图 6-1 所示。

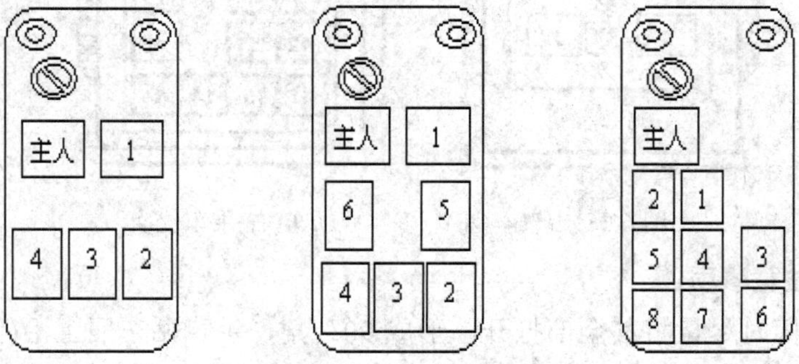

图 6-1 主人开车乘车位

(2) 专职司机开车迎接客人时，乘车的座次顺序除了应遵循通常规则以外，还应遵循以下规则：前排副驾驶座应安排给主人方的秘书或助手，而不宜安排给客人就座。专职司机开车乘车位次如图 6-2 所示。

图 6-2 专职司机开车乘车位次

2) 轿车的类型

上述方法，主要适用于双排座，对于其他一些特殊类型的轿车并不适用，如图 6-3 所示。

(1) 吉普车是一种轻型越野客车，大都是四座车。不管由谁驾驶，吉普车上座次由尊而卑依次是：副驾驶座、后排右座、后排左座。

(2) 多排座轿车，指的是四排以及四排以上座位的大中型轿车。其不论由何人驾驶，均以前排为上，以后排为下；以右为尊，以左为卑；并以距离前门的远近，来排定其具体座次的尊卑。

(3) 以一辆六排十七座的中型轿车为例，其座位的尊卑依次应为：第二排右座，第二排中座，第二排左座，第三排右座，第三排中座，第三排左座，第四排右座。轿车乘车位次如图 6-3 所示。

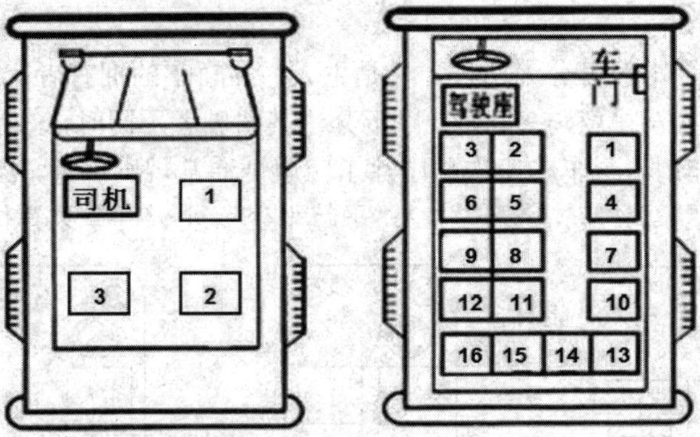

图 6-3　吉普车(左)、多排座轿车(右)乘车位次

2. 乘车的注意事项

(1) 打开车门时尽量将其全部打开，形成 90° 角，手背贴车厢上沿(但信仰伊斯兰教和佛教的不能遮挡)，防止客人碰头；引导客人入座后，自己应从车后绕到左侧门，在座位左侧入座。

(2) 系好安全带，不得将头、手伸出窗外。

(3) 若客人未坐上座，切勿纠正并请客人挪动位置。

(4) 乘坐主人驾驶的轿车时，最重要的是不能令前排座位空着，一定要有一个人坐在那里，以示相伴。由先生驾驶自己的轿车时，则其夫人一般坐在副驾驶座上。由主人驾车送其友人夫妇回家时，其友人之中的男士，一定要坐在副驾驶座上，与主人相伴，而不宜形影不离地与其夫人坐在后排，那将是失礼之至。

(5) 上下车应动作轻缓，避免大步跨上、跨下，女士下车要“脚先头后”。

二、引导与参观

(一) 引导

1. 迎接客户的三阶段行礼

国内通行的三阶段行礼包括 15°、30° 和 45° 的鞠躬行礼。15° 的鞠躬行礼是指打招呼，表示轻微寒暄；30° 的鞠躬行礼是敬礼，表示一般寒暄；45° 的鞠躬行礼是最高规格的敬礼，表达深切的敬意。

在行礼过程中，不要低头，要弯下腰，但绝不能看到自己的脚尖；要尽量举动自然，令人舒适；切忌用下巴跟人问好。

2. 引导手势要优雅

接待人员在引导访客的时候要注意引导的手势。

男性引导人员的正确手势应该是——当访客进来的时候你只需要行个礼、鞠个躬，当你的手伸出的时候，眼睛要随着手动，手的位置在哪里眼睛就跟着去哪里。如果访客问你“对不起，请问经理室怎么走？”千万不要口中说着“那里走”，手却指着不同的方向。

女性接待人员在做指引时，手要从腰边顺上来，视线随之过去，很明确地告诉访客正确的方位；当开始走动时，手就要放下来，否则会碰到其他过路的人，等到必须转弯的时候，需要再次打个手势告诉访客：“对不起，我们这边要右转。”打手势时切忌五指张开或表现出软绵绵的无力感。

3. 注意危机提醒

在引导过程中要注意对访客进行危机提醒。比如，在引导访客转弯的时候，熟悉地形的你知道在转弯处有一根柱子，这时就要提前对访客进行危机提醒；如果拐弯处有斜坡，你就要提前对访客说：“请您注意，拐弯处有个斜坡。”

对访客进行危机提醒，让其高高兴兴地进来、平平安安地离开，是每一位接待人员的职责。

4. 行进中与客户擦身而过该如何打招呼

在行进中，如果跟客户即将擦身而过的时候，你应该往旁边靠一下，并轻松有礼地向他鞠个躬，同时说声“您好”。千万不要无视客户的存在，装作没看到客户。

如果你能够在行进中向与你擦身而过的客户亲切地打个招呼，客户会带着良好的心情去与你所在的公司进行交易，那么你就给公司间接地带来了利益。

5. 上下楼梯的引导方式

上下楼梯引导客户时，假设你是女性，穿的是短裙，那么千万不要在引导客人上楼时自告奋勇“请跟我来”，因为差两个阶梯客户视线就会投射在你的臀部跟大腿之间，此时，你要尽量真心诚意跟对方讲“对不起，我今天服装比较不方便，麻烦您先上楼，上了楼右转”，很明确地将正确方位告诉客户就可以了。

6. 出入电梯的引导

引导客户搭乘电梯主要强调的是以客为尊、先客后已。首先必须先按电梯按钮，如果只有一个客人，可以以手压住打开的门，让客人先进；如果人数很多，则应该先进电梯，按住开关，先招呼客人，再让公司的人上电梯。出电梯时刚好相反，按住开关客人先出电梯，自己才走出电梯。如果上司在电梯内，则应让上司先出，自己最后再出电梯。

7. 如何开启会客室大门

会客室的门分为内开和外开，在打开内开的门时不要急着把手放开，这样会令后面的客户受伤；如果要开外开的门，就更要注意安全，一旦没有控制好门，很容易伤及客户的后脑勺。所以，开外开门时，要用身体扣住门板，并做一个“请”的动作，当客户进去之后再将门轻轻的扣住，这是在维护客人的安全，接待人员一定要注意。

(二) 参观

参观时，需注意以下几点：

(1) 客人来本地区(单位)参观时，对本地区(单位)的介绍应简明扼要、实事求是；内容要真实、材料要丰富、形式要活泼多样，既不夸大成绩，也不掩饰不足。

(2) 客人参观时，工厂、学校不应停工、停课，工作和学习都要照常进行。当客人主动与我方人员握手、攀谈时，可热情地作相应表示。

(3) 陪同参观人员不宜过多，同时应做好保卫工作。指定陪同人员不应半途离去或不辞而别。

(4) 介绍情况应面向全体，注意避免冷落另一些客人。对方提出的问题，应区别情况慎做答复，不要不懂装懂、轻易表态，更不要随意允诺送给客人礼品、产品、资料等，注意内外有别，遵守保密规定。

(5) 参观时，不仅要照顾好主宾，还应照顾好其他客人，防止队伍首尾不接。

(6) 陪同人员应利用有益于对外宣传的事物，及时向客人介绍。

三、照相与送别

(一) 照相

1. 照相准备

1) 主随客便

所谓主随客便，是指在照相之前，接待人员所在的主办方应该先征求来宾的意见，只有在来宾们都同意的情况下才能够进行照相。如果是正式的会晤或会议照相，最好在请柬上就注明有照相等事宜，以便来宾提前做好着装等准备。

2) 布置场所

选择好合适的场所。在室内照相时，要注意场地的大小和光线的明暗等问题。在室外照相时，则要重点考虑天气和位次等问题。特别要注意的是，若是大风天、阴天或是十分寒冷、炎热的天气，不宜在室外进行照相。

考虑到背景的布置，比如是否要挂横幅、横幅上如何书写、横幅讲究与否都是事先就应该安排好的问题。同时，如果照相人数较多，还要考虑来宾在照相时所用座椅的摆放问题。在必要的时候，也可以去租借专门用于照相的背景站架。

3) 备好器材

照相时所需要使用的一切器材，如照相机、闪光灯、三脚架、胶卷以及根据照相规模而选择的相应的镜头等，均应提前备好、备足。在正规的照相活动中，最好请专业的摄影师、使用专业的摄影器材进行拍摄，这样才能保证照相效果。

4) 确定时间

正规的照相，在必要时要向所有参加者通报具体的时间，使大家有所准备。此外，还应要求大家遵守时间、准时到场。同时，在照相活动中，要抓紧时间，讲究效率。

2. 照相排位

如果有必要排列照相参加者的具体位次时，应注意以下六点：场地的大小；人数的多少；背景的陈设；光线的强弱；照相参加者具体的身份，高矮和胖瘦；方便与否。

1) 国内照相的排位惯例

国内照相时的排位，一般讲究“居前为上”“居中为上”和“以左为上”。具体来看，它又有“人数为单”与“人数为双”的分别。在照相时，习惯做法通常是主方人员居右，客方人员居左，即“以左为尊”。人数为单的照相排位如图 6-4 所示。人数为双的照相排位如图 6-5 所示。

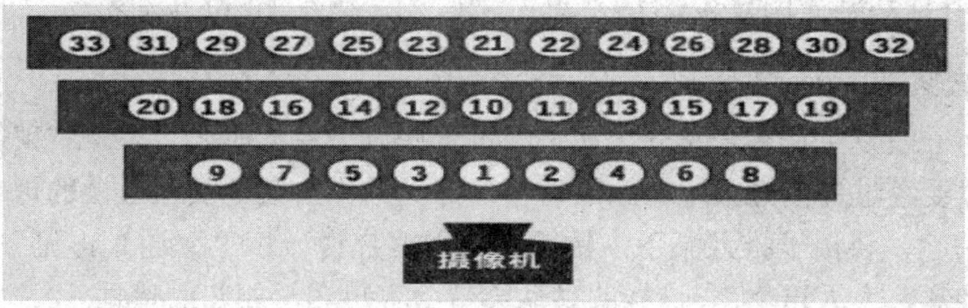

图 6-4 人数为单的照相排位

图 6-5 人数为双的照相排位

2) 涉外照相的排位惯例

在涉外场合照相时，应遵守国际惯例，讲究“以右为尊”，即主人居中，主宾居右，其他双方人员分主左宾右依次排开。简而言之，就是讲究“以右为上”。涉外照相的排位如图 6-6 所示。

图 6-6 涉外照相的排位

3. 注意事项

1) 提供照片

照相之后，主办方应主动向参与照相的各方人士提供照片，并保证人手一张，否则会让参与照相的人产生自己是“道具”之感，是很不礼貌的。

2) 忌讳他用

接待人员切记，公务照相照片只作为资料或纪念，一般不宜用于商务活动，更不能在没有征求照相参与者同意的情况下就随便发表。

(二) 送别

不同的客户应享受不同的送客礼，虽然都是谦恭有礼，但是每个公司要根据实际情况将客户送至不同的地点，从而也就需要不同的送客礼。一般来说，客户离开时都要享受“全员送客礼”，其他的主要送客礼还有电梯送客礼、玄关送客礼以及车旁送客礼。

1. 全员送客礼

全员送客一般发生在客户离开公司，经过一些办公室的时候。客户结束会谈将要走出公司时，必然要经过许多办公室。如果访客恰好经过你与其他员工办公的地方，看见访客就应该马上站起，将椅子推入桌下，抬头看一下客户说一声“谢谢！再见”，一定要力求做到“人人迎宾，人人送客”。这样的举动会带给客户宾至如归的感觉。

2. 电梯送客礼

将客户送至电梯口，等电梯即将关上时，再次行礼道“再见”。当将客户送到电梯口时，接待人员在电梯门关上之前，都要对客户注目相送，等电梯即将关上的一刹那挥手示意或做最后一次鞠躬礼，并说声“谢谢，欢迎再次光临！再见!”。

3. 玄关送客礼

接待人员如果要将客人送到门口，就要等到客人即将离开时做最后一次鞠躬，同时说声“谢谢，欢迎再次光临”，并目送客人的身影，直至消失不见才可返回自己的工作岗位。

4. 车旁送客礼

如果将客户一直送到他的车旁，一定不要忘了在即将关车门的一刹那做最后一次鞠躬并说“谢谢，请注意行车安全”，然后目送车子离开，直至看不见车影才可离开。

访客进来时你要会打招呼，访客离开时你也要懂得送客之礼，令客户真正体会到宾至如归的感觉，这种舒适的感觉是由人来营造的，企业一定要找到这种能够领会企业文化、体现专业素养的人才来担任接待宾客的任务。

相关链接

令人不悦的服务表现

表 6-2 中十种表现是会令访客不悦的服务态度，作为接待人员，一定要避免使用这些不良的方式去对待访客。

表 6-2 令人不悦的服务表现

令人不悦的服务表现	
1	当顾客进来时，假装没看见继续忙于自己工作
2	一副爱理不理甚至厌烦的应对态度
3	以貌取人，依客人外表而改变态度
4	言谈措词语调过快，缺乏耐心
5	身体背对着客户，只有脸向着顾客
6	未停止与同事聊天或嬉闹的动作
7	看报纸杂志，无精打采打哈欠
8	继续电话聊天
9	双手抱胸迎宾
10	长时间打量客户

技能训练 ⇨⇨⇨⇨⇨⇨⇨⇨⇨⇨

接待情境模拟

利来公司今天要去机场迎接宏达公司总经理王三、助理李四。利来公司派总经理赵五和助理钱六迎接。

学生四人一组，分角色扮演，模拟从机场接客户到送进宾馆的整个流程。

一、实训目的

(1) 熟悉接待活动的基本环节和礼仪规范。
(2) 针对不同情境遵守礼仪规范进行正确的接待。

二、实训要求

(1) 做好充分的迎接准备，做到准确无误的迎接。
(2) 接待中能规范地乘车、引导、参观、照相与送别。

三、实训内容

(1) 学生分组。
(2) 选择需要的工具。
(3) 进行互评、互测。

四、实训考核

根据完成实训的综合情况，给予考核，考核项目及评分内容如表 6-3 所示。

表 6-3　接待礼仪实施评测单

学习情境		接待礼仪		
评价项目与内容		应得分	实得分	改进措施
准备工作	角色定位及时，模拟出场迅速	5		
	实训过程全组协调良好	5		
神态、举止、语言	接待规格合适	5		
	接机、接站准备到位	5		
	接待地点选择正确	5		
	乘车座位确定合理	10		
	走廊引导	10		
	上下楼梯引导	5		
	电梯引导	5		
	客厅引导	5		
	照相站位准确	5		
	送别规范	5		
观摩讨论	观摩认真	5		
	讨论积极	5		
实训报告	按规定时间上交	5		
	字迹清楚、填写规范、内容详尽完整	5		
	实训分析总结正确	5		
	能提出合理化建议和创新性见解	5		
合计		100		

任务三　位次礼仪

任务要求

掌握不同场合位次排列的基本原则。

案例导入

某公司王先生年轻肯干，点子又多，很快引起了总经理的注意并拟提拔为营销部经理。为慎重起见，公司决定再对其进行一次考察，恰巧总经理要去省城参加一个商品交易会，需要带两名助手，总经理选择了公关部杜经理和王先生。王先生自然同样看重这次机会，也想寻机表现一下。

出发前，由于司机小张乘火车先行到省城安排一些事务尚未回来，所以，他们临时改为搭乘董事长驾驶的轿车一同前往。上车时，王先生很麻利地打开了前车门，坐在副驾驶位置上，董事长看了他一眼，但王先生并没有在意。会后从省城返回，车子改由司机小张驾驶。杜经理由于还有些事要处理，需在省城多住一天，同车返回的还是4人。王先生想，这次不能再犯类似的错误了。于是，他打开前车门请总经理上车，总理坚持要与董事长一起坐在后排，王先生诚恳地说："总经理您如果不坐前面，就是不肯原谅来的时候我的失礼之处。"直到总经理坐在前排他才肯上车。回到公司，同事们知道王先生这次是同董事长、总经理一道出差，猜测着肯定提拔他，都纷纷向他祝贺。然而，提拔之事却一直没再被提及。

思考题：

王先生为什么没有得到重用？

位次礼仪，是指人们在交际活动中依据一定的规则排序，使交际各方乐于接受的一种行为规范。掌握位次礼仪规范有助于建立融洽的人际关系。

一、行进中的位次

行进中的位次，指的是人们在步行时位次排列的顺序。在陪同、接待来宾或领导时，行进的位次非常重要。

（一）常规位次

常规位次有两种，一是与客人并排行进；二是与客人单行行进。并排行进的要求是中央高于两侧，内侧高于外侧，一般要让客人走在中央或者走在内侧，这是并排行进时的做法。当与客人单行行进时，即一条线行进时，标准的做法是前方高于后方，以前方为上，如果没有特殊情况，应该让客人在前面行进。

（二）上下楼梯

上下楼梯是在商务交往中经常遇到的情况。上下楼梯时位次排列要注意两点：

首先，要单行行进。如果楼道比较狭窄，并排行走会阻塞行进道路，没有特殊原因，应靠右侧单行行进。

其次，单行行进时要注意前方高于后方，以前方为上。一般情况下，应该让客人走在前面，把选择前进方向的权利让给客人。不过需要强调的是，如果陪同接待的客人是一位女士，而女士又身着短裙，在这一情况下，接待陪同人员要走在女士前面，不要让女士"高高在上"，因为有可能会出现"走光"的问题，这是不允许的。

（三）出入电梯

目前很多大公司的办公楼中都有升降式电梯，一般无人值守。出入无人值守的电梯时，标准化的做法应该是让客人与陪同者有不同的出入顺序，陪同者需要先进后出，而被陪同者一般要后进先出。因为电梯门口的按钮为升降钮，而电梯里的按钮则是开关钮，陪同者先进后出，就是为了控制开关钮，不使它夹挤客人。

(四) 出入房门

没有特殊原因，出入房门的标准做法是位高者先进或先出房门。但是如果有特殊情况，比如室内灯光昏暗需要引导，男士和女士两个人单独出入房门时，需要接待人员先进去，为客人开门、开灯。出门的时候也是接待人员先出去，为客人开门导引。

二、轿车中的位次

乘坐轿车首先存在着上下车的问题，一般情况下让客人先上车，后下车。当然，如果很多人坐在一辆车上不方便，那么谁最方便下车谁就先下车，因此乘坐最重要的一个礼仪是轿车里位次的尊卑。轿车里的位次大体上有三种情况，不同情况有不同的讲究。

(一) 公务交往

公务交往，换而言之，接待客人是一种公务活动。参与活动的车辆归属于单位，驾驶司机一般是专职司机。就双排座轿车而论，公务接待时轿车的上座指的是后排右座，也就是司机对角线位置，因为后排比前排安全，右侧比左侧上下车方便。公务接待时，副驾驶座一般为随员座，乘坐者为秘书、翻译、保镖、警卫、办公室主任或者导引方向者。

(二) 社交应酬

工作之余，三五好友外出吃饭活动，这时车辆的归属一般为个人，司机即车主。车主开车时，上座是副驾驶座，表示平起平坐。在这一情况下让上宾坐后座，是不合适的。

(三) 重要客人

接待重要客人，如接待高级领导、高级将领、重要企业家等，轿车的上座往往是司机后面的座位，因为该位置隐秘性比较好，而且是车上安全系数较高的位置，所以重要客人应该坐在这个座位。

公务乘车位次如图 6-7 所示、社交乘车位次如图 6-8、重要客人乘车位次如图 6-9 所示。

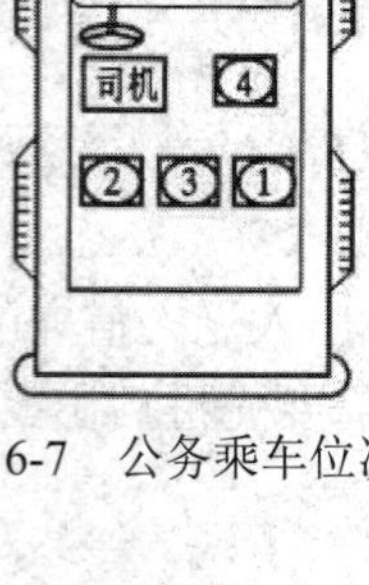

图 6-7　公务乘车位次

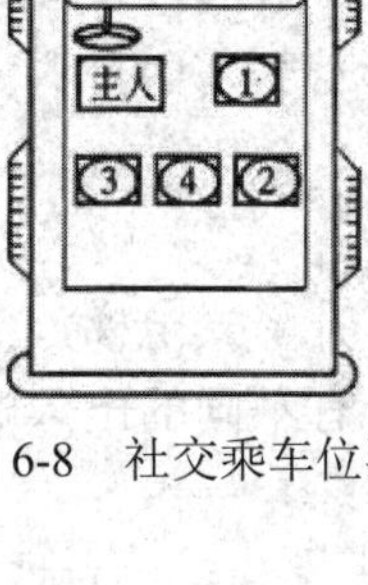

图 6-8　社交乘车位次

图 6-9　重要客人乘车位次

三、会客中的位次

(一) 相对式

客人与主人对面而坐即称为相对式。相对式位次排列的基本要求是面门为上，也就是面对房间正门者为客位，是地位高者；背对房间正门者为主位，是地位较低者。相对式如图 6-10 所示。

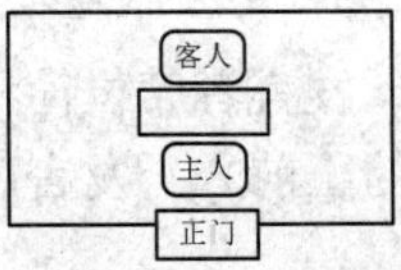

图 6-10　相对式

(二) 并列式

并列式是指宾主并排而坐。当宾主并排而坐，倘若双方都面对房间正门时，具体的要求是以右为上。以右为上是指宾主之间客人应该坐在主人的右边，而主人应该坐在客人的左边。以右为上是一种国际惯例。并列式如图 6-11 所示。

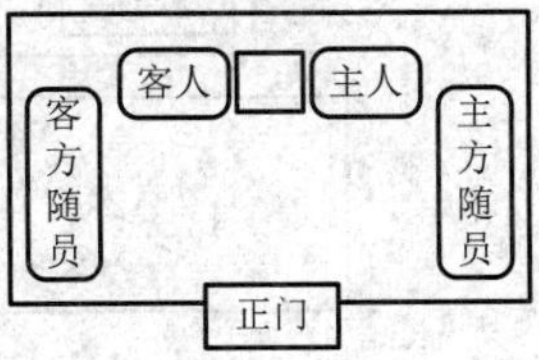

图 6-11　并列式

(三) 自由式

自由式即自由择座，客人愿意坐在哪里就坐在哪里。自由式通常用在客人较多、座次无法排列，或者大家都是亲朋好友，没有必要排列座次时。

四、会议中的位次

(一) 大型会议的位次

大型会议的会场上通常应设有主席台和群众席。

1. 主席台的座次

大型会议的主席台上一般应设有主席团座次、主持人座位和发言席座次，它们均面向群众席。

1) 主席团座次

按照国际惯例，主席团的座次排列应符合以下规则：以主席台面向群众席的视角为基准，前排尊于后排、中间尊于两侧、右侧尊于左侧。

具体来说，主席团的座次排列又有单数和双数之分。主席团座次如图 6-12 所示。

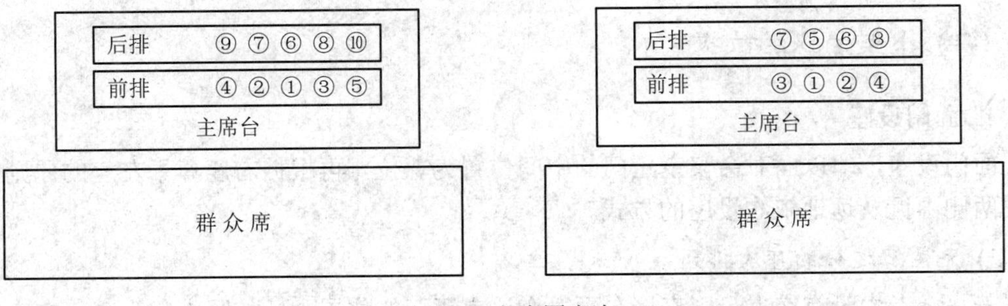

图 6-12　主席团座次

2) 主持人座位

主持人的座位通常可按如下方式安排：① 主席团前排座位的正中央；② 主席团前排座位的两侧；③ 按其具体身份排座，但应安排在主席团座位的前排。

3) 发言席座次

发言者席位简称发言席，其常规位置有如下两种：① 在主席团的右前方；② 在主席团的正前方。发言席座次如图 6-13 所示。

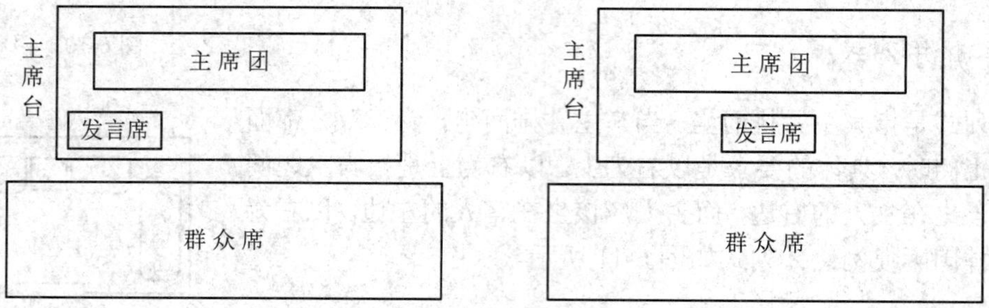

图 6-13　发言席座次

2. 群众席的座次

1) 单位式排列

单位式排列又可以分为以下两种方式：① 以群众席面向主席台的视角为基准，从前往后进行横向排列；② 以同样的视角为基准，从左到右进行纵向排列。单位式排列如图 6-14 所示。

图 6-14　单位式排列

2) 自由式排列

自由式排列即不进行统一安排，由与会者自由择座。

(二) 小型会议的位次

1. 面门设座

面门设座，即以面对会议室正门的中间位置为尊位，再根据右座尊于左座的原则，在尊位两侧由近及远地依次设座的方式。

1) 无主客之分的座次排列

若与会者中没有客人，则直接在面对会议室正门的位置上，按照中间为尊、右座尊于左座的原则安排座次。若会议桌斜对着会议室正门，则可以在远离会议室正门的一侧依次设座。无主客之分座次排列如图 6-15 所示。

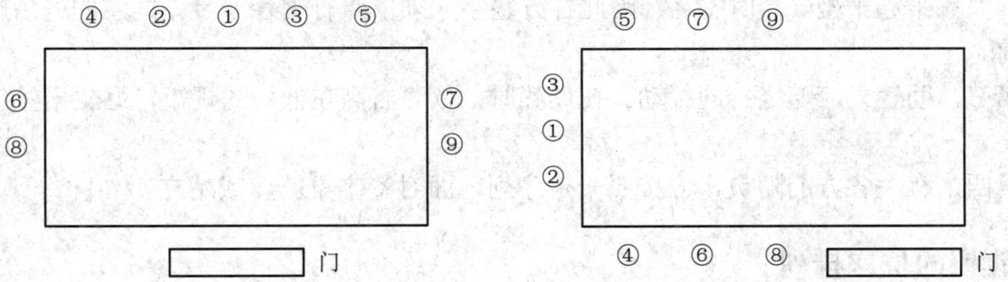

图 6-15　无主客之分座次排列

2) 有主客之分的座次

有主客之分时，将客人安排在面向正门的座位上，将主人安排在背向正门的座位上，再将双方的领导人安排在各方位置的相对尊位上(即居中位置)，各方成员则按照右座尊于左座的原则，在尊位两侧由近及远地依次排开。有主客之分座次排列如图 6-16 所示。

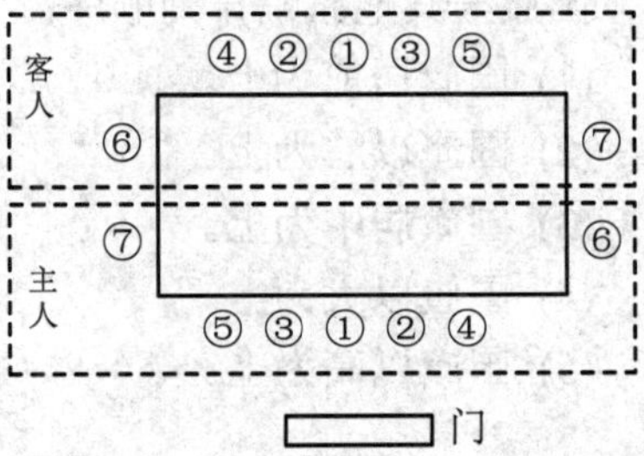

图 6-16　有主客之分座次排列

2. 依景设座

依景设座，即以背靠着会议室内主要景致(如字画、讲台等)的位置为尊位，再按照右座尊于左座的原则，在尊位两侧由近及远地依次设座的方式。

3. 自由择座

自由择座，即不安排固定的座次，而由与会者自由选择座位就座。

五、签字仪式的位次

(一) 双边签字仪式

举行双边签字仪式时位次排列的基本规则有三点：

第一，双方签字者面对房间正门就座，客方居右，主方居左。

第二，双方各自的助签人，应分别站立于己方签字人的外侧。

第三，双方参加签字仪式的其他人员，可以按照一定顺序在己方签字人的正对面就座，亦可依照职位高低，单行或者多行并排站立在签字者身后。站在右侧的是客方，站在左侧的是主方，同时强调，中央高于两侧，也就是双方地位高的人站在中间，站在最外面的人地位相对较低。如果站立的签字参加人员有多排，一般还讲究前排高于后排，站在第一排的人地位较高。

(二) 多边签字仪式

举行多边签字仪式时位次排列的基本规则有四点：

第一，一般仅设一张签字座椅。

第二，多边签字仪式讲究签字者要按照某种约定的顺序依次签名，而不像双边签字仪式一样大家平起平坐，同时签名。因此各方签字人须依照有关各方事先同意的先后顺序依次上前。

第三，助签人应随之一同行动。在助签时，依“右高左低”的规矩，站立于签字人的左侧。

第四，有关各方的随员，应按照一定序列，面对签字桌就座或站立。

六、旗帜的位次排列

(一) 国旗与其他旗帜

国旗与其他旗帜排列顺序：

(1) 国旗居前为上。
(2) 国旗以右为上。
(3) 国旗居中为上。
(4) 国旗以大为上。
(5) 国旗以高为上。

(二) 中国国旗与其他国家国旗

1. 国内排序

在中国境内举行双边活动需要悬挂中外国旗时，凡中方所主办的活动，外国国旗应置于上首；反之，则中方国旗应置于上首。

2. 涉外排序

涉外排序有并列升挂、交叉升挂、竖式升挂三种方式，皆应以国旗自身面向为准，以右侧为上位。

3. 多边排序

需要同时悬挂多国国旗时，通行的做法是以国旗自身面向为准，以右为尊，越往右侧悬挂的国旗，被给予的礼遇就越高；越往左侧悬挂的国旗，被给予的礼遇越低。在确定各国国旗的具体位次时，一般的做法，是按照各国国名的拉丁字母的先后顺序而定。在悬挂东道国国旗时，可以遵行这一惯例，也可以将其悬挂在最左侧，以示东道国的谦恭之意。

相关链接

我国传统方位文化

人们在社交活动中往往特别注重空间方位的含义，在某种意义上说，方位选择具有体现人际关系状况、尊重交际对象、彰显自身文化涵养的重要作用。例如，古人乘车以左边为尊位。《曲礼》载："祥车旷左。"旷，空也。一般主座居左，御者居中，右为陪坐，也称"参乘"或"车右"。由于御者居中执鞭，对右边之人多有不便，因此尊座在左。如果尊者没来，左边座位也要留空，这个礼节在古代被称为"虚左"，表示对客人的尊敬。

在我国传统文化里，人们把南向视为至尊。这是由于我国位于北半球，阳光从南面照射过来，"万物负阴而抱阳"(《老子》第四十二章)。这种特定的地理环境造就了人们的方位观念，即面南定位：前南后北左东右西。古人以南为阳、以北为阴，所以宫殿、官府、庙宇都面向正南。故帝王的宝座面向南，天子、诸侯见群臣，或卿大夫见僚属，尊长见卑幼，皆南面而坐。臣民叩见皇帝要面向北方，即所谓"面北称臣"。

古人视东方为上、为主、为首。皇后和妃子们的住处分为东宫、西宫，东宫为大、为正，西宫为次、为从；供奉祖宗牌位的太庙，要建在皇宫的东侧。东为主位，所以东引申出主人之义，比如现代汉语中有股东、房东、东家、东道主、做东等说法。

技能训练

位次排列模拟

利来公司的客户：日本公司总经理小川、助理池田在宾馆休息一晚后到公司洽谈业务。利来公司派总经理张三和助理李四迎接。

学生四人一组，分角色扮演，模拟从宾馆出发后行进、乘车、会客、签字、旗帜的位次规范。

一、实训目的

(1) 熟悉不同场合的位次礼仪规范。

(2) 针对不同情境遵守礼仪规范进行正确的接待。

二、实训要求

(1) 设计行进、乘车、会客、签字、旗帜的位次排列。

(2) 接待中能按照位次礼仪规范正确实施。

三、实训内容

(1) 学生分组。

(2) 设计位次排列并实施。

(3) 进行自评、互评。

四、实训考核

根据完成实训的综合情况，给予考核，考核项目及评分如表 6-4 所示。

表 6-4 位次礼仪实施评测单

学习情境		位次礼仪		
评价项目与内容		应得分	实得分	改进措施
准备工作	角色定位及时，模拟出场迅速	5		
	实训过程全组协调良好	5		
位次排列	行进位次	10		
	乘车位次	15		
	会客位次	15		
	签字位次	10		
	旗帜位次	10		
观摩讨论	观摩认真	5		
	讨论积极	5		
实训报告	按规定时间上交	5		
	字迹清楚、填写规范、内容详尽完整	5		
	实训分析总结正确	5		
	能提出合理化建议和创新性见解	5		
合计		100		

任务四 会务礼仪

任务要求

掌握会务活动中组织、谈判、仪式的操作技巧。

案例导入

长荣公司被邀请参加一个研讨会，这次研讨会将有很多商界知名人士及新闻界人士参加。长荣公司的老总特别安排他很器重的助理小杨作为公司代表去参加。

会议当天，小杨睡过了时间，等他赶到现场时，会议已经进行了 20 分钟。他急急忙忙地推开会议室大门，不小心碰倒了会议室门口的花盆，花盆倒地发出一声脆响，这让他一下子成了会场上的焦点。刚坐下不久，小杨的手机铃声响起，肃静的会场上播放起了摇篮曲！这次，小杨简直成了研讨会上的“明星”。研讨会结束后，长荣公司老总就让小杨另谋高就了。

思考题：

长荣公司老总让小杨另谋高就的原因是什么？

会务礼仪是召开会议前、会议中、会议后及参会人应注意的事项，懂得会务礼仪对会议决定的执行有较大的促进作用。

一、组织会务

(一) 会前准备

1. 确定会议主题与议题

确定会议主题与议题要有切实的依据，必须要结合本单位的实际，要有明确的目的。

2. 确定会议时间

确定会议的最佳时间，要考虑主要领导是否能出席。

3. 确定会议所需用品和设备

所需用品和设备是指各类会议都需要的用品和设备，包括文具、桌椅、茶具、扩音设备、照明设备、空调设备、投影和音像设备等。

4. 确定与会人员名单

与会人员包括出席会议和列席会议的有关人员。应根据会议的性质、议题、任务来确定与会人员。

5. 确定会议地点

要根据会议的规模、规格和内容等要求来确定，有时也考虑政治、经济、环境等因素。

6. 拟发会议通知

会议通知必须写明开会时间、地点、会议主题及参加者等内容。要提前发通知，以便参加者有所准备。

(二) 会中组织

1 做好会议记录

(1) 安排好专职的会议记录员，对参会人员的发言进行记录(特别是讨论性质的会议)，记录内容，会后留底。

(2) 安排专人摄影(摄像)、录音，会后留底。

2. 维护会议秩序

参会人员入座后，会议正式开始，这时非参会人员应全部离开会议室；在会议进行中，双方要关闭所有的通信工具(或调到静音)，参会人员不要随便进出。

3. 提供会间服务

(1) 参会人员就座后提醒全部参会人员关闭手机或调成静音。

(2) 除讲话人之外，服务人员是唯一走动的人，所以一定要注意着装，如女性的皮鞋，走动时不能发出声响；动作要轻、慢、柔，避免快、重。

(3) 讲师的行李包(或笔记本包)要放在椅子或桌子上面，应避免直接放置在地上，这能反映出服务细节的水平。

(4) 会议时间较长时，可适当安排中场休息时间。

(三) 会后收尾

1. 整理会议资料

(1) 整理好会议中的文字记录和图片、视频、音频记录，进行备案。

(2) 完成会议总结材料，内容应包括会议议程、主要人员发言材料、会议讨论内容和总结性结论。

(3) 整理完成会议总结材料后报领导审批，将审批通过的材料分发至各参会人员遵照执行。

(4) 重要会议结束后可考虑在网上发布会议相关新闻。

2. 馈赠礼品或组织拍照

对于公司外部会议，会议组织者可向与会者赠送具有会议主办方特色的礼品，并可与参会者拍照留念，以加强业务联系，促进商务往来。

3. 协助与会者返程

对于外来的与会者，会议组织者应提供帮助其返程的事务，如为其联络或提供交通工具、托运行李或安排送行等。

二、谈判

(一) 谈判概述

1. 谈判的概念

商务谈判是业务各方为了实现各自的经济目的，就相互之间的权利、义务进行洽谈、协商的活动过程。

2. 谈判的分类

(1) 根据参加谈判的业务方数量的不同，可分为双边谈判和多边谈判。

双边谈判，是指只有两方利益代表参与的谈判。这种谈判涉及的利益关系比较明确、具体，谈判议题也相对简单。

多边谈判，是指至少有三方利益代表参与的谈判。这种谈判涉及的人员较多、利益关系复杂，谈判的难度较大。在谈判的过程中，通常需要就某些特定的问题进行一些双边谈判。

(2) 根据谈判地点的不同，可分为主座谈判和客座谈判。

主座谈判，又称主场谈判，是指在自己所在地(居住的国家、城市或区域)组织的谈判，在自己所在地参与谈判的人员称为主方。

客座谈判，又称客场谈判，是指在他方利益代表所在地组织的谈判，赴他方利益代表所在地参与谈判的人员称为客方。

(二) 谈判准备

1. 主方的谈判准备

主方的谈判准备包括以下几个方面：

(1) 拟定接待计划。了解客方的谈判人员名单、各谈判人员的基本信息及客方的食宿要求等信息，然后据此确定接待规格并拟定接待计划。

(2) 确定谈判人员。根据客方各谈判人员的具体情况，确定己方谈判人员的名单，并确保双方谈判人员的人数、身份和职位对等。

(3) 拟定谈判日程。了解客方的意图，根据其意图和己方的实际情况拟定日程安排表，并将其发送给客方，以征询意见，待客方确认后再打印出来，以便分发给各方谈判人员。

(4) 布置谈判会场。选择环境幽雅的会场，并恰当地布置会场。

(5) 整理仪容仪表。修饰容貌并整理着装，使自己的仪容仪表符合礼仪规范。

(6) 落实接待计划。成立接待小组，根据客方抵达己方所在地的具体时间、地点，全面落实接待计划。

2. 客方的谈判准备

客方的谈判准备包括以下两个方面：

(1) 告知情况。明确告诉主方谈判目的、活动要求、谈判人员人数及组成、抵达谈判地点的时间、交通方式、食宿标准、离开时间等，以便主方安排接待工作和拟定谈判日程。

(2) 准时赴会。通常应在约定时间的 5 分钟前到达约定地点。

(三) 谈判的座次

1. 双边谈判的座次

一般情况下，根据谈判桌的摆放方向的不同，双边谈判的座次可分为横桌式和竖桌式两种。

(1) 横桌式。横桌式如图 6-17 所示。

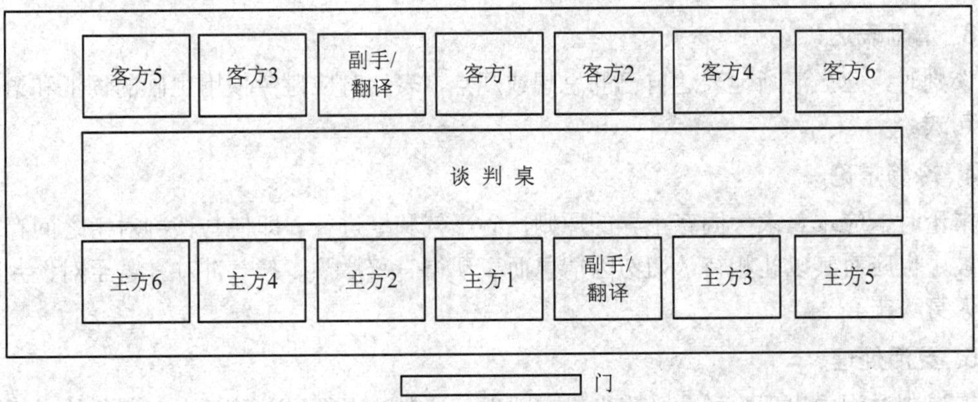

图 6-17　横桌式

(2) 竖桌式。竖桌式如图 6-18 所示。

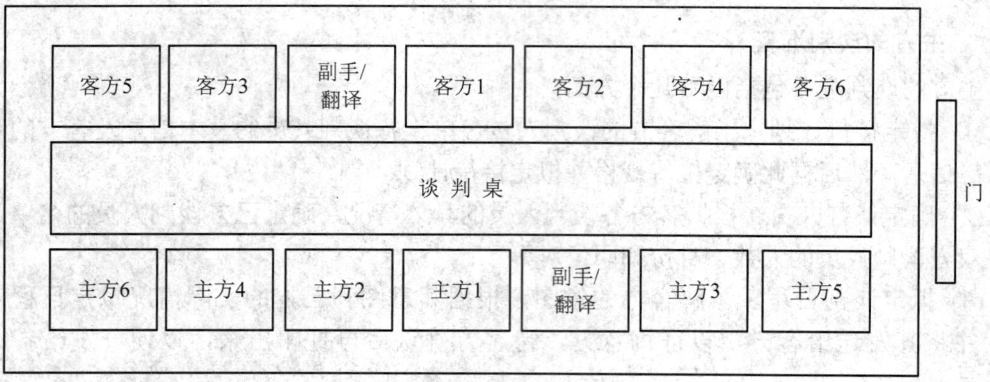

图 6-18　竖桌式

2. 多边谈判的座次安排

多边谈判的座次安排主要有主席式和自由式两种。

(1) 主席式，即在面对谈判室正门的位置设置一个主席位，供各方谈判人员发言时使用，其他谈判人员一律面对主席位、背门而坐。

(2) 自由式，即不安排固定的座次，由各方谈判人员自由就座。

(四) 谈判的规则

谈判人员除了应遵循表情、言谈礼仪规则外，还应遵循以下礼仪规则：

1. 善于倾听

在谈判的过程中，应善于倾听谈判对手的讲话，以表示对谈判对手的尊重，同时便于自己准确把握其谈判需求或思想。

2. 适当提问

谈判时，应针对谈判对手的发言适时地提问，切勿在气氛比较冷淡、紧张时或他人发言时进行；应当避免与谈判主题无关、涉及他人隐私、暴露自己弱点或含有敌意的内容；提问还应当掌握一定的节奏。

3. 清晰表达

谈判时，应当清晰地表达自己的思想或观点，表达时应避免使用生硬的词汇和语气强烈的句式。

4. 冷静辩论

辩论时，应本着求大同存小异的原则，心平气和地进行。即使与谈判对手之间存在较大分歧，也应对其以礼相待，切勿因情急而表现得言辞激烈、怒气冲冲，甚至对谈判对手进行人身攻击。

5. 灵活处理

若谈判过程中出现冷场，则应当机立断暂停谈判或者暂时转移话题，稍作休息后再继续进行，切勿让冷场时间持续过长。

三、仪式

(一) 签字仪式

签字仪式是指业务双方或多方正式签署合同或协议时所举行的一种仪式。它是商务谈判或洽谈的后续程序，是对谈判或洽谈成果的一种公开化和固定化。

1. 签字仪式的准备

签字仪式的准备主要包括准备合同文本、确定出席人员、选择签字场地和布置签字厅。

1) 准备合同文本

准备合同文本包括以下几个方面：

(1) 文本定稿。在谈判或洽谈结束后，签约各方应指定专人共同审定合同中的各项具体条款及其表述，并核对与合同相关的附件、批文、证明等材料的真实性、完整性和准确性，最终使合同文本定稿。

(2) 确定语言文字类型。具体情况有两种：一是双边签约的签字文本应同时使用双方法定的官方语言文字撰写，必要时还可以使用国际通行的第三方文字，如英文、法文；二是多边签约的签字文本应使用经各方协商确定的语言文字撰写。

(3) 确定正本和副本。正本即签字文本，其数量通常与签约方的数量一致，正本签字后由签约各方保存或由专门的机构保存。副本是为了方便工作而按照正本制作的，其内容与正本相同，其效力、印制数量和各方保存的份数由签约各方协商确定。一般情况下，副本不用签字、盖章，或者只盖章、不签字。

(4) 文本盖章。为了保证合同在签字仪式上一经签字即生效，签约各方通常在举行签字仪式前，在待签文本上盖上各自的公章。

(5) 文本装订。待签文本应用 A4 规格的高档白纸印刷并装订成册，再配以高档材料的封皮，以示郑重。

2) 确定出席人员

通常，签约各方应预先确定的人员包括主签人、助签人、见证人和主持人。

(1) 主签人。主签人是签字仪式上的主要角色，其可由各签约方参与谈判或洽谈的主谈人担任，也可由各方更高级别的领导人担任。

确定主签人的规则：一是主签人必须具有签字资格；二是主签人的职务和身份应当一致或大致相等。

(2) 助签人。助签人是指在签字仪式过程中帮助主签人翻揭待签文本、指明签字之处的人。

确定助签人的规则：一是助签人必须了解签约各方的谈判或洽谈过程，清楚待签文本的整理、起草和制作情况，并非常熟悉助签业务；二是双边签约时，签约双方应事先选定各自的助签人；三是多边签约时，可由签约各方自选助签人，也可由主方委派一名助签人，依次协助各方的主签人签字。

(3) 见证人。见证人通常由各方参加谈判或洽谈的人员担任，必要情况下也可请律师或公证机关的公证人员担任。

(4) 主持人。主持人一般由主方人员担任，但其身份应经其他各方确认。

3) 选择签字场地

签字场地即正式举行签字仪式的场地，其通常应根据参加签字仪式的人员人数和合同内容的重要程度来确定。

签字场地的选择应当由签约各方共同协商确定，任何一方自行决定后再通知其他各方的行为都属于失礼行为。

4) 布置签字厅

布置签字厅的总原则是：庄重、整洁。

(1) 厅内陈设。标准的签字厅内应铺设地毯，并摆上签字时必用的桌椅，其他陈设概不需要。签字桌通常应为长方形，桌上最好铺设深色(通常为深绿色)的台布，但同时应考虑签约各方的习惯和禁忌。

(2) 桌椅摆放。签字桌应横放于签字厅内，面对着签字厅正门。签字椅应摆放在签字桌的一侧，其数量则应根据签约方的数量来具体确定。

具体确定方法有如下两种：① 双边签约时，可摆放两张座椅，供双方主签人就座；② 多边签约时，可只摆放一张座椅，供签约各方的主签人轮流就座，也可为每位主签人各提供一张座椅。

(3) 会标布置。会标通常悬挂在签字桌上方的醒目位置。会标的写法通常有如下两种：① 双方签约时，由签约双方的名称、签字文本标题加“签字仪式”或“签约仪式”构成；② 多方签约时，由签约各方的名称、签约内容加“签字仪式”或“签约仪式”构成。

(4) 待签文本及相关物品的摆放。签字桌上应事先摆放好待签文本、签约时所用的文具(如签字笔、吸墨器)、话筒等物品，并在桌上放置各方主签人的桌牌。桌牌上应写明签约方的名称，以及主签人的职务和姓名。在涉外签字仪式中，桌牌上的内容应用中文和英文两种文字标示。

(5) 国旗插放。在签署涉外商务合同时，还应在签字桌上插放签约各方的国旗。国旗的插放位置必须符合礼宾顺序。

(6) 香槟酒及酒杯的准备。主方还应事先准备好一定数量的香槟酒和酒杯，以便签字仪式结束后，签约各方举杯庆贺。

2. 签字仪式的座次排列

1) 并列式座次排列

并列式座次排列适用于双边签字仪式，基本规则如下：

(1) 签约双方的主签人与其随席人员并列位于签字桌的一侧。

(2) 双方的主签人按照以右为尊(以室内面向正门的视角为基准)的惯例居中、面门而坐，客方居右，主方居左。

(3) 双方的助签人站在各自主签人的外侧。

(4) 双方的随席人员分别站在己方主签人的座位后面，并按照职位高低、由中间向两侧依次排开。

(5) 若是涉外双边签字仪式，则还应将签约双方的国旗分别插放在主签人的正前方，并与双方的主签人相对应，即客方国旗居右，主方国旗居左。并列式座次排列如图 6-19 所示。

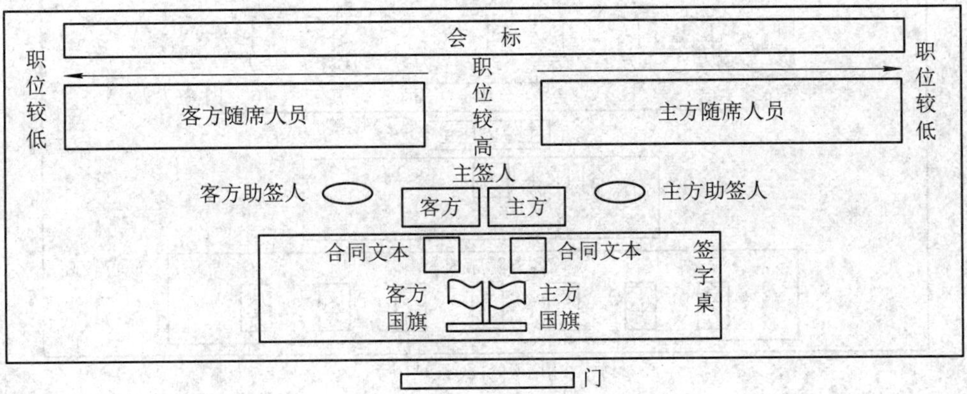

图 6-19　并列式座次排列

2) 相对式座次排列

相对式座次排列与并列式的座次排列基本相同，二者唯一的差别在于：相对式座次排列将签约双方的随席人员移到了主签人的对面。相对式座次排列如图 6-20 所示。

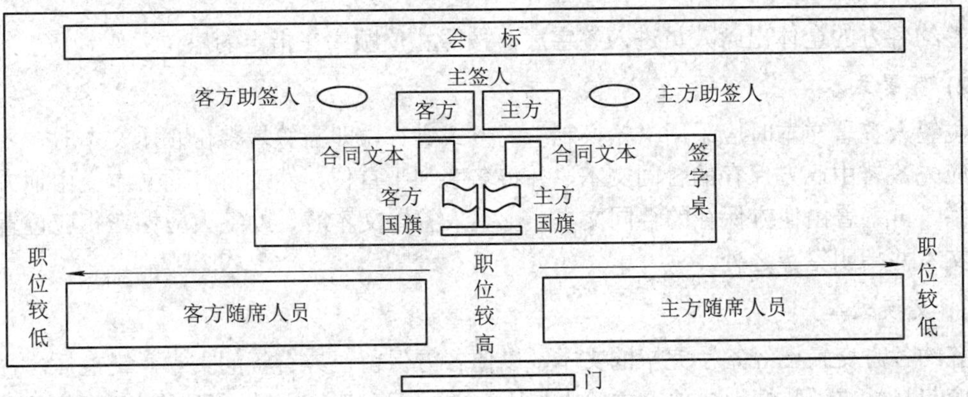

图 6-20　相对式座次排列

3) 主席式座次排列

主席式座次排列主要适用于多边签字仪式，其基本规则如下：

(1) 签字桌前只设一张签字椅，签约各方的主签人按照各方事先同意的顺序站在签字椅后面、面向签字桌，其中，排在第一顺序的主签人居中，其他主签人按照先右后左的顺序向两侧由近及远地依次排开。

(2) 签约各方的随席人员背对正门、面向签字桌就座于主签人的对面，并按照职位高低从前往后依次排开，通常，每一方随席人员的位置与其主签人的位置相对应。

(3) 签字时，各方主签人按照签约各方事先同意的先后顺序依次入座签字，各方的助签人则随其所在方的主签人上前助签，并按照以右为尊的原则站立在主签人的左侧。

(4) 若是涉外多边签字仪式，则还应在会标与主签人之间插放签约各方的国旗，国旗的插放顺序应与各方主签人的位置相对应。

主席式座次排列如图 6-21 所示。

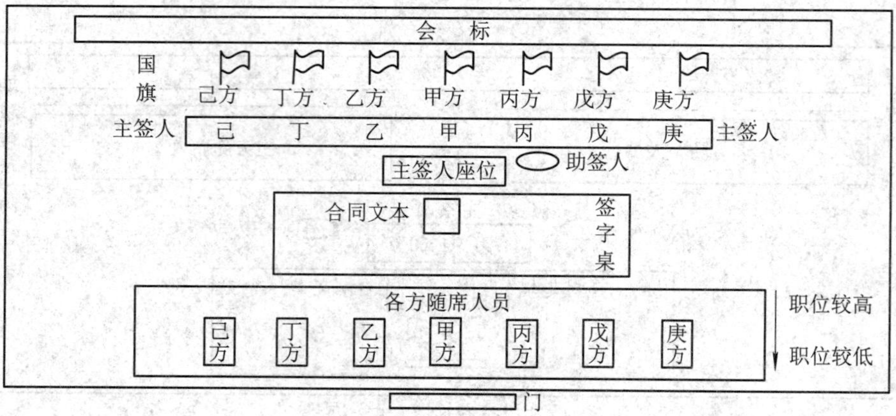

图 6-21　主席式座次排列

3. 签字仪式的基本程序

签字仪式的基本程序主要包括仪式开始、签署文本、交换文本、举杯庆贺、合影留念和退场这六个环节。

1) 仪式开始

签约各方的全体出席人员进入签字厅，按照礼仪顺序在指定的座位入座。

2) 签署文本

主签人签署文本时应采用“轮换制”的方式进行，即需签署多份正本文本时，各方主签人应先签署由己方保存的合同文本，并将名字列于首位，然后将合同文本交由他方主签人签字，再签署由他方保存的合同文本。主签人签署文本时，助签人应站在相应位置协助翻揭文本并指明签字之处。

3) 交换文本

签约各方交换已经签字完毕的文本，以便各方保留己方首签的文本。交换后，各方主签人应起身站立，热情地与他方主签人握手，并相互祝贺，同时还可以相互交换各自使用过的签字笔，以作纪念。此时，全场出席人员应热烈地鼓掌，以表祝贺。

4) 举杯庆贺

签约各方的相关人员应接过一杯由礼宾小姐端上来的香槟酒，与他方的主签人及相关人员一一碰杯并当场饮用，然后高举(以齐于眼部为宜)酒杯示意，相互道贺。

5) 合影留念

合影位次的排列规则如下：按照以右为尊(以面向摄影师的视角为基准)的原则，客方人员居于右侧，并按身份高低自左向右依次排列，主方人员居于左侧，并按身份的高低自右向左依次排列，主客方站成一排；若一排站不开，则可按照前排尊于后排的规则排成两排或三排。

6) 退场

签字仪式结束后，主方应先请签约各方的最高领导人退场，然后请客方人员退场，最后主方人员退场。

整个仪式所用的时间以半小时为宜。

(二) 开业仪式

1. 开业仪式的准备

1) 人员安排

成立若干专项工作小组，由各小组成员分别负责处理宣传事务、布置仪式现场、接待宾客、准备和发放礼品、主持仪式、维护现场秩序、摄像或拍照、安排餐饮、组织娱乐、打扫卫生、管理经费等方面。

2) 舆论宣传

舆论宣传的方式主要有以下几种：

(1) 在单位建筑物周围设置醒目的条幅、广告语、宣传画等进行宣传。

(2) 向公众散发广告单进行宣传。

(3) 利用报纸、杂志及网络等媒介进行宣传。

(4) 运用广播、电视等媒体进行宣传。

3) 来宾邀请

来宾邀请需明确以下几点：

(1) 邀请的人员。邀请的人员包括有关领导、社会名流、合作伙伴、媒体记者、社会公众、单位员工等。

(2) 邀请的方式。邀请来宾时，可以采取电话、传真、发邀请函等方式进行。为了表明诚意与尊重，通常应采取发邀请函的方式进行，对于重要嘉宾，应派专人将其送到被邀请者手中。

(3) 邀请的时间。邀请工作应至少提前一周完成，以便被邀请者早作安排。

4) 场地布置

场地布置包括：

(1) 搭建仪式台。仪式台搭建完成后的平面布局如图 6-22 所示。

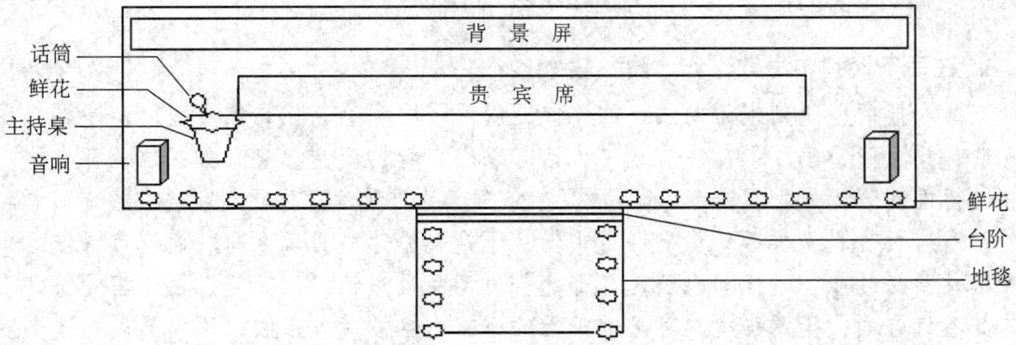

图 6-22 仪式台平面布局

(2) 布置现场环境。开业仪式的场地布置完毕后的效果如图 6-23 所示。

图 6-23　开业仪式场地布置效果

5) 礼品准备

所赠礼品应突出宣传性、价值性和实用性。

宣传性，即礼品应具有开业单位的鲜明特色，通常，可采取在礼品及其包装上印刷开业单位的标志、产品图案、广告用语、开业日期的方式来增加礼品的宣传性。

价值性，即礼品应具有纪念意义，能使受赠者对其倍加珍惜。

实用性，即礼品应具有实际使用价值，为受赠者带来生活或工作上的便利。

6) 来宾接待

在开业仪式正式开始前，应派专人接待来宾、做好现场的后勤保障工作，包括车位安排、茶水供应、礼品发放、秩序维护等。

负责接待的人员必须以主人翁的身份热情待客、有求必应、主动相助。接待贵宾时，开业单位的主要负责人应当亲自出面。

相关链接

商务谈判五忌

1. 在商务谈判中忌欺、诈、隐、骗

有些人把商务谈判视为对立性的“你死我活”的竞争，在具体洽谈时，不顾客观事实，欺、诈、隐、骗，依靠谎言或“大话”求得自身的谈判优势。如一位业务员同一家商店进行推销洽谈，业务员为了促销 ，在介绍产品质量时声称已经获得“省优”和“部优”，商店负责人看样后认为有一定市场，于是双方达成买卖意向。商店负责人后来了解到这种商品既非“省优”也不是“部优”。产品虽适销，但商店也怕上当受骗，于是未与其签订合同，生意告吹。可见欺骗性的语言一旦被对方识破，不仅会破坏谈判双方的友好关系，使谈判蒙上阴影或导致谈判破裂，而且也会给企业的信誉带来极大损失。所以，谈判语言应坚持从实际出发，应给对方诚实、可以信赖的感觉。

2. 在商务谈判中忌盛气凌人

有的谈判者由于自身地位、资历“高人一等”或谈判实力“强人一筹”。在谈判中往往颐指气使，说话居高临下、盛气凌人。

有一位大公司的业务经理在同另一家企业谈判时，发现对手是几位年轻人，随口便道：“你们中间谁管事？谁能决定问题？把你们的经理找来！”一位年轻人从容答道：“我就是经理，我很荣幸能与您洽谈，希望得到您的指导。”年轻人的话软中带硬，出乎这位业务经理的意料。这位业务经理本想摆摆谱，没想到谈判刚开始就吃了一个小小的败仗。

盛气凌人的行为易伤对方感情，使对方产生对抗或报复心理。所以，参加商务谈判的人员，不管自身的行政级别多高，年龄多大，所代表的企业实力多强，只要和对方坐在谈判桌前，就应坚持平等原则，平等相待，平等协商，等价交换。

3. 在商务谈判中忌道听途说

有的谈判者由于与社会接触面大，外联多，各种信息来源渠道广，在谈判时往往利用一些未经证实的信息，如“据说”“据传”等作为向对方讨价还价的依据，缺乏确凿的实际材料，其结果很容易使对方抓住你的谈话漏洞或把柄向你进攻。

就个人形象来讲，这样的谈判方式也会使对方感到你不认真、不严谨、不严肃，不值得充分信赖。例如：在一次业务洽谈中，某买方代表为了迫使对方降价，信口便说：“据说你们单位的产品返修率一直高于同类产品，能否给我们在维持费用上再提高2个百分点？”卖方回答：“这说明您对我们的产品并不了解，据统计，我们的产品返修率仅为1‰，大大低于同类产品，我们不但不能提高维修费，正想在原来的基础上降下1个百分点。”买方遭到迎头痛击。

4. 在商务谈判中忌攻势过猛

有的谈判者争强好胜，一切从“能压住对方”出发，说话锋利刻薄，频繁地向对方发动攻势，在一些细枝末节上也不甘示弱，有些人还以揭人隐私为快。

例如：一位年轻采购员在采购某商品时，自认为生产厂家有求于零售商店，在洽谈交易条件时不断向对方发动攻势：“第一，产品必须实行代销；第二，厂家必须对产品实行‘三包’；第三，厂家必须送货上门；第四，……”后对方说：“上述条件我方均可以破例接受，鉴于我方产品在市场上的优势地位，我方只有一个条件：贵方必须确保设专柜销售本厂产品并确保高质量的售后服务，否则我们将寻找新的合作伙伴。”

从上例可以看出，在谈判中说话应该委婉，尊重对方的意见和隐私，不要过早锋芒毕露、表现出急切的样子，避免言语过急过猛、伤害对方。

5. 在商务谈判中忌含糊不清

有的谈判者由于事前缺乏对双方谈判条件的具体分析，加之自身不善表达，当阐述自身立场、观点或回答对方提出的某些问题时或者语塞，或者含含糊糊、模棱两可。或者前言不搭后语、相互矛盾。

谈判者事前应做好充分的思想准备和语言准备，对谈判条件进行认真的分析。把握住自身的优势和劣势，对谈判的目标和重要交易条件做到心中有数。同时做一些必要的假设，把对方可能提出的问题和可能出现的争议想在前面。这样，在谈判中不管出现何种复杂局面。都可以随机应变，清楚地说明自己的观点。准确明了地回答对方的提问，尤其是在签订谈判协议时，能够把握关键，使合同条款订得具体、完善、明确、严谨。

⌧ 技能训练 ⇨⇨⇨⇨⇨⇨⇨⇨⇨⇨

会务组织模拟

小A是一位工作一年的某公司行政秘书，这天，小A作为组长，要和本公司的小B、小C一起要组织一场公司的年度总结会。

学生三人一组，分角色扮演，模拟会务组织的整个流程。

一、实训目的

(1) 熟悉组织会务的基本环节。
(2) 针对不同情境，遵守礼仪规范，正确地组织会务。

二、实训要求

(1) 熟记会前准备、会中组织、会后收尾的基本环节。
(2) 根据会务礼仪规范成功组织会议。

三、实训内容

(1) 学生分组。
(2) 准备需要的资料。
(3) 进行自评、互评。

四、实训考核

根据完成实训的综合情况给予考核，考核项目及评分内容如表6-5所示。

表6-5　会务礼仪实施评测单

学习情境		会务礼仪		
评价项目与内容		应得分	实得分	改进措施
会议主题	是否主题到位	5		
	能否传达会议思想	5		
准备工作	会议的形式	5		
	会议的内容	5		
	会议的任务	5		
	会议的议程	5		
	会议的期限	5		
	出席人员	5		

续表

学习情境		会务礼仪		
评价项目与内容		应得分	实得分	改进措施
准备工作	会议通知	10		
	会议文件	10		
	人员安排	5		
	需要文具等各类准备齐全	5		
会议就座排序	位置准确	5		
	引导正确	5		
实训报告	按规定时间上交	5		
	字迹清楚、填写规范、内容详尽完整	5		
	实训分析总结正确	5		
	能提出合理化建议和创新性见解	5		
合计		100		

任务五 电话礼仪

任务要求

掌握接、打电话的礼仪规范。

案例导入

王先生在兴发公司购买的产品出了一点小问题，于是他打电话找兴发公司的业务员寻求解决办法。王先生拨通了兴发公司的电话后，一时口误将兴发公司说成了顺鑫公司。兴发公司的业务员小李一听对方要找的是自己的竞争对手，于是冷冷地说了句“你打错了”，还没等王先生回过神来，便“啪”地一下挂断了电话。对此，王先生觉得心里很不舒服。他之前购买产品时就是与业务员小李联系的，当时小李表现得温文尔雅，而这次就因为一时的口误，小李便表现出这样的态度，实在令人寒心。此事之后，王先生再也不想购买兴发公司的产品了。

思考题：

请分析业务员小李接听电话时的不当举动，并给他提出相应的建议。

电话被公认为便利的通讯工具，在日常工作中，使用电话的语言很关键，它直接影响着一个公司的声誉；在日常生活中，人们通过电话也能粗略判断对方的人品、性格。因而，掌握正确的、礼貌待人的接、打电话方法是非常必要的。

一、打电话

(一) 做好通话准备

提前拟出明确的通话要点，并理出要点的通话顺序，备齐与通话内容有关的文件或资料。同时，准备好纸和笔，以便记录重要信息。必要时，还应事先想好如何回答通话对象可能问到的问题。

(二) 选择通话环境

拨打电话时，应选择安静的通话环境，并考虑受话人(打电话所找的人)接听电话时所处的环境，切勿在嘈杂吵闹的环境中通话，这是极不礼貌的。

若通话谈论到机密或敏感的问题，则还应确保通话环境的保密性。

(三) 选择拨打时间

根据受话人的工作时间和生活习惯来确定拨打电话的时间。

通常，商务电话应在受话人的工作日拨打，且拨打电话的具体时间应尽量控制在 9:00—11:00 和 14:00—16:00 期间，并避开对方上班后的前 10 分钟和下班前的最后 10 分钟。

若给国外的客户打电话，则还应注意其所在地与国内的时差。

(四) 礼貌通话

拨通电话后，首先应向接听人问好并作自我介绍，然后向对方报出受话人的职衔和姓名；接着，主动告知接听人来电事由。

若电话是由受话人的秘书代接的，则应在礼节性的问候之后，使用礼貌用语请其代为转接。

若受话人不在，则可请其转告来电事由，或者征询受话人在位的时间后，选择合适的时间再打。

若通话时电话中断，则最好再次拨通电话予以解释，以免对方以为电话是来电者有意挂断的。

若拨错了电话号码，则应礼貌地向被打扰者道歉，切忌一声不吭地挂断电话。

(五) 控制通话时间

一般而言，商务电话的每次通话时间应当控制在 3 分钟之内。通话结束时，应当礼貌地向受话人告别，然后挂断电话。挂电话时，应轻放听筒，以免引起对方的误会。

(六) 有序挂断

挂断电话时，通常应遵循如下规则：

(1) 男士与女士通话时，由女士先挂断，男士后挂断。

(2) 同级别的人通话时，原则上由打电话者先挂断，接电话者后挂断。

(3) 上司与下属通话时，由上司先挂断，下属后挂断。

二、接电话

(一) 及时接听，礼貌应答

电话铃响后应当及时接听，切忌拖延或直接挂断。通常，在电话铃响 2～3 声时接听最佳，这样既不会让发话人(来电的一方)感到突然，也不会让其久等。接通电话后，首先应当向发话人问好，并作自我介绍，然后主动询问发话人要找的受话人。若自己就是受话人，则应礼貌地应答发话人；若自己不是受话人，则应礼貌地为对方转接，并请其稍等一会儿，切不可在电话旁边大声叫喊受话人的名字。

若受话人不在办公室或不在座位上，则应及时、礼貌地告知发话人，然后询问发话人是否需要转告留言，并记下其姓名及电话，切忌让发话人久等或直接挂断电话。

若接听到发话人打错的电话，则应友好地告知或提醒对方，而不可表露出愤怒或不耐烦的情绪。

(二) 仔细倾听，做好记录

无论自己是受话人还是代别人接听的人，都应当仔细倾听发话人的问话和要求，并在通话过程中不时地回应对方，让对方感到自己在认真倾听，而不可默不作声或者轻易打断对方的谈话。

在通话的过程中，还应做好通话记录，以避免遗忘或便于转告。

通话记录遵循 5W+1H 原则进行：When(何时)、Who(何人)、Where(何地)、What(何事)、Why(为什么)、HOW(如何)。此原则对打电话、接电话具有相同的重要性。电话记录既要简洁又要完备，有赖于 5W+1H 技巧。

(三) 结束通话，礼貌挂断

接听电话的一方不宜率先提出结束通话的要求，而应让对方先提出。若接听的一方确有急事需要中止通话，则应礼貌地向对方说明原因，请求对方谅解，并告知对方自己一有时间便马上回电。结束通话后，可以根据接打电话时的礼仪规范挂断电话。

相关链接

通话中不同问题的处理技巧

1. 线路中断

若在通话中线路中断时，拨打电话的一方应主动重拨，接话方则应静待一二分钟后方可离开。重拨越早越好，接通后应先表示歉意，尽管这也并非是自己的过错。

即使通话即将结束时出现线路中断，也要重拨，继续把话讲完，否则，就像交谈中弃人而去，是很失礼的事。况且，即使你的话讲完了，对方可能还有的话要讲。要是在一定时间内打电话的一方仍未重拨，接电话一方也可拨过去，并且可以说：“刚才您是否讲完了，还有其他问题(事情)吗？”

线路中断常发生于“持机稍候”和等待转接电话的时候，虽然令人恼火，但在接通时也不可暴露任何不满。因为也许是由于对方不了解电话系统操作而出的差错，并非故意。但作为请人稍候和转接电话的一方而言，应主动表示歉意并迅速接通对方所需要的电话。

2. 接通时受到干扰

如果接电话时室内已经有人和通话时有人闯入而没有退出室外，你可先对话筒说声“对不起”，然后有礼而坚定地对进来的人说“我待会再去找你”，并示意其退出。

在上司打电话时，如果秘书确有急事需马上找他，可以将要谈的问题写在便条上放在他的眼前，然后再退出。

3. 没有时间谈话

根据来电的重要与否和矛盾的轻重程度(如手头的工作能不能暂时搁置，或者是来电能不能三言两语讲完)来权衡是否需要接听。这时对方并不知道你的处境，所以在接电话时不妨向对方直言。这样做是允许的，也不失礼。比如，可以告诉对方：“我正在打下午要用的报告，能不能待会儿给你回电话？”这样对方了解你不想接并非出于不尊重，同时也可使他有所选择，或是同意以后再通电话，或是三言两语讲完来电。

如果当时的确很忙而又深知来电话者讲话啰嗦，则告诉对方迟些时候回电话，这样对双方都比较合适，而且不失礼貌。

4. 很难对付的电话

有的人讲话听不清或很难懂，应在通话开始时就向其说明。

有的人喜欢在电话里大发脾气，可以适当地让对方发泄心中的怒气，受话人的语调要安详，沉稳。

有的人东拉西扯，谈不到点子上，受话人应有礼貌地把问题引上正题。

有的人总是在电话里说个没完，或三番五次地打电话来。对于这类人，对他们说话要直截了当，不能过于婉转，比如说：“谢谢你多次来电话，只是我们已经选好了办公用品的供应商。”

技能训练 ⇨⇨⇨⇨⇨⇨⇨⇨⇨⇨

通话情境模拟

某杂技团计划于下月赴美国演出，团长李 X 就此事向市文化局作请示，于是拨通了市文化局局长办公室的电话。局长秘书王 X 接听了电话并转接给局长。

学生三人一组，分角色扮演，模拟通话的整个流程。

一、实训目的

(1) 熟悉通话活动的基本环节和礼仪规范。

(2) 针对不同情境遵守电话礼仪规范，并进行正确的接、打电话活动。

二、实训要求

(1) 拨打者语言清楚，符合礼仪规范。
(2) 接听者应答流畅，符合礼仪规范。

三、实训内容

(1) 学生分组。
(2) 设计通话细节。
(3) 进行自评、互评。

四、实训考核

根据完成实训的综合情况给予考核，考核项目及评分内容如表 6-6 所示。

表 6-6 电话礼仪实施评测单

学习情境		打接电话		
评价项目与内容		应得分	实得分	改进措施
实训任务	角色定位及时，模拟出场迅速	5		
	实训过程全组协调良好	5		
通话准备	情绪稳定、神情自然	5		
	拨打者列提纲/接听者三声接	10		
	拨打者拨号准/接听者应答妥	5		
通话过程	自我介绍	10		
	时间得当	5		
	内容合理	5		
	语言表达	10		
通话结束	挂机方式	5		
	挂机语言	5		
观摩讨论	观摩认真	5		
	讨论积极	5		
实训报告	按规定时间上交	5		
	字迹清楚、填写规范、内容详尽完整	5		
	实训分析总结正确	5		
	能提出合理化建议和创新性见解	5		
合计		100		

项 目 小 结

通过本项目的学习，学生应重点理解和掌握以下理论和技能知识：

(1) 认识到学习办公礼仪规范对塑造职业形象的重要性。

(2) 掌握职场中的拜访、接待、位次、会务、电话礼仪规范。

思 考 与 练 习

案例分析(一)

经过长期的谈判，恒昌公司终于同美国的一家跨国公司谈妥了一笔大生意，双方决定为此举行一个签字仪式。

由于双方的谈判工作是在中国进行的，因此签字仪式便由中方的恒昌公司来负责。为了表示对美方的重视与尊重，恒昌公司的工作人员精心布置了签字厅，将中方的国旗摆在签字桌的右侧、美方的国旗摆在签字桌的左侧。

然而，在签字仪式正式举行的那一天，美方人员见到签字厅的布置后恼火不已，并拒绝进入签字厅，最终决定取消与恒昌公司的合作。恒昌公司的生意就此告吹。

思考题：

美方人员为什么会取消与恒昌公司的合作？

案例分析(二)

顺鑫公司需要添置一批价值数百万的办公家具，公司总经理李某已经决定向昌兴公司购买这批家具。正巧，昌兴公司销售部负责人王某致电李某，说次日上门拜访。于是，李某打算等王某过来拜访时，就与昌兴公司签订家具购销合同。

次日，王某比预订时间提前两小时到达顺鑫公司，而此时李某正在接待其他客人。由于没料到对方会提前到访，李某只好让秘书先接待王某，并请王某在办公室稍等一会儿。

在等待的过程中，王某便往沙发上一靠，一边吸烟一边悠闲地环视李某的办公室，不时还从沙发上站起来在办公室里走来晃去，最后还随手翻看了茶几上的一些资料。王某正在翻看资料时，李某进入办公室，准备与王某商谈合同事宜，但看到眼前的一幕后，便没有再提签订合同的事。随后，李某与王某寒暄了几句，便托词离开了办公室，最终未与王某签订家具购销合同。

昌兴公司因此丢失了马上就要到手的生意。

思考题：

昌兴公司为什么会丢失马上就要到手的生意呢？

项目七 餐饮礼仪

项目分析

餐饮礼仪是指人们在赴宴进餐过程中，根据一定的风俗习惯约定俗成的仪式和行为，在仪态、餐具使用、菜品食用等方面表现出的自律和敬人的行为，是餐饮活动中需要遵循的行为规范与准则。早在《礼记·礼运篇》中，就有“夫礼之初，始诸饮食”的结论。在现代社会，餐饮更是人们表达友好、团聚欢庆、联络感情、畅叙友谊的常见社交活动。如果不了解餐饮礼仪，非但会损害个人形象，也达不到餐饮交际的预期目的。

项目任务

(1) 掌握宴会礼仪。
(2) 掌握中餐礼仪。
(3) 掌握西餐礼仪。
(4) 掌握酒水礼仪。

知识目标

(1) 了解宴会的种类、宴请的准备工作、赴宴礼仪。
(2) 熟悉中餐宴会的座位排序，掌握中餐用餐礼仪。
(3) 熟悉西餐宴会的座位排序，掌握西餐用餐礼仪。
(4) 了解茶水、咖啡和酒水礼仪。

能力目标

(1) 能够布置简单的中餐座位顺序。
(2) 能够布置简单的西餐座位顺序。
(3) 能够根据不同的宴会场合搭配合适的酒水。

任务一　宴会礼仪

任务要求

(1) 了解宴会的种类和宴请的准备工作。
(2) 熟悉赴宴的礼仪。

案例导入

李刚忽然接到同学张鑫磊的电话，问他什么时候来参加自己的生日聚会。这时李刚才想起自己答应过今晚参加他的生日聚会，于是匆匆忙忙赶到聚会地点。李刚一整天在外奔波，衣服穿得很随便，加之连日来事情很多，脸上也满是疲惫之色。当李刚拖着有些疲惫的步子走进聚会厅时，看到别人都衣着光鲜，神采飞扬，不觉心里有点不快，后悔自己过来参加聚会，所以脸色更是难看，没有一点笑容。张鑫磊过来招呼李刚，李刚勉强表达了祝福，喝了几杯啤酒，也不想与人寒暄，坐了一会便借故离开了。

思考题：

李刚的赴宴成功吗？宴会现场应注意哪些礼仪？

古往今来，宴会一直是人际交往中常见的礼遇活动形式之一。千百年来，人们在摆宴设席中也逐渐形成了一整套纷繁复杂的礼仪，如果不熟悉宴会礼仪，就很有可能影响社交的目的。

一、宴会种类

宴会是最正式、最隆重的宴请。宴会种类复杂，名目繁多，下面介绍几种常见的宴会类型。

(一) 按规格划分

按规格不同，宴会可以分为国宴、正式宴会、便宴和家宴等。

1. 国宴

国宴是国家元首或政府为招待国宾、其他贵宾或在重要节日为招待各界人士而举行的正式宴会。国宴是国家级庆典活动，是规格最高的宴会。

国宴是以国家名义举行的宴会，标志通常有两种：一是以国家名义举行的庆祝国家重大节日，如国庆节等而举行的宴会，由党和国家领导人主持，邀请驻华使节、驻华的重要机构、驻华记者及国家各有关部门的负责人，还有人大、政协、群众团体代表、劳动模范等出席，宴会厅内悬挂国徽；二是以国家名义邀请来访的国家元首或政府首脑出席的宴会，宴会厅内悬挂双方国旗，设乐队，奏国歌，席间致辞，菜单和座席卡上均印有国徽。悬挂国旗前要对旗帜的图案、标记作认真的鉴别、校对，防止倒挂或错挂，旗子一定要挂正、挂牢，间隔和高度要一致。由中国政府邀请来宾时，中国的国旗挂在左方，外国的国旗挂在右方。来访国举行答谢宴会时则互相调换位置。

国宴的特点：出席者的身份高，接待规格高，场面隆重，政治性强，礼仪严格，工作程序规范、严谨等；宴会厅必须悬挂主客两国国旗，宾主入席后乐队奏两国国歌，主人和主宾先后发表讲话或祝酒词，席间奏乐。

2. 正式宴会

正式宴会除不悬挂国旗、不奏国歌、举办和出席者规格不同外，其余大体与国宴相同。对来宾与服务员的服饰、对餐具和菜肴的道数均有一定的要求，宾主均按身份排座就位。正式宴会如图 7-1 所示。

图 7-1 正式宴会

3. 便宴

便宴为非正式宴会，一般有午宴、晚宴，也有个别情况下的早宴。其特点是形式简便，不明确座位，不作正式讲话，菜肴数量也可酌减。由于便于组织，气氛亲切、随便，有利交际和友好往来，便宴成为社交中非官方运用得最为广泛的一种宴会形式。

4. 家宴

家宴是在家中设宴招待客人，其特点是主人下厨烹调，家人共同招待。各国人士都有举行家宴的习惯，家宴的气氛亲切友好，被广泛地运用于亲友聚会，即使是政府官员有时也在家中招待国外宾客。

(二) 按餐型划分

按餐型不同，宴会有中餐宴会和西餐宴会。

1. 中餐宴会

中餐宴会是中国传统的聚餐宴饮形式，即按照中式服务方式和传统的礼节进行服务，供应我国富有民族特色和地方特点的名菜美点；使用中式餐具，饮用中国名酒，是具有中国传统的民族特色的宴席。中餐宴会如图 7-2 所示。

图 7-2　中餐宴会

2. 西餐宴会

西餐宴会是按照西方国家的礼仪习俗举办的宴会。其特点是遵循西方的饮食习惯，采取分餐制，以西菜为主，用西式餐具，讲究酒水与菜肴的搭配。西餐宴会如图 7-3 所示。

图 7-3　西餐宴会

(三) 按用途划分

按用途不同，宴会可分为欢迎宴会、答谢宴会、庆贺宴会、招待宴会等。

1. 欢迎宴会

欢迎宴会是指为欢迎宾客的到来而举行的宴会。俗话说，“有朋自远方来，不亦说乎”，商务场合尤其看重会给组织带来重大利益的客人。隆重的欢迎宴会会为双方建立友好关系而奠定良好的开端。

2. 答谢宴会

答谢宴会是指为对自己有帮助的人表示感谢而举行的宴会。其目的除明确表达谢意外，还在于通过宴请进一步增进感情，以谋求以后进一步合作。答谢宴会如图 7-4 所示。

图 7-4　答谢宴会

3. 庆贺宴会

庆贺宴会包括庆祝宴会与祝贺宴会，前者指开业、开幕、奠基等庆典之后对来宾的宴请，后者指对某人、某组织所取得的成就而表示祝贺的宴会。

4. 招待宴会

招待宴会指为招待某来宾而举行的宴会，目的是宣传企业形象，融洽各方面关系。这种宴会一般出席人数比较多，既可采用大型宴会形式，也可采用自助餐、招待酒会的形式。

(四) 按时间划分

按宴会的时间不同，可分早宴、午宴和晚宴。

一般情况下，早宴和午宴相对简单，可安排自助餐，自助餐不上烈性酒。晚宴档次最高，较为正式和隆重，菜式也更为丰富，还可准备一些文娱节目以烘托气氛。

另外，如鸡尾酒会、冷餐会、茶会等，也可列为宴会。

二、宴请的准备工作

(一) 确定宴请的目的和规格

1. 宴请的目的

主办方在宴请前应明确宴请的目的。宴请的目的多种多样，可以是为了表示欢迎、欢送、答谢，也可以是为了表示庆贺、纪念、节庆聚会、工作交流、会议闭幕，还可以是为了某一事件、某一个人等。明确了宴请的目的，才能确定宴请的名义、参加人员的范围以及宴请的时间、地点等。

2. 宴请的规格

宴请的规格一般应考虑出席者的最高身份、人数、目的、主宾情况等因素，规格过低会显得小气和失礼，而规格过高又会造成浪费。

(二) 确定宴请的范围和对象

1. 宴请范围

宴请范围是指邀请哪方面的人士、哪个级别、邀请多少人、主办方会请哪些人作陪等。邀请范围应照顾到各方面的因素，如宴请性质、主宾身份、国际惯例、政治关系等。一般来说，宴请对象的身份大致相当时有更多的共同语言和交际基础，既符合礼仪规则，也方便宴请客人自如交流，现场的气氛就更加融洽。

2. 宴请的对象

宴请范围确定之后，就可以草拟宴请名单，确定具体的宴请对象，被邀请人的姓名、职务、称呼，以及对方是否有配偶等。确定宴请对象时应考虑到客人之间的关系，以免出现尴尬和不愉快的场面。

(三) 确定宴请的时间和地点

1. 宴请的时间

宴请的时间应对主、宾双方都合适，宴请前可先征询主宾的意见。注意一般不选重大节日、假日或有禁忌的时间。

2. 宴请的地点

宴请的地点要根据活动的性质、规模、宴请的形式、主人的意愿以及实际情况而定。越是隆重的活动，越要讲究环境和条件，因为它体现了对被邀请人的礼遇。官方正式的宴会，应安排在政府、议会大厦或高级宾馆内。民间的宴请可以在酒店、宾馆，也可以安排在有独特风味的餐馆。

(四) 确定宴请的席位和座位

1. 席位

正式宴会一般都需要安排席位。宴会的席位有主次之分，按照国际惯例，主桌的确定依据的是“面门为上，居中为尊，以右为尊”的原则，其他桌次按照近高远低、右高左低的原则安排。

2. 座位

关于座位的布置，以主人的座位为中心，具体座次的安排有以下几个原则：一是右高左低；二是中座为尊；三是面门为上；四是观景为佳；五是临墙为好；六是临台为上。要把主宾和主宾夫人安排在最尊贵显眼的位置上。在遵照礼宾次序的前提下，尽可能使相邻就座者便于交谈。主人方面的陪客，应尽可能插在客人之间就座，以便同客人接触交谈，避免自己人坐在一起。夫妇一般不相邻而坐。译员可安排在主宾的右侧，以便于翻译。在多边活动场合，对关系紧张、相互敌视的国家的人员，应尽量避免将其座位排在一起。

(五) 发出宴会邀请

一般来讲，宴请都应该发送宴会邀请，这既是礼节，也会对被邀请者起到提醒与备忘的作用。向客人发出宴会邀请的形式多种多样，有请柬、邀请信、电话等。大型宴请可以单位名义发邀请，也可以个人名义发邀请；小型宴会可以个人名义或夫妇名义发邀请；工作餐可以由单位名义发邀请。请柬应注明邀请人姓名、被邀请人姓名、尊贵的称呼、宴请的方式及时间地点、着装要求或提示等。请柬应提前一至两周发出，以便被邀请人及早安排时间。

正式宴会，应在发送宴会邀请之前排好席次，并在请柬下脚注明席次号。为了表达主人的真诚，也为了减少活动的失误，在宴请的前夕还应打电话给被邀请者，进行确认，询问一下请柬是否收到，对方能否出席，等等。如果对方能出席，应向对方表示感谢；即使对方不能前来，也应表示理解。非正式的宴请通常只需口头打个招呼，在得到对方的明确答复后再进行。

(六) 确定菜单

在宴请之前，主人需要事先对菜单进行再三斟酌。宴请的菜品酒水不应以主人的爱好为准，而应多考虑客人特别是主宾的风俗习惯，以及个人禁忌、民族禁忌与宗教禁忌等。具体安排菜单时，既要照顾客人口味，又要体现特色与文化，尽量做到精致可口、赏心悦目、特色突出。

(七) 布置宴会现场

宴会现场的布置取决于活动的性质和形式。官方的正式宴会布置应该严肃、庄重、大方，可以少量点缀鲜花等，不要用霓虹灯作装饰。如果是年轻人居多的酒会，整个会场的布置可多放置些鲜花以及一些时尚的装饰物，使整个气氛轻松浪漫。

三、宴宾礼仪

宴会开始之前，主办方应督促有关人员根据宴请需要准备足够的餐具，彻底做好宴请场所的环境卫生。对餐具要进行认真的消毒处理；桌布、餐巾要浆洗洁白，熨烫平整；杯、筷、叉、匙、刀、碟等要洗净擦亮，餐桌上的一切摆设及用品都必须清洁卫生。举办正式宴会，主办方通常需要注意以下礼仪规则：

(一) 迎宾

当宴请时间将至，主办方应安排专人在门口迎接客人；必要时还可安排几个主要人员陪同迎接。当宾主握手之后，交由工作人员陪同至休息厅休息。如无休息厅，则可直接引入餐厅，但暂不入座，等待主宾。主宾到达后，由主人陪同进入休息厅与其他客人见面，然后进入宴会厅，宴会即可开始。

(二) 开宴

宴会按照约定的时间准时开始，是基本的礼仪要求。如遇特殊情况主宾未准时到达，可以把时间稍微延后，但不宜超过 15 分钟。必要时要向来宾做情况说明，取得谅解。

(三) 致辞

主办方在宴会期间如果需要致辞，一般应在大家刚入席或在热菜之后、甜食之前进行，致辞应力求简短，才能给大家留下好的印象，才会受到欢迎；在宴会上长篇大论或高谈阔论是不明智的，也是一种失礼的表现。

(四) 敬酒

正式宴会上，通常是男主人向来宾提议，为某个事由而敬酒。饮酒时通常要讲一些祝愿、祝福类的话语。敬酒通常按年龄大小、职位高低、宾主身份等先后顺序依次进行。向客人斟酒时，应走到客人右侧，除啤酒外，酒瓶瓶口不应接触杯沿，酒杯也不应提起。斟入酒的多少应根据酒的种类酌定，一般斟入 3/4 杯即可，不要超过 4/5。白兰地、鸡尾酒应将酒杯倒满，葡萄酒和香槟酒则不能倒满。

(五) 交谈

作为主办方，应主动交谈，让宴会气氛和谐融洽、轻松愉快。通常应用敬称招呼客人，用征询和商讨的语气与客人交谈。当客人较多时，主办方要善于为他们做相互介绍，协调好客人之间的社交关系。要兼顾所有客人，特别注意关照内向害羞的客人，可以安排健谈者作陪。宴会过程中，如出现客人碰落餐具等情况，不可慌乱，应一边安慰客人，一边迅速为客人更换干净餐具。

(六) 结束

宴会结束后，主人应将客人送出宴会厅，或安排其他休闲活动，如茶座、咖啡等，或向客人送别，祝客人一路平安并诚挚邀请再次光临。

四、赴宴礼仪

如果想给主人和其他来宾留下一个好印象，客人就必须熟悉赴宴的礼仪和要求。

(一) 应邀

接到宴会邀请，应尽早答复对方，以便主人作出安排。万一遇到特殊情况不能出席，尤其是主宾，应尽早向主人解释、道歉，甚至亲自登门表示歉意。应邀者还应核实宴会举办的时间、地点，是否邀请配偶，对服装的要求等。

(二) 出席

出席宴会前，最好稍作梳洗打扮，穿上一套合时令的干净衣服。应牢记对方宴请的时间和地点，清楚行车或步行的路线及所需要的时间，以保证按时到达。只能早于或晚于对方规定时间的二三分钟，过早或过晚不仅对邀请者是失礼的，而且也有失自己的体面。

(三) 就席

宴会进行过程中，客人需要注意交谈、进餐和饮酒礼仪。

1. 交谈

到达宴会场所，应向迎接的主人表示谢意和问候，待主人和主宾入座后，再在自己的席位处从座椅的左侧入座。女士的提包应放在身体和椅子的靠背之间或用自带的提包挂钩钩吊在右侧桌沿上。入座后应自由地与其他客人交谈，交谈面可宽些，不要只找熟人或一两个人说话，应热情有礼地与同桌人交谈。

2. 进餐

吃东西要文雅，闭嘴咀嚼，不发出声响。食物太热时，等稍凉后再吃，切勿用嘴吹。鱼刺、骨头、菜渣不要直接外吐，可用餐巾掩嘴，用手或筷子取出，放在骨碟中。嘴内有食物时，切勿说话。剔牙时，要用手或餐巾遮口。

3. 饮酒

喝酒要慢酌细饮。要懂得宴会上祝酒的礼节。如果不善于饮酒，当主人或其他客人敬酒时，要礼貌地婉言谢绝。

(四) 离席

客人不得中途退席，若确有急事，应向主人说明原因并向其他客人示意方可离席。一般情况下，吃完水果后主人起身，表示宴席即将结束。客人在女主人站起来之后才能站起，然后离席。客人应向主人致谢，称赞宴会组织得好，菜肴丰盛精美。参加宴会后的两三天内，客人可以致感谢卡或打电话的形式向主人致谢。

相关链接

宴会上不可不知的小技巧

宴会中，有一些小技巧是需要注意的。

1. 众欢同乐，切忌私语

大多数酒宴宾客都较多，所以应尽量谈论一些大部分人能够参与的话题，得到多数人的认同。因为个人的兴趣爱好、知识面不同，所以话题尽量不要太偏，避免唯我独尊、天南海北、神侃无边、出现跑题现象而忽略了众人。特别是尽量不要与人贴耳小声私语，给别人一种神秘感，而产生“就你俩好”的嫉妒心理，影响宴会的氛围。

2. 瞄准宾主，把握大局

大多数宴会都有一个主题，也就是宴会的目的。赴宴时首先应环视一下赴宴人的神态表情，分清主次，不要失去交友的好机会。

3. 语言得当，诙谐幽默

在宴会可以显示出一个人的才华、常识、修养和交际风度，有时一句诙谐幽默的语言，会给客人留下很深的印象，使人无形中对你产生好感。所以，参加宴会时，应该知道什么时候该说什么话，语言得当很关键。

4. 劝酒适度，切莫强求

宴会中难免会遇到劝酒的现象，有的人总喜欢劝别人多喝几杯，“以酒论英雄”。遇到这种情况，酒量大的人还可以，酒量小的就犯难了。有时过分地劝酒，会将原有的朋友感情破坏。

5. 敬酒有序，主次分明

敬酒也是一门学问。一般情况下，敬酒应以年龄大小、职位高低、宾主身份为序，敬酒前一定要充分考虑好敬酒的顺序，分清主次。即使与不熟悉的人在一起喝酒，也要先打听或留意一下别人是怎么称呼的，做到心中有数，避免出现尴尬或伤感情的局面。敬酒时一定要把握好敬酒的顺序。有求于某位客人时，对他自然要倍加恭敬，但是要注意，如果在场有更高身份或年长的人，则不应只对能帮忙的人毕恭毕敬，也要先给尊者、长者敬酒。

技能训练 ⇨⇨⇨⇨⇨⇨⇨⇨⇨⇨

做好宴会的准备工作

一、实训目的

(1) 掌握宴会的准备工作的具体规定。

(2) 能根据具体场景，灵活运用宴请礼仪，安排合适的宴会准备事项。

二、实训要求

(1) 了解实训背景：为表示对美国客户A公司的隆重接待，中国B公司特举办一次欢迎宴会。美方客户共有4人，分别是总经理、总经理秘书、采购经理和采购文员。中方为表示尊重，派出对等人员，即B公司的总经理、总经理秘书、营销经理和营销文员，另有一名翻译和一位陪同人员。

(2) 完成实训任务：请为中国B公司拟定一份宴会的准备工作清单。

三、实训内容

(1) 学生分组，2～5人为一个小组，确定组长。

(2) 以小组为单位，展开讨论，确定宴会的类型，商定宴会准备工作的具体事项。

(3) 明确分工，每个小组成员分别草拟自己负责的宴会准备事项，由组长汇总。

(4) 再次讨论，由一人执笔，其余同学根据书本内容和查找的资料，共同补充准备工作清单。

(5) 定稿，确定完整的宴会准备工作清单，由组长提交小组作业。

四、实训考核

根据完成实训的综合情况给予考核，考核项目及评分如表 7-1 所示。

注意：每位同学一张考核表，由小组考核和教师考核两部分构成，分别评分，各占 50%。其中，小组评分部分，组员由组长打分，组长由组内成员综合打分。综合成绩计入本课程的平时成绩。

表 7-1 宴会准备实训考核表

学生姓名					
学习情境		宴会礼仪			
评价项目与内容		项目分值	小组评分	教师评分	综合成绩
知识掌握情况	基本掌握宴会的准备工作	10			
活动参与情况	全程参与讨论和拟定清单	20			
	各司其职又紧密配合	10			
清单拟定情况	清单的内容完整性	20			
	清单的语言规范性	20			
	清单的设计美观性	10			
	清单的实际适用性	10			
合计		100			

任务二 中餐礼仪

任务要求

(1) 熟悉中餐宴会的席位排列。
(2) 了解中餐的上菜顺序。
(3) 了解中餐餐具的摆放规则，熟悉餐具使用的礼仪规范。
(4) 掌握中餐的用餐礼仪。

案例导入

向聪的好朋友高亚和梅莉夫妇 10 月份从国外回来。一想到 5 年都没见过面了，向聪很热情地请好朋友来家中做客。席间，向聪不顾好友夫妇的一再推托，非常热情地为两位好朋友夹菜。在“攻克”一根酱香排骨时，一小块骨头钻进了向聪的牙缝。反正好朋友不是外人，向聪也没避让，像往常一样拿起桌上的牙签，当众剔出骨头，顺手放在了餐桌上。

讨论题：

(1) 向聪的表现是否符合中餐礼仪？

(2) 他应该怎样做才正确？

中国是礼仪之邦，饮食文化源远流长。中餐不仅因为色香味俱全为人称道，还包含着深厚的文化底蕴与丰富的就餐礼仪。如果想通过中餐来增进感情、多交朋友，就一定要注意中餐礼仪。

一、中餐宴会的席位排列

中餐的座位排列有主次之分，关系到来宾的身份和主人给予对方的礼遇，所以是一项重要的内容。具体的排列规则在不同情况下有一定的差异性，可以分为桌次排列和座次排列两方面。

(一) 桌次排列

在中餐宴请活动中，往往采用圆桌布置菜肴、酒水。当正式宴请的餐桌在两张及两张以上时，就应严格按照一定的礼仪次序进行排列。排列的基本原则主要有面门为上、以远为大、居中为尊、以右为尊，其他桌次以主桌为中心，按照近为主远为次、右为主左为次的顺序安排。排列的总体方法有横排、竖排、花排等，应根据场地和美观原则来确定。排列圆桌的尊卑次序，通常有以下两种情况：

1. 两桌的小型宴请

由两桌组成的小型宴请，又可以分为两桌横排和两桌竖排的形式。

当两桌横排时，桌次是以右为尊，以左为卑。这里所说的右和左，是在室内由面对正门的位置来确定的。两桌横排如图 7-5 所示。

图 7-5　两桌横向排列

当两桌竖排时，桌次讲究以远为上，以近为下。这里所讲的远近，是以距离正门的远近而言的。两桌竖排如图 7-6 所示。

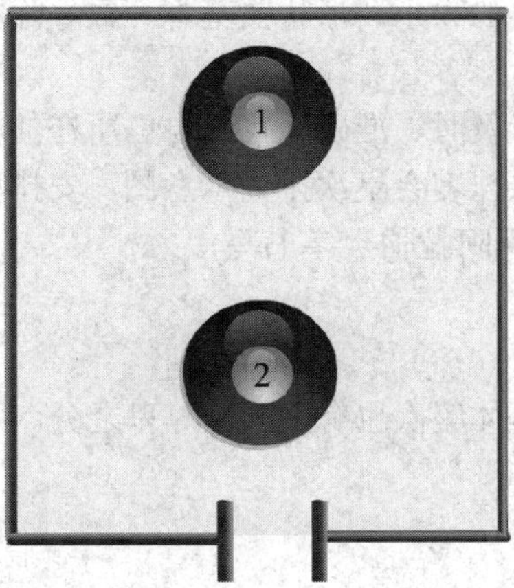

图 7-6 两桌竖向排列

2. 三桌以上的大中型宴请

在安排多桌宴请的桌次时，除了要注意面门定位、以右为尊等规则外，还要注意近高远低原则。所谓近高远低，是指排桌时要兼顾其他各桌距离主桌的远近。通常，距离主桌越近，桌次越高；距离主桌越远，桌次越低。三桌排列如图 7-7 所示，多桌排列如图 7-8(a)和(b)所示。

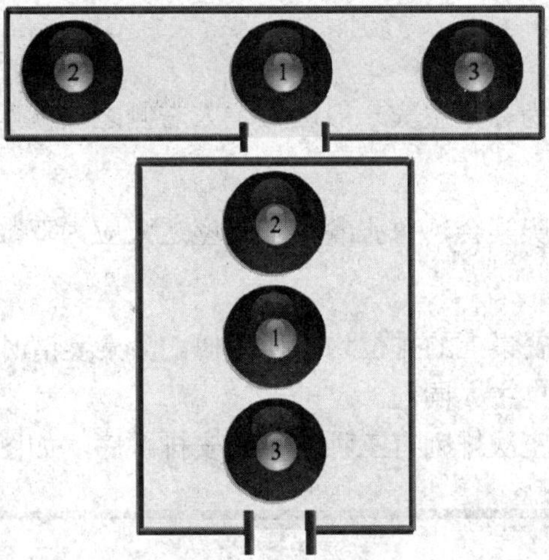

图 7-7 三桌排列

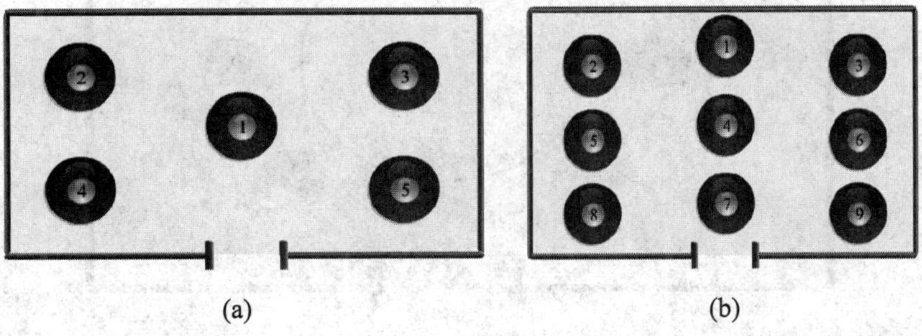

图 7-8 多桌排列

在安排桌次时，所用餐桌的大小、形状要基本一致。除主桌可以略大外，其他餐桌都不要过大或过小。

为了确保在宴请时赴宴者及时、准确地找到自己所在的桌次，可以在请柬上注明对方所在的桌次，在宴会厅入口悬挂宴会桌次排列示意图，安排引位员引导来宾按桌就座，或者在每张餐桌上摆放桌次牌(用阿拉伯数字书写)。

(二) 座次排列

宴请时，每张餐桌上的具体座次也有主次、尊卑之分。中餐宴会上座次安排的具体规则有以下四个方面：

1. 面门为主

面门为主，即主人之位应当面对餐厅正门。若宴会厅无正门，则一般以面对主屏风正中的那个座位为主位。每桌只有一名主人时，主宾在右手就座，每桌只有一个谈话中心。有两位主人时，双方可对面而坐，一人面门，一人背门，主宾和主宾夫人分别在男女主人右侧就座，每桌客观上就形成了两个谈话中心。当主宾身份高于主人时，为表示敬重，主人应主动将第一客人(主宾)排在第一主人的位置，主人退至主宾位置。此时，第一主人也可坐在第一客人的左侧。当有夫人出席时，通常将女方排在一起，让主宾夫人坐在女主人的右侧。当需设翻译时，可将译员安排在主宾的右侧席位上。位次的高低原则是右高左低。

2. 以右为上

按照礼仪惯例，以右为尊，主宾一般应在主人右侧之位就座。

3. 好事成双

根据传统习俗，凡吉庆宴会，每张餐桌上就座之人应为双数。

4. 各桌同向

通常，宴会上的每张餐桌上的排位均大体相似。多桌宴请时，每桌都要有一位主人的代表在座，位置一般和主桌主人同向。

综合以上规则来看，座次排列有三种常见的安排顺序，如图 7-9(a)、(b)、(c)所示。

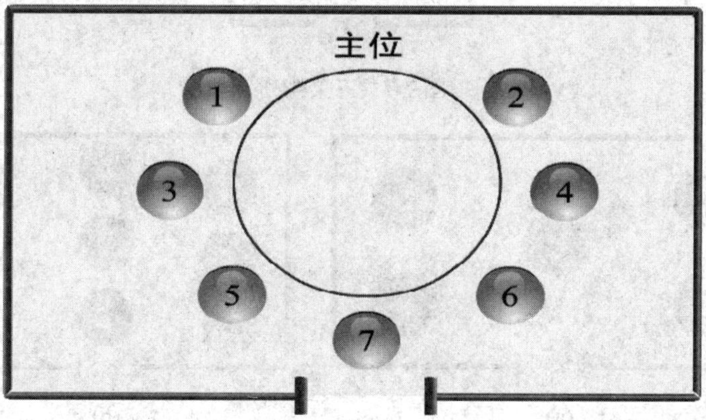

(a)

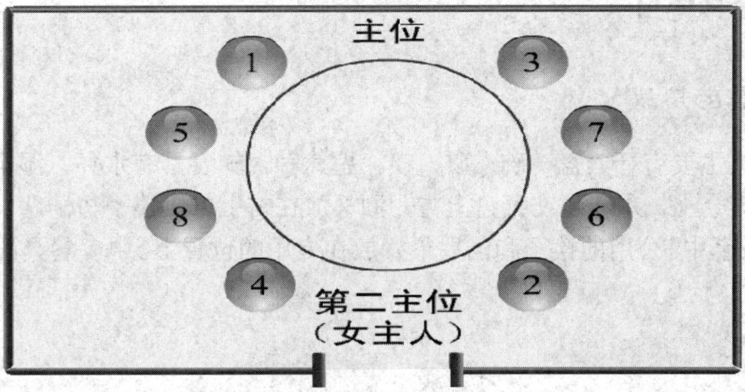

(b)

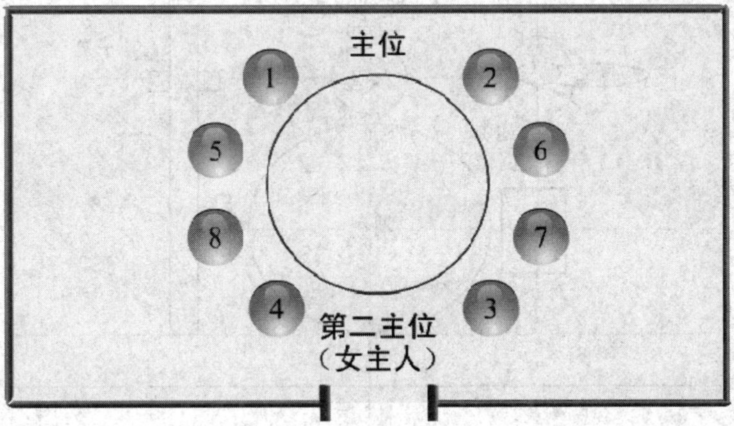

(c)

图 7-9 座次排列

5. 特殊原则

在高档餐厅里，室内外往往有优美的景致或高雅的演出，以供用餐者欣赏。这时候，观赏角度最好的座位就是上座，座位的安排原则是临台为上、观景最佳为上。在某些中低档餐馆用餐时，通常以靠墙的位置为上座，靠过道的位置为下座，即临墙为好。

二、中餐的上菜顺序

标准的中餐，不管风味怎样，其上菜的顺序大致相同，通常是先上冷盘，接着上热炒，随后是大菜，然后上点心汤水，最后是水果拼盘。当冷盘已经吃了 2/3 时，开始上第一道热菜，一般每桌要安排 10 个热菜。宴会上桌数再多，各桌也要同时上菜。

就餐的方式可分为分餐式、布菜式、公筷式、混餐式等。上菜时如果由服务员给每个人上菜，要按照先主宾后主人、先女士后男士且按顺时针方向依次进行。如果由个人取菜，每道热菜应放在主宾面前，由主宾按顺时针方向依次取食。切不可迫不及待地越位取菜。

三、中餐的餐具使用

(一) 餐具的摆放

中餐的餐具主要有杯、盘、碗、碟、筷、匙六种，辅餐具有水杯、湿巾、餐巾、牙签等。在正式的宴会上，水杯放在菜盘上方，酒杯放在右上方。筷子与汤匙可放在专用的座子上，或放在纸套中。公用的筷子和汤匙最好放在专用的位置上。中餐餐具的摆放如图 7-10 所示。

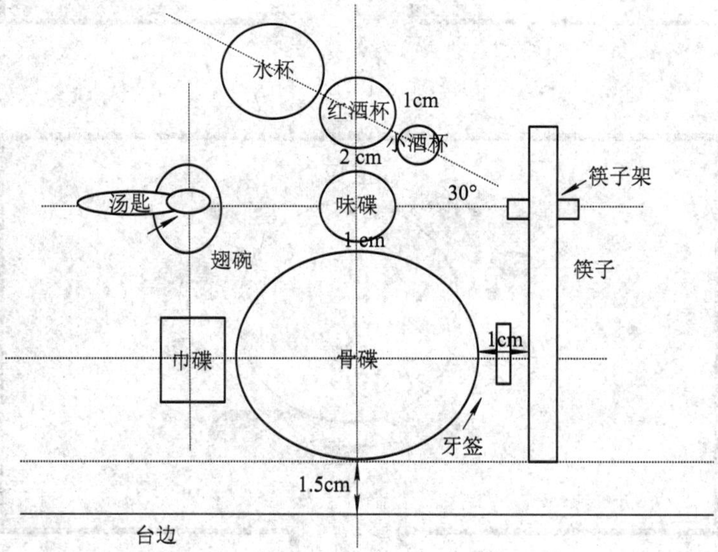

图 7-10　中餐餐具的摆放

(二) 筷子的使用

筷子是国内宴席上使用最多的餐具。虽然用起来简单、方便，但也有很多禁忌。一忌敲筷，即在等待就餐时，不能坐在餐边，一手拿一根筷子随意敲打，或用筷子敲打碗盏或茶杯；二忌掷筷，在餐前发放筷子时，要把筷子一双双理顺，然后轻轻地放在每个人的餐桌前，距离较远时，可以请人递过去，不能随手掷在桌上；三忌叉筷，即筷子不能一横一竖交叉摆放，不能一根是大头，一根是小头，筷子要摆放在碗的旁边，不能搁在碗上；四忌插筷，在用餐中途因故需暂时离开时，要把筷子轻轻搁在桌子上或餐碟边，不能插在饭碗里；五忌挥筷，在夹菜时，不能把筷子在菜盘里挥来挥去，上下乱翻，遇到别人夹菜时，要有意避让，谨防“筷子打架”；六忌舞筷，在说话时，不要用筷子在餐桌上乱舞，也不要把筷子戳到别人面前，这样做是很失礼的。另外需要注意，不能用自己的筷子为别人布菜，布菜时应使用公筷。

在中国几千年的饮食文化中，筷子的使用已经形成了基本的规矩和礼仪：把筷子直搁在碟子或者调羹上，表示暂时停餐；而将筷子横搁在碟子上，则是表示不再进餐了。横筷礼一般用于平辈或比较熟悉的朋友之间。小辈为了表示对长者的尊敬，必须等长者先横筷后才能跟着这么做。

四、中餐的用餐礼仪

(一) 开席礼仪

上菜后，不要先拿筷，应待主人示意开始，主宾动筷时再拿筷。对主人敬的第一杯酒应喝完。

(二) 进餐礼仪

取菜时要看准后夹住立即取走，不要在共用的菜盘里挑菜、翻来覆去、挑肥拣瘦。要注意相互礼让，应等菜肴转到自己面前再动筷，取菜适量，若不小心掉在桌上，应将其放于盛置残渣的碟中。进餐时不可边吃东西，边聊天。吃菜喝汤不要发出不必要的声音。如果菜、汤太烫，可稍待凉后再吃，切勿用嘴吹。骨头和鱼刺不要吐在桌上。女士注意口红不要沾在杯、吸管或碗上。进餐时如要咳嗽、打喷嚏、打呵欠、擤鼻涕，应用手帕、餐巾纸遮挡口鼻，转身，脸侧向一方，低头并尽量压低声音。如不小心打翻酒水，溅到邻座的客人身上，应表示歉意并帮助擦干。如对方是异性，则应将干净的餐巾递过去，由其自己擦。用餐过程中彼此之间可以让菜，劝对方品尝，但不要为他人布菜。

敬酒时要注意不能喧宾夺主，乱了顺序就失了礼仪，也是很不尊重主人的表现。一般来讲，应按身份地位由高而低敬酒，或者按座次顺序依次进行；碰杯的时候，主人与主宾先碰；人多的时候可同时举杯，不需逐一碰杯；身份地位低的人举杯应低于身份地位高的人，如男士举杯应略低于女士酒杯；主人致辞时应暂停饮酒或进餐。

(三) 离席礼仪

参加宴会最好不要中途离去，万不得已时应向同桌的人说对不起，并郑重地向主人道歉，说明原委。若中途离席一会儿，可把餐巾放在座椅上，这样众人不会认为你餐毕离去。

用餐完毕，应等大家都放下筷子，主人示意散席，才能离席。宴会完毕，可走到主人面前说“谢谢”，向主人告辞，但不可拉着主人的手不停地说话，以免妨碍主人送其他客人。

相关链接

中国八大菜系

中国菜品种繁多，约有一万余种。因地理位置、风俗习惯、饮食爱好不同，使得中国菜千差万别、风味各异。从口味上讲，中国菜素有南甜、北咸、东酸、西辣之说。最能够代表中国菜特色的有八大菜系，分别是四川菜系(川菜)、山东菜系(鲁菜)、广东菜系(粤菜)、淮扬菜系(苏菜)、浙江菜系(浙菜)、福建菜系(闽菜)、安徽菜系(徽菜)和湖南菜系(湘菜)。

1. 川菜特点及代表菜

川菜注重色、香、味、形，尤其注重味，故有“食在中国，味在四川”之说。

四川名菜较多，较有代表性的是以下几种：怪味鸡、麻婆豆腐、宫保鸡丁、樟茶鸭子、水煮牛肉、鱼香肉丝、棒棒鸡等。

2. 鲁菜特点及名菜介绍

鲁菜由济南、胶东两地地方菜发展而来。济南菜以清、鲜、脆、嫩著称，烹调方法为爆、烧、炒、炸。胶东地方菜以烹调各种海鲜见长，口味以鲜为主。

鲁菜名菜有德州扒鸡、九转大肠、奶汤鸡脯、糖醋黄河鲤鱼、炸大虾、葱爆羊肉、红烧海螺、炸蟹黄等。

3. 粤菜特点及代表菜

粤菜由广州菜、潮州菜、东江菜为主体构成。其用料广，配料多，善变化，口味讲究鲜、嫩、爽、滑、浓。

粤菜名菜有脆皮乳猪、蚝油牛肉、白斩鸡、东江盐焗鸡等。

4. 苏菜特点及代表菜

苏菜由扬州、苏州、南京三种地方菜发展而成，选料严谨，制作精细，重视调汤，保持原汁，造型讲究。

苏菜名菜有松鼠鳜鱼、水晶肴蹄、蟹粉狮子头、白汤鲫鱼、煮干丝、盐水鸭、三套鸭等。

5. 浙菜特点及名菜介绍

浙菜集杭州、宁波、绍兴菜之大成，其特点是：讲究刀工，制作精细，变化较多，因时而异，简朴实惠，富有乡土气息。

浙菜名菜有西湖醋鱼、龙井虾仁、干炸响铃、油焖春笋、叫花童鸡、生爆鳝片、莼菜黄鱼羹、炒玻璃鲤鱼等。

6. 闽菜特点及名菜介绍

闽菜的烹调方法以干炸、爆炒、煨、蒸为主，最讲究吊汤，菜肴中常用虾油、红糟调味。福建临海，各时令海鲜也是闽菜的一大特点。

闽菜名菜有佛跳墙、鸡汤氽海蚌、淡糟香螺片、荔枝肉、醉糟鸡等。

7. 徽菜特点及名菜介绍

徽菜由徽州、沿江、沿淮三个地方菜构成。徽菜的特点是：芡大，油重，色浓，朴素实惠，并善于保持原汁原味，讲究火功。

徽菜名菜有火腿炖甲鱼、腌鲜鳜鱼、金银蹄鸡、毛蜂熏鲥鱼等。

8. 湘菜特点及名菜介绍

湘菜由浙江流域、洞庭湖地区和湘西山区三种地方风味菜组成。辣味菜和烟熏腊肉是湖南菜系的共同特点。其中，长沙、衡阳、湘潭三地菜肴是湖南菜的主要代表，其特点是油重色浓，咸辣香软，口味侧重咸、香、酸、辣。

湘菜名菜有腊味合蒸、麻辣子鸡、剁椒鱼头、红椒酿肉、吉首酸肉、冰糖湘莲等。

⊠ 技能训练 ⇨⇨⇨⇨⇨⇨⇨⇨⇨⇨⇨

中餐宴会的座次安排和礼仪培训

一、实训目的

(1) 掌握中餐座次安排、餐具使用和用餐的礼仪规定。

(2) 能根据具体场景，灵活运用所学知识，规范地设计座次排列图，流利地进行礼仪培训。

二、实训要求

(1) 了解实训背景：为表示对上海客户 A 公司的热烈欢迎，重庆 B 公司准备于 8 月 20 日 18 点在当地的一家五星级酒店举办中餐晚宴。这次 A 公司共有 4 人到访，分别是总经理、总经理秘书、采购经理和采购文员。B 公司为表示尊重，特派出对等人员即总经理、总经理秘书、营销经理和营销文员参与宴会，另有两位行政人员作陪。

(2) 完成实训任务。

① 请为重庆 B 公司设计一份中餐的座次排列图。

② 请在赴宴前，为全体参会人员进行一次中餐的礼仪培训，培训内容包括餐具的使用要求和用餐的礼仪规范等。

三、实训内容

(1) 学生分组，2～5 人为一个小组，确定组长。

(2) 以小组为单位，展开讨论，确定中餐宴会的座次顺序，由一人执笔，画出完整的座次排列图。

(3) 继续展开讨论，商定宴会培训工作的具体内容。

(4) 分工负责，每个小组成员分别草拟自己负责的培训内容，由组长汇总。

(5) 再次讨论，根据书本内容和查找的资料，共同补充完善培训计划，制作成 PPT 备用。

(6) 商定培训代表人员，小组成员共同对其进行模拟排练。

(7) 教师抽签决定汇报顺序，在全班进行中餐宴会的培训汇报。

(8) 汇报完成后，抽同学进行个人点评或小组点评，教师进行总结点评。

四、实训考核

根据完成实训的综合情况进行考核，考核项目及评分如表 7-2 所示。

注意：每位同学一张考核表，由小组考核和教师考核两部分构成，分别评分，各占 50%。其中，小组评分部分，组员由组长打分，组长由组内成员综合打分。综合成绩计入本课程的平时成绩。

表 7-2 中餐宴会的座次安排和礼仪培训考核表

学生姓名					
学习情境		中餐礼仪			
评价项目与内容		项目分值	小组评分	教师评分	综合成绩
知识掌握情况	中餐礼仪	10			
活动参与情况	全程参与活动，态度积极	10			
	分工负责，各司其职且配合紧密	10			
图表设计情况	设计合理，符合礼仪要求	10			
	标注清晰，图表美观大方	5			
培训汇报情况	内容完整，阐述到位	20			
	声音洪亮，语言顺畅	10			
	PPT 制作精美，图文并茂	10			
讨论点评情况	勇于大方正视自己，点评客观	5			
	小组点评公正，切中要害	5			
	积极点评同学，意见中肯	5			
合计		100			

任务三 西餐礼仪

任务要求

(1) 熟悉西餐宴会的席位排列。
(2) 了解西餐的上菜顺序。
(3) 了解西餐餐具的摆放规则，熟悉餐具使用的礼仪规范。
(4) 掌握西餐的用餐礼仪。

案例导入

王玲是一家外企的总经理秘书，中午陪同总经理前往西餐厅宴请利华公司的总经理吃西餐。落座后，王玲便摊开餐巾别在衣服领口上，然后躺靠在椅背上让服务员拿菜谱点菜。第一道食物是面包和汤，由于汤比较烫，为了加快汤的冷却，她一边用汤匙搅着热汤，一边用手在汤碗上方不停地扇动。吃面包时，她又用刀子把面包切成块放进汤中，然后用叉子叉着吃。牛排端上来，她右手拿刀，左手拿叉，将牛排全部切成小块，然后再一块块地叉着吃。这时，手机响了，她顺手将餐巾放在桌旁，边接电话边往洗手间走去。

讨论题：

此案例中王玲有哪些失礼之处？

西餐，顾名思义是西方国家的餐食。“西方”习惯上是指欧洲国家和地区，以及由这些国家和地区为主要移民的北美洲、南美洲和大洋洲的广大区域，因此西餐主要指的便是以上区域的餐饮文化。在西方，所有与吃饭有关的事都备受重视，因为它同时提供了两种最受赞赏的美学享受——美食与交谈。受民族习俗的影响，西餐的餐具、摆台、酒水菜点、用餐方式、礼仪等都与中餐有较大差别。如果想通过西餐来进行社交活动，就一定要了解西餐礼仪。

一、西餐宴会的席位排列

(一) 席位排列的原则

1. 女士优先

在西餐礼仪里，处处体现着女士优先的原则。排定用餐席位时，一般女主人为第一主人，在主位就位；男主人为第二主人，坐在第二主人的位置上。

2. 以右为尊

排定席位时，以右为尊是基本原则。就某一具体位置而言，按礼仪规范其右侧要高于左侧之位。在西餐排位时，男主宾在女主人的右侧，女主宾排在男主人的右侧，按此原则，依次排列。

3. 距离定位

西餐桌上席位的尊卑，是根据其距离主位的远近决定的。距主位近的位置要高于距主位远的位置。所以，女主人左侧的为男次宾，男主人左侧的为女次宾。

4. 交叉排列

西餐排列席位时，讲究交叉排列的原则，即男女应当交叉排列，熟人和生人也应当交叉排列。在西方人看来，宴会场合是要拓展人际关系的，这样交叉排列能让人们多和周围客人交流，达到社交的目的。

5. 面门为上

按礼仪的要求，面对餐厅正门的位子要高于背对餐厅正门的位子。一般女主人的位置正对着门，男主人的位置背对着门。

(二) 席位排列的细则

在举办西餐宴会时，人们所用的餐桌有长桌、方桌和圆桌。有时还会以这些餐桌拼成其他各种图案。

1. 长桌

长桌的位置排法主要有以下两种方式：一种是法式，另一种是英美式。

1) 法式

法式位置排列为：主人位置在桌子中间；若主宾夫妇同去赴宴，男女主人对坐，女主人右边是男主宾，左边是男次宾；男主人右边是女主宾，左边是女次宾；陪客尽量坐旁边。法式位置排列如图 7-11 所示。

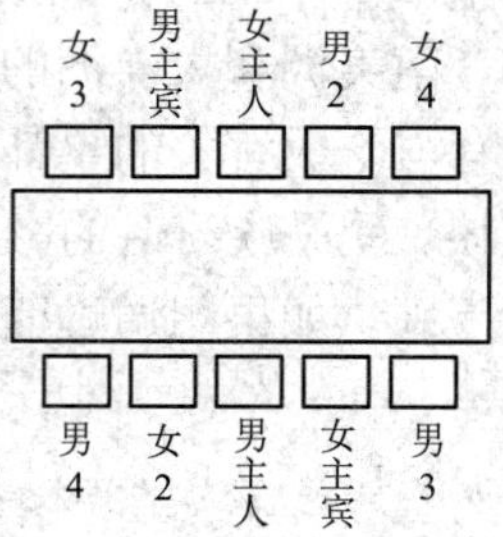

图 7-11　法式位置排列

2) 英美式

英美式位置排列为：男女主人的位置在桌子两端；若主宾夫妇同去赴宴，则男士坐在女主人的右边，女士坐在男主人的右边，左边是次宾的位置；如果是陪客，应尽量往中间坐。英美式位置排列如图 7-12 所示。

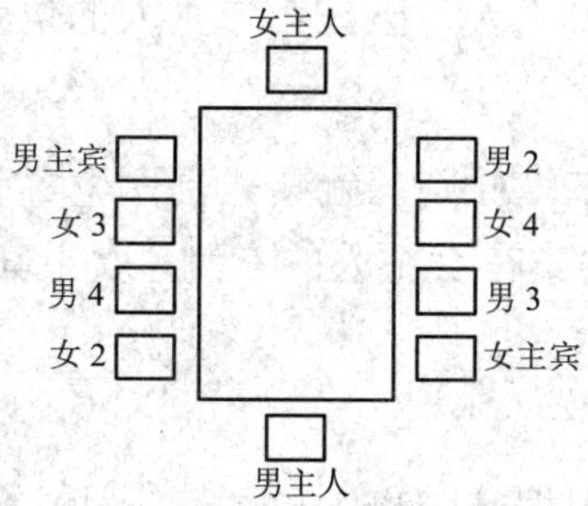

图 7-12　英美式位置排列

2. 方桌

以方桌排列位次时，就座于餐桌四面的人数应相等。在一般情况下，一桌共坐 8 人，每侧各坐两人的情况比较多见。在进行排列时，应使男、女主人与男、女主宾对面而坐，所有人均各自与自己的恋人或配偶坐成斜对角。方桌的位置排列如图 7-13 所示。

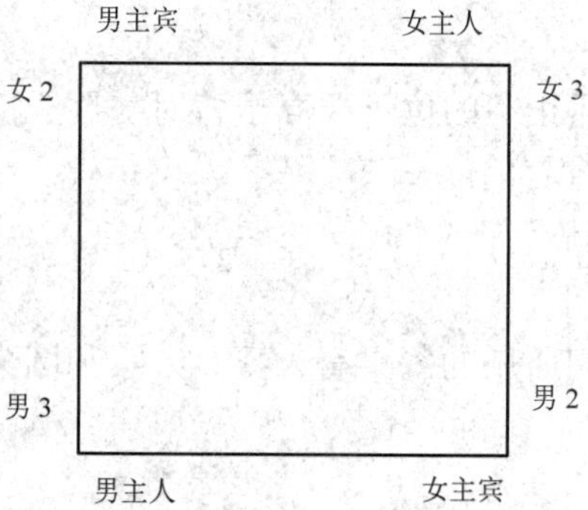

图 7-13　方桌的位置排列

3. 圆桌

在西餐宴会中，使用圆桌排位的情况并不多见。在隆重而正式的宴会里，更是罕见。其具体排列基本上是各项规则的综合运用。圆桌的位置排列如图 7-14 所示。

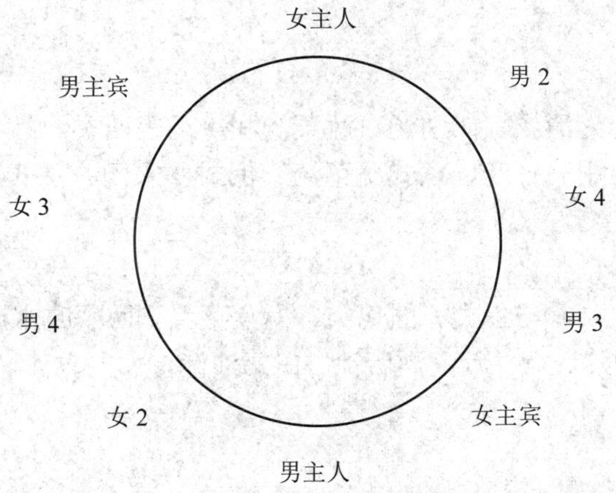

图 7-14　圆桌的位置排列

4. T 形桌

在一些较大型的宴会上，人数较多，桌子呈 T 形或“门”字形时，横排中央的是主桌。主桌中间是男、女主人的位置，两边分别为男、女主宾的座位，其余依次排列。T 形座位的位置排列如图 7-15 所示。

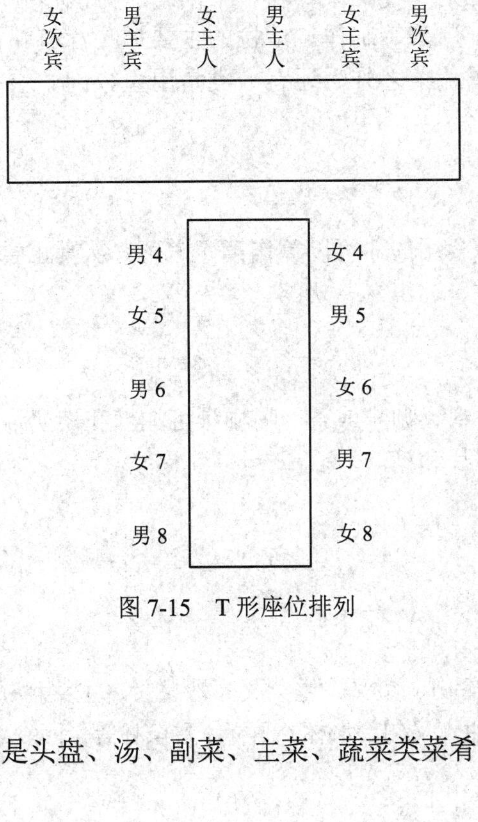

图 7-15　T 形座位排列

二、西餐的上菜顺序

西餐的上菜顺序通常是头盘、汤、副菜、主菜、蔬菜类菜肴、甜品、饮料等。

（一）头盘

头盘一般有冷头盘或热头盘之分，常见的品种有鱼子酱、鹅肝酱、焗蜗牛等。因为用于开胃，所以开胃菜一般都具有特色风味，味道以咸和酸为主，而且数量较少，质量较高。

（二）汤

西餐的汤大致可分为清汤、奶油汤、蔬菜汤和冷汤等四类。品种有牛尾清汤、各式奶油汤、海鲜汤、美式蛤蜊周打汤、意式蔬菜汤、俄式罗宋汤、法式焗葱头汤。

（三）副菜

副菜通常是水产类菜肴与蛋类、面包类、酥盒菜肴。西餐吃水产类菜肴讲究使用专用的调味汁，品种有鞑靼汁、荷兰汁、酒店汁、白奶油汁、大主教汁、美国汁和水手鱼汁等。

（四）主菜

主菜主要是肉、禽类菜肴，其中最有代表性的是牛肉或牛排。肉类菜肴配用的调味汁主要有西班牙汁、蘑菇汁等。禽类菜肴的原料取自鸡、鸭、鹅。禽类菜肴中用得最多的是鸡，可煮、炸、烤、焗，主要的调味汁有咖喱汁、奶油汁等。

（五）蔬菜类菜肴

蔬菜类菜肴即沙拉，可以安排在肉类菜肴之后，也可以与肉类菜肴同时上桌，所以可以算为一道菜，或称之为一种配菜。与主菜同时服务的沙拉，称为生蔬菜沙拉，一般用生菜、西红柿、黄瓜、芦笋等制作。沙拉的主要调味汁有醋油汁、法国汁、千岛汁、奶酪沙拉汁等。沙拉除了蔬菜之外，还有一类是用鱼、肉、蛋类制作的，这类沙拉一般不加味汁。

（六）甜品

西餐的甜品是主菜后食用的，可以算作第六道菜。从真正意义上讲，它包括所有主菜后的食物，如布丁、煎饼、冰淇淋、奶酪、水果等。

（七）饮料

西餐的最后一道是饮料、咖啡或茶。喝咖啡可加糖和淡奶油，也有人喜欢什么都不加的黑咖啡。喝茶可加香桃片和糖。

三、西餐的餐具使用

（一）餐具的摆放

西餐的餐具主要包括餐巾、鱼叉、主菜叉、沙拉叉、主菜盘、主菜刀、鱼刀、沙拉刀、汤匙、面包盘和黄油刀、甜点叉勺、水杯、酒杯、香槟杯等。西餐餐具的摆放如图 7-16 所示。

图 7-16　西餐餐具的摆放

(二) 餐具的使用

1. 刀叉

使用刀叉时，从外侧往内侧取用刀叉，要左手持叉，右手持刀；切东西时左手拿叉按住食物，右手拿刀切成小块，用叉子往嘴里送。用刀的时候，刀刃不可以朝外。

进餐中途需要休息时，可以放下刀叉并摆成“八”字形状摆在盘子中央，刀刃朝向自身，表示没吃完，还要继续吃，如图 7-17 所示。每吃完一道菜，将刀叉并排放在盘中，表示已经吃完了，可以将这道菜或盘子拿走，如图 7-18 所示。

图 7-17　暂停用餐时刀叉的摆放

图 7-18　用餐完毕时刀叉的摆放

如果是谈话，可以拿着刀叉，不用放下来，但不要挥舞。不用刀时，可用右手拿叉，但需要做手势时，就应放下刀叉，千万不要拿着刀叉在空中挥舞摇晃；不要一手拿刀或叉，而另一只手拿餐巾擦嘴；也不要一手拿酒杯，另一只手拿叉取菜。任何时候，都不要将刀叉的一端放在盘上，另一端放在桌上。

如果用餐时，有三种不同规格的刀同时出现，一般正确的用法是：带小小锯齿的那一把用来切肉制食品；中等大小的用来将大片的蔬菜切成小片；而那种小巧的、刀尖是圆头的、顶部有些上翘的小刀，则用来切开小面包，然后用它挑些果酱、奶油涂在面包上面。

2. 汤匙

使用汤匙时要注意以下几点：餐匙除可以饮汤、吃甜品之外，绝对不可直接舀取其他任何主食、菜肴；已经开始使用的餐匙，不可再放回原处，也不可将其插入菜肴、主食中；尽量保持餐匙干净清洁；用餐匙取食时，动作应干净利索，切勿在甜品、汤中搅来搅去；取食不要过量；不能直接用茶匙去取茶饮用。

3. 餐巾

一般来说，餐巾放在餐盘的正中或叉子的旁边。大家坐下后，可以将餐巾放在胸前下摆处，不要将餐巾扎在衬衣或皮带里。餐巾也可以平铺到自己并拢的大腿上，如果是正方形的餐巾，应将它折成等腰三角形，直角朝向膝盖方向；如果是长方形餐巾，应将其对折，然后折口向外平铺在腿上。餐巾的打开、折放应在桌下悄然进行，不要影响他人。餐巾可以用来遮掩口部，在需要剔牙或吐出嘴中的东西时，可用餐巾遮掩，以免失态。如果餐巾掉在地上，应另要一块，然后将地上的捡起来。有事暂时离席，餐巾应放在本人所坐的椅面上，而不是桌子上，因为放在桌上表示：我不再吃了，可以撤掉了。

四、西餐的用餐礼仪

（一）开席礼仪

参加正式宴请，只有女主人把餐巾铺在腿上后，宴请才正式开始。最得体的入座方式是在椅子左侧。当椅子被拉开后，身体在几乎要碰到桌子的距离站直，待领位者把椅子推进来，腿弯碰到后面的椅子时，就可以坐下来了。

（二）进餐礼仪

1. 举止优雅

进餐时要保持优雅的举止，杜绝不文明行为。就座时，身体要端正，上臂和背部要靠到椅背，腹部和桌子要保持约一个拳头的距离。手肘不要放在桌面上，不可跷腿，应将餐巾对折后轻轻放在膝上。每次送入口中的食物不宜过多，在咀嚼时不要说话。喝汤时不要吸，吃东西时要闭嘴咀嚼。不要舔嘴唇或咂嘴。如汤菜过热，可待稍凉后再吃，不要用嘴吹。不可在餐桌边化妆，用餐巾擦鼻涕。用餐时打嗝是最大的禁忌，万一发生此种情况，应立即向周围的人道歉。取食时不要站立起来，坐着拿不到的食物应请别人传递。就餐时不可狼吞虎咽。有时主人劝客人添菜，如有胃口，添菜不算失礼，相反主人也许会引以为荣。进餐过程中，不要解开纽扣或当众脱衣。不要将外衣或随身携带的物品放在餐台上。在进餐尚未全部结束时，不可抽烟，直到上咖啡表示用餐结束时方可抽烟。

2. 进餐规范

1) 沙拉

沙拉盘放在主菜盘的左边。美国人通常将沙拉供应于主菜前，而欧洲人如法国人，通常将沙拉放于主菜后供应。沙拉用叉子吃，如菜叶太大，可用刀在沙拉盘中切割，然后用叉子吃。

2) 面包

面包位于主菜的左侧。面包一般掰成小块送入口中，不要拿着整块面包去咬。食用时可用左手拿面包，再用右手把面包撕成小块，然后用左手拿着小面包块，用右手涂抹奶油。在意大利餐厅中，有时会以橄榄油取代奶油，可将面包用手撕一小块蘸加了调味料及香料的橄榄油吃。面包切忌用刀子切割。

3) 汤

西餐的汤分为清汤和浓汤，较正式的餐厅在供应清汤时使用椭圆形汤匙及汤杯，在供应浓汤时使用圆形汤匙及宽口汤盘。拿汤匙的姿势是由内经外侧舀食。西餐中喝汤时，不能发出声音。用汤时，不可用嘴将汤吹凉，可轻轻摇动汤使其稍凉。食用完毕后把汤匙放在靠自己身前的底盘上，或是放在盘中。将汤匙的柄放在右边，而汤匙凹陷的部位向上。

4) 水产

食用半只龙虾时，应左手持叉，将虾尾叉起，右手持刀，插进尾端，压住虾壳，用叉将虾肉拖出再切食。食用带头尾及骨头的全鱼时，宜先将头、尾切除，再去鳍，将切下的头、尾鳍放在盘子一边，再吃鱼肉。去除鱼骨，要用刀叉，不能用手。若口中有鱼骨或骨刺，则可用手自合拢的唇间取出放在盘子上。全鱼吃完鱼的上层，切勿翻身，应用刀叉剥除龙骨再吃下层鱼肉。附带的柠檬片，宜用刀叉挤汁。

5) 肉

吃鸡肉时，欧美人以吃鸡胸脯肉为贵。牛肉可依自己喜好的熟度点餐，但猪肉及鸡肉均为全熟供应。牛排应由外向内切，一次未切下，再切一次，不能用拉锯的方式切，亦不要拉扯或发出声响；肉的大小以一口为宜。吃肉时宜切一块吃一块，勿将肉一次全部切成小块，否则会导致肉汁流失，温度下降。嚼食肉时，两唇合拢，不要出声。嚼肉时，勿说话或以刀叉比划。

6) 水果和甜点

对于蛋糕及派、饼，应用叉取食，较硬者用刀切割后，用叉取食。对于冰淇淋、布丁等，应用匙取食。对于小块的硬饼干，可用手取食。吃水果时，不要拿着水果整个去咬，应先用水果刀将其切成四或五瓣，再用刀去掉皮、核，用叉子叉着吃。粒状水果如葡萄，可用手抓来吃，如需吐籽，应吐于掌中再放在碟里。多汁的水果如西瓜、柚子等，应用匙取食。西餐在吃完水果时，洗手钵，其中所盛的水，供洗手用。但记住，只用来洗手指，勿将整个手伸进去。

7) 咖啡

喝咖啡时，用食指和拇指端起来喝，无须端起咖啡底盘，更不要拿咖啡匙舀咖啡来尝。不过桌子较低时，以左手持杯碟饮用也可以。

(三) 离席礼仪

女主人把餐巾放在桌子上，是宴会结束的标志。不可在进餐中途退席，如有事确需离开，应向左右的客人小声打招呼。

相关链接

牛排小知识

一、牛排的种类

西餐中牛排的种类很多，常见的有菲力牛排、肉眼牛排、西冷牛排和T骨牛排等。

1. 菲力牛排(FILLET)

菲力牛排应该是我们日常听到最多的牛排。菲力牛排是牛脊背上最嫩的肉，几乎不含肥膘，不喜欢吃肥肉的朋友对菲力牛排可以说是青睐有加，不管是三成熟、五成熟，还是七成熟，都很不错。

2. 肉眼牛排(RIB-EYE)

肉眼牛排是牛肋上的肉，瘦肉和肥肉兼而有之。由于含一定肥膘，因此比较适合煎烤，食用时不要煎得过熟，建议三成熟最好。

3. 西冷牛排(SIRLOIN)

西冷牛排是牛外脊上的肉，含有一定的脂肪，在肉的外延带有一圈白色的肉筋，总体口感韧度强，有嚼劲，比较适合年轻人和牙口好的人，食用的时候要连筋带肉一起切，不要煎得过熟。

4. T骨牛排(T-BONE)

T骨牛排也叫丁骨牛排，是牛背上的脊骨肉。这种牛排在美式餐厅更常见，而法餐讲究制作精致，对于量较大而质较粗糙的T骨牛排较少采用。

5. 后腿肉牛排/臀肉牛排(Rump steak/Round Steak)

后腿肉牛排属后腰脊肉(Top Sirloin)，其肉质最好，嫩度适中，油花较少，但分布均匀，可切出特上等臀肉牛排。此部位靠近腿部运动肌肉，所以略有嚼劲。

二、牛排搭配的酱汁

1. 黑胡椒酱汁(PepperCorn Sauce)

黑胡椒酱汁是最经典的牛排搭配，由黑胡椒、洋葱末及奶油熬制，口味鲜咸，略辛辣。

2. 褐色蘑菇酱汁(Mushroom Sauce)

褐色蘑菇酱汁适合绝大部分煎烤的肉类，由蘑菇、青葱及少许雪莉酒调配而成，口味鲜咸。

3. 红葡萄酒酱汁(Red Wine reduction Sauce)

红葡萄酒酱汁是由糖渍的红酒与葱段做成的。

4. 贝西酱(Bercy Sauce)

贝西酱以巴黎的一个区域命名，其实与红葡萄酒酱的做法类同，需要把红葡萄酒替换为白葡萄酒即可。

5. 荷兰酱或蛋黄酱(Hollandaise/Bearnaise Sauce)

这两种酱的口味相近，都是由蛋黄隔水与奶油、柠檬汁混合配调的，口感丰厚，略酸。

技能训练 ⇨⇨⇨⇨⇨⇨⇨⇨⇨⇨

西餐宴会的座次安排和礼仪培训

一、实训目的

(1) 掌握西餐座次安排、餐具使用和用餐的礼仪规定。

(2) 能根据具体场景，灵活运用所学知识，规范地设计座次排列图，顺利地进行礼仪培训。

二、实训要求

1. 了解实训背景

为庆祝阔别 5 年的同窗刘大民和杨西夫妇从日本归来，高小虎与夫人张晶准备于 8 月 31 日在当地的一家高档西餐厅举办晚宴。高小虎还邀请了铁哥们王黎明和徐延庆，夫人张晶也邀请了同班同学李诗诗和高圆圆，被邀请的 4 人均表示家属有事，不能一同前往。预定位置时，西餐厅表示只剩下方桌了，但观景极好。

2. 完成实训任务

(1) 请为宴会主人高小虎设计一张完整的座次排列图，以免现场失礼。

(2) 李诗诗从未去过西餐厅，对西餐礼仪不够了解，请在赴宴前为她进行一次西餐的礼仪培训，培训内容包括餐具的使用和用餐的礼仪规范等。

三、实训内容

(1) 学生分组，2～5 人为一个小组，确定组长。

(2) 以小组为单位，展开讨论，确定西餐宴会的座次顺序，由一人执笔，画出完整的座次排列图。

(3) 继续展开讨论，商定西餐培训工作的具体内容。

(4) 分工负责，每个小组成员分别草拟自己负责的培训内容，由组长汇总。

(5) 再次讨论，根据书本内容和查找的资料，共同补充、完善培训计划，制作成 PPT 备用。

(6) 商定培训代表人员，小组成员共同进行模拟排练。

(7) 教师抽签决定汇报顺序，在全班进行西餐宴会的培训汇报。

(8) 汇报完成后，抽同学进行个人点评或小组点评，教师进行总结点评。

四、实训考核

根据完成实训的综合情况进行考核，考核项目及评分如表 7-3 所示。

注意：每位同学一张考核表，有小组考核和教师考核两部分构成，分别评分，各占 50%。其中，小组评分部分，组员由组长打分，组长由组内成员综合打分。综合成绩计入本课程的平时成绩。

表 7-3　实训考核表

学生姓名					
学习情境		西餐礼仪			
评价项目与内容		项目分值	小组评分	教师评分	综合成绩
知识掌握情况	西餐礼仪	10			
活动参与情况	全程参与活动，态度积极	10			
	分工负责，各司其职且配合紧密	10			
图表设计情况	设计合理，符合礼仪要求	10			
	标注清晰，图表美观大方	5			
培训汇报情况	内容完整，阐述到位	20			
	声音洪亮，语言顺畅	10			
	PPT 制作精美，图文并茂	10			
讨论点评情况	勇于大方正视自己，点评客观	5			
	小组点评公正，切中要害	5			
	积极点评，意见中肯	5			
合计		100			

任务四　酒 水 礼 仪

任务要求

(1) 熟悉并掌握饮酒礼仪。

(2) 熟悉并掌握品茶礼仪。

(3) 熟悉并掌握喝咖啡礼仪。

案例导入

在一次婚宴上，王军很热情地为自己的好友新郎李勇祝福，李勇高兴得一饮而尽。李勇的其他好友看见他如此豪爽，也纷纷前来敬酒，结果李勇招架不住，新娘劝其不喝了，好友们却仍旧劝喝，新娘露出了很不高兴的表情。

思考题：

(1) 李勇好友的做法对吗？

(2) 为什么新娘露出了很不高兴的表情？

无论是饮酒、品茶还是喝咖啡都是宴请中不可或缺的一部分，都有丰富的礼仪学问。学会礼貌地饮酒、品茶、喝咖啡对餐饮宴会和社交活动有重要意义，尤其是在与国外友人洽谈时，礼貌饮品更是关系到我们国家、民族和企业的形象。

一、饮酒礼仪

善于饮酒的人，不仅能饮，而且会饮。要真正做到善用酒水，合乎礼仪，一般需要特别注意搭配菜肴、敬酒干杯和酒量适度等三大问题。

(一) 饮酒要与菜肴搭配

酒水的主要功能是在用餐时开胃助兴。然而欲使酒水正确地发挥这一作用，就必须懂得酒菜搭配之道。唯有如此，二者才会相得益彰。

1. 中餐中酒菜的搭配

若无特殊规定，正式的中餐宴会通常要上白酒与葡萄酒这两种酒。因为饮食习惯的原因，上桌的葡萄酒多半是红葡萄酒，而且一般都是甜红葡萄酒。先用红葡萄酒，是因为红色充满喜气，而选用甜红葡萄酒，则是因为不少人对口感不甜、微酸的干红葡萄酒不太认同。具体来讲，在搭配菜肴方面，中餐所选的酒水讲究不多。正规的中餐宴会一般不上啤酒。

2. 西餐中酒菜的搭配

在正式的西餐宴会里，酒水是主角，与菜肴的搭配也十分严格。一般来讲，西餐宴会所用的酒水，可以分为餐前酒、佐餐酒、餐后酒等三种。

1) 餐前酒

餐前酒别名开胃酒，在正式用餐前饮用。在一般情况下，人们喜欢在餐前饮用的酒水有鸡尾酒、味美思和香槟酒。

2) 佐餐酒

佐餐酒，又叫餐酒。毫无疑问，它是在正式用餐期间饮用的酒水。在正餐或宴会上选择佐餐酒，有一条重要的讲究不可不知，即“白酒配白肉，红酒配红肉”。这里所说的白肉，即鱼肉、海鲜、鸡肉，吃这些肉时，须以白葡萄酒搭配。这里所说的红肉，即牛肉、羊肉、猪肉，吃这类肉时，则配以红葡萄酒。

3) 餐后酒

餐后酒，指的是餐后助消化的酒水。最常见的餐后酒是利口酒，又叫香甜酒。最有名的餐后酒则是有“洋酒之王”美称的白兰地酒。

(二) 饮酒要学会敬酒干杯

在较为正式的场合，饮酒颇有讲究。

1. 斟酒礼仪

通常，酒水应当在饮用前再斟入酒杯。有时，男主人为了表示对来宾的敬重、友好，还会亲自为其斟酒。在侍者斟酒时，勿忘道谢，但不必拿起酒杯。在男主人亲自来斟酒时，则必须端起酒杯致谢，必要时，还须起身站立，或欠身点头为礼。有时，亦可向其回敬以叩指礼，即以右手拇指、食指、中指捏在一起，指尖向下，轻叩几下桌面，这种方法适用于中餐宴会上，它表示的是在向对方致敬。主人为来宾所斟的酒，应是本次宴会上最好的酒，并应当场启封。斟酒时要注意三点：一是要面面俱到，一视同仁，切勿有挑有拣，只为个别人斟酒；二是要注意顺序，可以依顺时针方向，从自己所坐之处开始，也可以先为尊长、嘉宾斟酒；三是斟酒需要适量，白酒与啤酒均可以斟满，而其他洋酒则无此讲究，要是斟得过满乱流，显然未必合适，而且也是浪费。西餐饮酒忌讳一饮而尽，文雅地饮酒意在欣赏酒的色、香、味，应细细品味。

2. 敬酒礼仪

敬酒，亦称祝酒，具体指的是在正式宴会上，由男主人向来宾提议，为了某种事由而饮酒。在敬酒时，通常要讲一些祝愿、祝福之言。在正式的宴会上，主人与主宾还会郑重其事地发表一篇专门的祝酒词。因此，敬酒往往是酒宴中必不可少的一项程序。敬酒也可以随时发生在饮酒的过程中。频频举杯祝酒，会使现场氛围热烈而欢快。不管是致正式的祝酒词，还是在普通情况下祝酒，均应内容愈短愈好，千万不要连篇累牍，长篇大论，喋喋不休，让他人等候良久。在他人敬酒或致辞时，其他在场者应一律停止用餐或饮酒，坐在自己座位上，面向对方，洗耳恭听。在西餐宴席上，往往是敬酒不劝酒，即使是劝酒也只是点到为止。另外，一般不可拒绝对方的敬酒，即使自己不会喝酒，也最好端起酒杯回敬对方，否则也是失礼的。

3. 干杯礼仪

干杯通常是指饮酒时，特别是在祝酒、敬酒时，以某种方式劝说他人饮酒，或是建议对方与自己同时饮酒。在干杯时，往往要喝干杯中之酒，故称干杯。干杯者相互之间通常还要碰一下酒杯，所以又被叫作碰杯。出于敬重之意，可使自己的酒杯较对方低一点。干杯，需要有人率先提议。提议干杯者，可以是致祝酒词的主人、主宾，也可以是其他任何在场饮酒之人。提议干杯时，应起身站立，右手端起酒杯，或者用右手拿起酒杯后，再以左手托扶其杯底，面含笑意，目视他人，尤其是自己祝福的对象，口颂祝颂之词，如祝对方身体健康、生活幸福、节日快乐、工作顺利、事业成功以及双方合作成功等。在主人或他人提议干杯后，应当手持酒杯起身站立。干杯时，应手举酒杯，至双眼高度，口道“干杯”之后，将酒一饮而尽，或饮去一半，或适当的量。然后，还须手持酒杯与提议干杯者对视一下，这一过程方告结束。

二、品茶礼仪

茶是灵魂之饮，以茶载道，以茶行道，以茶修道。不懂品茶礼仪和技巧，也就不解修身养性的作用。中国人习惯以茶待客，并形成了相应的饮茶礼仪。

(一) 品茶前的礼仪

1. 安排座位

虽然茶道中讲究的是客随主便，不过品茶的人多了，自然应该遵循这样的原则：面对主人，主人的左手边是尊位，顺时针旋转，由尊到卑，直到主人的右手边，不论茶桌上的形式如何，这个是不变的铁律。尊位的第一顺序为：老年人、中年人，比自己年龄大的人。其中，师长、长者为尊，如果年龄相差不大，女士优先坐尊位。

座位方面有一个特别的规定：忌讳对面坐，就是和主人面对面坐。哪怕就是只有两个人，也不要对面坐；如人多，便可由小孩子来坐这个位子。

2. 清洁茶具

品茶前一定要清洁茶具，尤其是久置未用的茶具，难免沾上灰尘、污垢，更要细心地用清水洗刷一遍。冲茶、倒茶之前最好用开水烫一下茶壶、茶杯，这是礼貌和卫生的表现。茶具要选防潮、避光、隔热、无味的容器，最好用特制的茶叶罐，如铝罐、锡罐、竹罐等。

(二) 品茶中的礼仪

1. 倒茶礼仪

给客人饮用的茶水要适量。茶叶过多，茶味过浓；茶叶太少，冲出的茶缺乏味道。假如客人主动介绍自己喜欢喝浓茶或淡茶，则应按照客人的口味把茶冲好。倒茶过程中，不宜倒得太满，太满容易溢出。俗话说，“酒满敬人，茶满欺人。”酒是冷的，接过来不会烫人；而茶是热的，容易烫伤自己或客人的手脚，使宾主都难为情。当然，也不宜倒得太少。倘若茶水只遮得住杯底，会让人觉得待客不真诚。

2. 奉茶礼仪

按传统习惯，奉茶时应双手端送。上茶时，应左手捧着茶盘底部，右手扶着茶盘的边缘，如点心放在客人的右前方，则茶杯应摆在点心右边。双手端有杯耳的茶杯时，通常是用一只手抓住杯耳，另一只手托住杯底，把茶端给客人，而不要用手抓住杯口将茶杯递给客人，这样的做法很不卫生。

主人冲泡第一泡茶品，并且请客人品尝的时候，客人最重要的礼节是答礼，也称回礼。先起身，男性抱拳，女性合十，躬身行礼。躬身越低，表示对于主人越发尊敬，主人是长辈、客人是晚辈时，躬身应该至少为45°的倾斜角。坐下后，双手接过，或者双手捧起茶杯先闻香，再慢啜一口，放下茶杯，称赞主人。

奉茶的先后顺序通常是：先为客人上茶，后为主人上茶；先为主宾上茶，后为次宾上茶；先为上司上茶，后为部下上茶；先为女士上茶，后为男士上茶；先为长辈上茶，后为晚辈上茶。

3. 续茶礼仪

当宾主边谈边饮时，要及时续茶，体现对宾客的敬重。往高杯中续茶水时，左手的小指和无名指夹住高杯盖上的小圆球，用大拇指、食指和中指握住杯把，从桌上端下茶杯，侧身把茶水倒入客人杯中，以体现举止的文雅。

(三) 品茶后的礼仪

会面完毕，客人离席恭送而出后，才能收拾桌面的茶具。切忌客人未走时匆匆收拾茶具，否则会给人造成“赶客”的误会。

三、喝咖啡礼仪

(一) 喝咖啡前的礼仪

饮用咖啡的器具包括托盘、咖啡杯、小匙等。正式的咖啡杯一定是陶瓷的，不能是玻璃杯。

咖啡可以自己磨好咖啡豆以后用咖啡壶煮制，也可以用开水冲饮速溶的。

盛入咖啡时，应先将咖啡杯置于托盘上，再根据自己的习惯、爱好决定是否加糖和牛奶。如果需要加糖，应用专用糖夹将方糖夹入咖啡杯中；如果加奶，先将适量牛奶加入咖啡中，然后用小匙轻轻搅拌均匀后，将小匙取出放于托盘上，千万不可将其放于杯内。

(二) 喝咖啡中的礼仪

喝咖啡时，切忌一饮而尽，或是用小匙舀着喝。必须用左手端起托盘至齐胸的高度，然后右手持盘中杯耳，将杯端离托盘慢慢品饮。喝完咖啡后，将杯子置于托盘中，再将托盘放在桌上。

相关链接

茶叶小知识

茶通常分为七种：绿茶、红茶、青茶、黄茶、黑茶、白茶、花茶。

1. 绿茶

绿茶未经过发酵，因此保留了许多茶叶中原有的成分，含有较多茶多酚、儿茶素、叶绿素、咖啡碱、氨基酸、维生素等，冲泡后茶汤的颜色较多地保留了鲜茶叶的绿色，因此得名“绿茶”。绿茶对防衰老、防癌、抗癌、杀菌、消炎等均有一定效果。绿茶具有降血脂、防血管硬化等药用价值。夏季炎热，以饮用性味苦寒的绿茶为宜，有清热解暑、解毒止渴的作用。绿茶常见的品种有西湖龙井、洞庭碧螺春、黄山毛峰、信阳毛尖、庐山云雾、六安瓜片等。

2. 红茶

红茶因其干茶冲泡后的茶汤和叶底色呈红色而得名。红茶可加奶或糖，有生热暖胃之功；红茶有助于消化去油腻，味甘性温，含有丰富的蛋白质，具有提神益思、解除疲劳等作用。红茶有工夫红茶、小种红茶、红碎茶等。

3. 青茶

青茶亦称乌龙茶、半发酵茶、全发酵茶，品种较多，是中国几大茶类中独具中国特色的茶叶品类，外观呈绿色。乌龙茶的制法综合了红茶和绿茶的工艺特点，其品质既有红茶的甘醇，又有绿茶的清香，品饮后回味甘鲜，齿颊留香，神怡身轻，给人以特殊的享受。其功效是消除危害美容与健康的活性氧；改善皮肤过敏；瘦身减肥；抗肿瘤，预防老化；改善听力。青茶常见的品种：闽北乌龙有武夷岩茶、水仙、大红袍、肉桂等；闽南乌龙有铁观音、奇兰、黄金桂等；广东乌龙有凤凰单丛、凤凰水仙、岭头单丛等；台湾乌龙有冻顶乌龙、包种等。

4. 黄茶

黄茶因具有黄叶黄汤的特征，故而得名。冲泡黄茶的水温不宜太高，80℃～85℃之间比较合适。黄茶多了一道闷黄工序，使得黄茶更适宜用紫砂壶冲泡。黄茶属于发酵茶，在闷黄的过程中，产生了大量的消化酶，有益于脾胃，具有助消化、减肥、提神、杀菌、防癌等功效。同时，还有助于缓解消化不良、食欲减退等。黄茶按其鲜叶的嫩度和芽叶大小，可分为黄芽茶、黄小茶和黄大茶三类。黄芽茶主要有君山银针、蒙顶黄芽和霍山黄芽；黄小茶主要有北港毛尖、沩山毛尖、远安鹿苑茶、皖西黄小茶、浙江平阳黄汤等；黄大茶有安徽霍山、金寨、六安、岳西和湖北英山所产的黄茶和广东大叶青等。

5. 黑茶

黑茶因成品茶的外观呈黑色，故而得名。黑茶采用的是压制紧压茶的原料，所以在成品上，叶质粗老多茶梗，属全发酵茶，发酵时间最长，经过了杀青、揉捻、渥堆和干燥四道工序，由于经过长时间的发酵，因此黑茶茶叶颜色变深，呈黑褐色。黑茶要用高水温冲泡，不宜长时间浸泡，否则苦涩味重。黑茶最宜用紫砂茶具冲泡，其功效是助消化，解油腻，顺肠胃；降脂，减肥，软化人体血管，预防心血管疾病；补充膳食营养。黑茶的品种有三尖(天尖、贡尖、生尖)、茯砖、花砖、黑砖、青砖茶、千两茶、康砖金尖、四川边茶、广西梧州茶等。

6. 白茶

白茶成茶时满披白毫，汤色清淡，味鲜醇，有毫香。其最主要的特点是白色银毫，素有“绿妆素裹”之美感，芽头肥壮，汤色黄亮，滋味鲜醇，叶底嫩匀。白茶属微发酵茶，冲泡水温以 90℃为宜。白茶的功效是性清凉，具有退热降火之功效。白茶的品种有白毫银针、白牡丹、寿眉(也称贡眉)等。

7. 花茶

花茶可以分为茉莉花茶、桂花花茶、玫瑰花茶、白兰花茶、珠兰花茶、米兰花茶等多个品种。其中，以茉莉花茶最受欢迎。

一年四季，节令不同，品茶种类宜做相应调整。春季宜喝花茶，花茶可以散发一冬淤积于体内的寒邪，促进人体阳气生发。夏季宜喝绿茶，绿茶性味苦寒，能清热，消暑，解毒，增强肠功能，促进消化，防止腹泻、皮肤感染等。秋季宜喝青茶，青茶不寒不热，能彻底消除体内的余热，恢复味甘性温，使人神清气爽。冬季宜喝红茶，红茶味甘性温，含丰富的蛋白质，有一定的滋补功能。

⊠ 技能训练 ⇨⇨⇨⇨⇨⇨⇨⇨⇨⇨⇨⇨

饮酒礼仪

一、实训目的

(1) 掌握饮酒的礼仪规定。
(2) 学以致用，能分析不同场景下的饮酒行为是否符合礼仪规定。

二、实训要求

(一) 了解实训案情

黄宋在校时除了写得一手好文章之外，还有一个特长就是能喝酒，性格也是极为豪爽。他毕业后就职于当地一家较为有名的广告公司当秘书。一天，公司将接待一位从浙江来的重要客户商谈业务，如果成功，对公司下半年的业绩有很大帮助。黄宋自告奋勇，主动向经理申请完成这次接待任务。当天，浙商到达餐厅，双方就座后，黄宋大喊一声："服务员，把最好的酒拿来"。当两位客人表示不喝酒时，黄宋却极为热情地不断向对方劝酒，说话也极为大声，唾液飞溅。当经理起身为浙商敬酒并说祝酒词时，黄宋竟打断经理谈话，并高举自己的杯子碰向对方的杯子，有少许酒洒入菜里，他举起酒杯一饮而尽，然后极其豪迈地"砰"一声放下酒杯。此时，浙商的脸色甚是难看，经理更是尴尬。宴席结束后，浙商对经理说："贵公司的秘书可真是太豪爽了。"经理显得有些尴尬，但浙商表示不会和一个连礼节都不懂的公司合作。公司因此受到了巨大的损失，黄宋也因太豪迈而丢掉了工作。

(二) 完成实训任务

(1) 讨论分析黄宋的饮酒礼仪有无不符合规定的情况。
(2) 给出案例的解决方案，全班汇报。

三、实训内容

(1) 学生分组，1～3 人为一个小组，确定组长。
(2) 以小组为单位，展开讨论，列出黄宋不符合饮酒礼仪规定的行为。
(3) 继续展开讨论，给出案例中正确的礼仪规范解决方案。
(4) 小组成员继续查找资料，补充完善饮酒礼仪规范，制作成 PPT。
(5) 商定汇报人员，共同进行模拟排练。
(6) 教师抽签决定顺序，小组代表在全班汇报案例分析结果并阐明理由。
(7) 汇报完成后，抽同学进行个人点评或小组点评，教师进行总结点评。

四、实训考核

根据完成实训的综合情况进行考核，考核项目及评分如表 7-4 所示。

注意：每位同学一张考核表，由小组考核和教师考核两部分构成，分别评分，各占 50%。其中，小组评分部分，组员由组长打分，组长由组内成员综合打分。综合成绩计入本课程的平时成绩。考核项目及评分如表 7-4 所示。

表 7-4　实训考核表

学生姓名					
学习情境		酒水礼仪			
评价项目与内容		项目分值	小组评分	教师评分	综合成绩
知识掌握情况	酒水礼仪	10			
活动参与情况	全程参与活动，态度积极	10			
问题分析情况	问题分析完整，能发现问题	10			
	问题分析正确，思路清晰	15			
问题解决情况	解决方案合理，阐述规范	20			
	声音洪亮，语言流畅	10			
	PPT 制作精美，图文并茂	10			
讨论点评情况	勇于大方正视自己，点评客观	5			
	小组点评公正，切中要害	5			
	积极点评同学，意见中肯	5			
合计		100			

技能训练 ⇨⇨⇨⇨⇨⇨⇨⇨⇨⇨

模拟用餐礼仪

一、实训目的

学以致用，真正掌握餐饮礼仪。

二、实训要求

和学校实训中心联络好使用时间，并准备好用餐礼仪的样品。

三、实训内容

学生分组，6～8 人一组，角色扮演，自选项目，分别演示中餐用餐礼仪和西餐用餐礼仪。用数码摄像机记录整个过程，然后在大屏幕上回放，学生自我评价，老师总结点评学生存在的个性和共性问题。最后评选出表现最佳的小组，计入平时成绩。

四、实训考核

评价标准共有两个考核表，分别考核中餐的用餐礼仪和西餐的用餐礼仪，具体评价标准如表 7-5 和表 7-6 所示。

表 7-5　中餐用餐礼仪模拟训练考核评价表

内　容		评　价	
学习目标	评价内容	小组评价 (1、2、3、4、5)	老师评价 (1、2、3、4、5)
知识掌握	了解中餐的餐具类型		
	掌握中餐的礼仪规范		
专业能力	会使用餐具		
	行为符合礼仪规范		
通用能力	应变能力强		
	有一定的审美能力		
	适应能力强		
态度	积极参与活动		
	快速融入场景		
	善于团队协作		
努力方向：		建议：	

表 7-6　西餐用餐礼仪模拟训练考核评价表

内　容		评　价	
学习目标	评价内容	小组评价 (1、2、3、4、5)	老师评价 (1、2、3、4、5)
知识掌握	了解西餐的餐具类型		
	掌握西餐的礼仪规范		
专业能力	会使用餐具		
	行为符合礼仪规范		
通用能力	应变能力强		
	有一定的审美能力		
	适应能力强		
态度	积极参与活动		
	快速融入场景		
	善于团队协作		
努力方向：		建议：	

项目小结

通过本项目的学习，学生应重点理解和掌握以下理论和技能知识：

(1) 了解宴会的类型和宴会各流程的礼仪。

(2) 掌握中餐礼仪的座位排列、上菜顺序、餐具使用和用餐礼仪。

(3) 掌握西餐礼仪的座位排列、上菜顺序、餐具使用和用餐礼仪。

(4) 了解饮酒礼仪、品茶礼仪和喝咖啡礼仪。

思考与练习

案例分析(一)

严非今天心情特别好，要去参加同学聚会。聚会时气氛非常热烈，大家都在回忆过去的美好时光。吃饭时，严非发现曾住他下铺的小武发出“吧唧吧唧”的声音，还边吃边说，唾沫横飞。吃完后，小武伸了伸懒腰，做出很满足的样子，打了一个饱嗝。严非的心情顿时暗淡下来。

思考题：

(1) 严非的心情为什么会顿时暗淡下来？

(2) 如何掌握宴会礼仪？

案例分析(二)

袁小姐是大四的学生，目前在一家外贸公司的财务部实习。公司举办了大型的西式自助餐会，邀请不少外国客户及公司的全体员工。因为很少吃西餐，袁小姐在餐会上出了不少洋相。餐会一开始，袁小姐端起面前的盘子去取菜，之后却发现那是装食物残渣的盘子；为节省取食的路途，袁小姐从离自己最近的水果沙拉开始吃，而此时同事们都在吃冷菜，袁小姐只得开玩笑地说自己减肥；因为刀叉位置放得不正确，她面前还没吃完的菜就被服务员给收走了。一顿饭吃下来，袁小姐浑身不自在。

思考题：

(1) 请分析袁小姐到底哪里不自在。

(2) 怎样参加西餐宴会才感觉自在呢？

项目八　涉外礼仪

项目分析

随着改革开放的不断深入，我国与世界各国人民的交往越来越多，涉外工作者必须了解涉外的一些礼仪知识，遵循一定的国际交往惯例，这样才能广交朋友，更好地开展工作，促进事业的发展。

项目任务

(1) 认识涉外礼仪的基本概念以及涉外礼仪的基础知识与理论依据。

(2) 根据各国的实际，正确选择不同的涉外礼仪。

知识目标

(1) 了解涉外礼仪的基本理论知识。

(2) 掌握在涉外场合中能正确使用涉外礼仪的相关技巧。

能力目标

具有区分不同的涉外礼仪和运用所学的涉外礼仪的原理、方法开展对外交往，维护自身形象和国家尊严的能力。

任务一　涉外礼仪概述

任务要求

(1) 掌握涉外礼仪的理论原理。

(2) 掌握涉外礼仪的原则。

案例导入

秦王击缶

战国时代赵惠王和秦昭襄王相约在两国的边界渑池会盟，那时秦国远强于赵国。席间，秦王喝酒喝得高兴时说：“我私下听说赵王喜好音乐，请赵王弹弹瑟吧!”赵王就弹起瑟来。秦国的史官走上前来写道：“某年某月某日，秦王与赵王会盟饮酒，命令赵王弹瑟。”蔺相如走向前去说：“赵王私下听说秦王善于演奏秦地的乐曲，请允许我献盆缶给秦王，(请秦王敲一敲)，借此互相娱乐吧!”秦王发怒，不肯敲缶。这时蔺相如走上前去献上一个瓦缶，趁势跪下请求秦王敲击。秦王不肯敲击瓦缶。蔺相如说：“如大王不肯敲缶，在五步距离内，我能够把自己颈项里的血溅在大王身上!”秦王身边的侍从要用刀杀蔺相如，蔺相如瞪着眼睛呵斥他们，他们都被吓退了。于是秦王很不高兴，为赵王敲了一下瓦缶。蔺相如回头召唤赵国史官写道：“某年某月某日，秦王为赵王击缶。”秦国的众大臣说：“请赵王用赵国的十五座城为秦王祝寿。”蔺相如也说：“请把秦国的都城咸阳送给赵王祝寿。”

涉外礼仪是涉外交际礼仪的简称，它是人们参与国际交往所要遵守的惯例，是约定俗成的做法。

国际性的交往活动中，无论是国家间的交往，还是民间的往来都存在着一个礼仪问题，但礼仪的地域特点又影响到礼仪在不同国家、不同地区的不同规范要求及不同使用方法。这就需要了解世界各国的礼仪标准，以便更好地开展对外交往工作，维护我国“礼仪之邦”的自身形象和国家尊严。

一、涉外礼仪的含义与渊源

(一) 涉外礼仪的含义

涉外礼仪，是涉外交际礼仪的简称，即本国人在对外交际中，用以维护自身形象、对外交往对象表示尊敬与友好的约定俗成的习惯做法。涉外礼仪是在长期的国际交往中逐步形成的，属于国际通行的一种专用性礼仪规范。

涉外礼仪按主体不同可分为外交礼仪(即国与国之间)和个人涉外礼仪两部分。相比而言，前者的礼仪规范要求更严、更细，在礼节、礼貌各方面要求也更高。

外交礼仪是指外交活动中一整套的仪式标准与程序和行为的礼仪规范与准则。其中外交官是具体礼仪规范的实施者和代表者。古希腊演说家德漠斯芬曾说过：“大使没有战舰，没有重兵，没有碉堡，他的武器就是语言和机遇。”这段话较深刻地揭示了交际能力在外交礼仪中的作用。外交礼仪的主要作用是维护每一个独立国家或地区的发言权和自由生活的权利。

(二) 外交礼仪溯源

在古时候，各个国家的统治者为了维持相互间的和平关系，都会规定一些各国在国际交往中的言行举止准则，明确各国代表在进行官方接触时必须遵守的一种形式，以及国与国之间必须互相尊重的行为规范。

研究证明，世界上最早的一部关于外交礼节的书籍是大约公元前 2350 年在埃及写成的《行为举止守则》。但是这本书的内容却未能保存下来。

人类历史上的第一份书面礼仪协议是由埃及法老拉美西斯二世(公元前 1304 年—公元前 1237 年)和赫梯(公元前 2000 年—公元前 1000 年小亚细亚东部和叙利亚北部的古代部落)国王哈图希尔三世(公元前 13 世纪前半期，赫梯王国国王)于公元前 1278 年签署的。为了证实刻在长条银板上的文件准确无误，赫梯国王令人在银板的一面绘出自己同风神坐在一起的画面，而在另外一面雕刻上王后同太阳女神在一起的图像。拉美西斯二世亦照此办理，如法炮制了刻有类似图像的长条银板。同时准备两份完全相同的协议文本，而后进行交换——这种习俗一直沿用至今，已成为国际交往中的惯例。

古希腊时期，为了同其他国家进行正式交往，让使者持有写在两张对折的卡片或标志牌上的委任状——外交文书。从那时起，“外交”一词就进入了日常生活。

在共和国时期的古罗马(公元前 509—公元前 30 年期间的罗马)，派遣使者的仪式是庄严隆重的。为了组织接见外国使者的仪式，古罗马还设立了一个专门的职位——“礼仪首领”。

中世纪关于行为举止方面最著名的书是 1204 年出版的《教徒戒律》，此书是西班牙神父佩德罗·阿尔丰沙专为神职人员和修道士编著的。后来在该书的基础上，英国、荷兰、法国以及日耳曼和意大利又相继出版了一些礼节方面的参考书。这些书的内容多半是进膳用餐的举止准则，其中也涉及其他一些问题，如交谈的顺序、接待客人的方式方法等。这些准则对外交人员同样适用。

二、涉外礼仪的原则

(一) 不卑不亢，互相尊重

涉外礼仪的第一条基本原则，叫作不卑不亢。涉外礼仪在一定程度上反映着一个国家的文明程度和社会风尚，也体现着一个国家对待其他国家的基本态度。在国际政治交往中，任何国家之间的关系，都应当是平等和相互尊重的。在涉外礼仪上，既不能唯我独尊，盛气凌人、以强欺弱，也不应卑躬屈膝、妄自菲薄、丧失民族气节，这就是不卑不亢的原则。在应用涉外礼仪时，倘若置这项原则于不顾，就必然会给国家和政府的形象带来损害。

(二) 平等相待，礼尚往来

在涉外交往过程中，我们应该特别注意对任何交往对象都要一视同仁，给予平等的尊重与友好，对大国和小国、强国和弱国、富国和穷国不能厚此薄彼，也不应对大人物和普通人有薄有厚。杨雄《法言义疏·修身》谓：“上交不谄，下交不骄。”就是告诫人们不能以权取人，谁位高权重就巴结逢迎谁，谁位卑无权就瞧不起谁，这种做法是非常庸俗和失礼的。

(三) 尚礼好客，客随主便

在涉外交往中，作为主人，理应热情好客，待客要彬彬有礼，讲究规格。当我们作为客人参加涉外活动时，则不能一味地我行我素，给主人增添麻烦，或让主人无所适从，而应客随主便，做到“入乡随俗”，这才是真正体现“礼仪之邦”的风范。

(四) 遵守外事纪律，注重礼仪礼节

遵守外事纪律就是要在外事接待工作中坚持维护国家主权和民族尊严，自觉遵守外事纪律，不得失密泄密；不利用工作之便营私牟利、索要礼品；不背着组织与外国机构及个人私下交往；不私自主张或答应外国客人提出的不合理要求；参加外事活动，要严格按规章制度办事。

(五) 尊重礼俗，求同存异

由于世界各国的社会制度、文化背景各不相同，礼仪习俗存在着一定程度的差异，在对外交往时，应理解对方、尊重对方。对外国人的宗教礼仪，不要装懂，也不要随意模仿，更不能干涉。到访外宾参加宗教活动，要以不违反有关法律、不妨碍公务活动、不影响人民群众生活、不危及社会稳定和国家尊严为限。

(六) 慎重表态，信守约定

古今中外人士都推崇做人应该“言必信、行必果”。特别是在对外交往中，言行一定要谨慎，表态要慎重，切不可说大话、空话，更不能信口开河，作不负责任的承诺。

三、涉外礼仪须知

(一) 遵守时间，不得失约

遵守时间的原则，重要的是要做好以下几点：

(1) 在有关时间问题上，不可以吞吞吐吐、含含糊糊、模棱两可。

(2) 与他人交往的时间一旦约定，即约会一经订立，就应千方百计予以遵守，而不宜随便加以变动或取消。

(3) 在约会之中，不允许早退。

(4) 万一失约，务必要向约会对象尽早通报，解释缘由，并为此而向对方致歉。绝不可以得过且过，或者索性避而不谈，显得若无其事。

(二) 注重形象，仪表得体

交往中，人们普遍对交往对象的个人形象倍加关注，不仅因为个人形象真实地体现着个人的教养和品德、精神风貌和生活态度，还因为个人的形象总是与国家形象、民族形象、企业形象密切相关，通过个人形象可以如实地体现出对交往对象的重视程度。

(三) 尊重老幼，尊重女士

尊重老幼、尊重女士是我国的一项传统美德，也是涉外交往中应遵守的基本礼仪。其中，在西方社会更突出“女士优先”，这被认为是男子具有高雅风度的表现。有人认为讲

究“女士优先”是华而不实的形式主义，这实际上是一种偏见。从根本上说，妇女是人类的母亲，尊重女性就是尊重人类的过去与未来。

“女士优先”的礼仪原则要求男性在任何时候、任何情况下，都要在言行方面尊重女性、照顾女性、帮助女性、保护女性，并由此还衍化出男人对女人的宽容、忍让、同情。比如，在门口、楼梯口、电梯口或其他狭窄通道遇到女士时，男士应侧身站立，让女士先行；乘小汽车或出租车时，如有女士同行，男士应为女士开启车门；到达目的地时，男士应先下车，为女士打开车门，并帮助她下车；在公共汽车上，男士应为女士让座；在大街上行走，男士应走在女士的左边，即容易出事的一边，因为社会习俗约定右边为尊，在不允许两人并行时，男士应让女士先行，只有在遇到障碍和危险时，男士才先行，为女士开道；参加社交活动或家庭宴会，遇到女士时，男宾应先向女主人问好；女宾到达时，到的男宾应起立迎接，寒暄；外出用餐，男士应帮助女士将椅子从餐桌下拉出，待女士就座后自己再入座；点菜时，先把菜单递给女士；男女会面需要握手时，一般应由女士先伸手，对于陌生的女士来说，尤其如此；同女士外出，男士应主动帮助女士携带背包、外衣等物品，但不要求帮她拎随身的小包或手袋。在西方国家，男士礼遇女士，处处给她们以优先的待遇，不仅表现出对女性的尊重，同时也显现出自己高雅的气质和潇洒的风度，自然也就能获得女性的赞赏和青睐。对于女性来说，当男性礼遇女性时，女性应自然大方地接受男士的恭维或礼让。

后来在孔孟思想盛行的时代，中国妇女一直被封建礼教束缚。三从四德规定：妇人有三从之义，无专用之道。故未嫁从父，既嫁从夫，夫死从子。“五四运动”之后，中国民主思想发展，妇女地位逐渐有了改善。中华人民共和国建立之后，妇女地位大大提高，西方女士优先的礼仪原则很容易融入中国人的思想和行动之中。这一点在城市或受过高等教育的阶层中表现比较突出。在不少的场合，男士多数能按“女士优先”的原则与女士进行社交活动。即使是这样，中国人在实施“女士优先”的原则时与西方人的做法也是有差异的。比如，在西方国家，一位德高望重的绅士同一位年轻女士共进晚餐，侍者第一服务对象是女士而不是年长的绅士。餐闭起身，年高的绅士应为年轻的女士披衣掸帽，引路开门。如果同样的情形发生在中国，做法可能正好相反。中国人有敬老的传统，当敬老和“女士优先”的原则发生矛盾时，中国人选择的是敬老，而不是“女士优先”。

（四）通晓习俗，知书达理

在涉外交往中，人们总认为语言不通是交往中的唯一障碍，其实在某些时候，对交往对象所在国的风俗习惯不了解才是最大的障碍。当你欲往国外访问、经商、探亲或旅游观光时，当你在国内接待外宾、与外宾谈生意或共同工作时，事先了解对方的习俗礼仪显得尤为重要。当你预先了解了对方的习惯禁忌，尽量遵从对方的行为习惯，避免误会，从而表现出对对方的最大尊重，成为一个彬彬有礼、受人欢迎的客人或是一个知书达理、体贴周到的主人。

（五）小心慎言，不得犯忌

国际礼仪强调以人为本，要求尊重个人隐私，维护人格尊严，并以此作为一个人在社会活动中有无教养、能否尊重和体谅交往对象的重要标志。对于西方人来讲，凡是涉及经历、收入、年龄、婚恋、健康状况、政治见解等均属于个人隐私，别人不应查问。西方人特别是妇女，一般不把自己的年龄告诉别人，询问年龄，打听异性婚否，会让人觉得厌烦。西方人还不喜欢随便给人留自己的家庭住址，也不随便请人到家里做客。关于宗教信仰和政治派别，在西方人看来是非常严肃的事，不可随便谈论。因此，自觉地、有意识地回避对方的隐私至关重要。

(六) 求同存异

每个国家每个民族都有着不同的文化背景、宗教信仰及生活习惯，在与外宾交往时，既要尊重对方的文化传统，了解对方的礼仪规则，减少摩擦，加强沟通，也要遵守国际惯例，重视礼仪的“共性”。如不同的国家的见面礼是不一样的，但是在国际交往中，通用的见面礼是握手礼，这是目前大数国宾都通行的一种见面方式。

(七) 以右为尊

中国自古以来讲究礼仪，重要场合中的位置、次序一定不能搞错。中国古代的等级制度尤为严格，左和右是区别尊卑高下的标志之一，可究竟左为尊还是右为尊，时代不同、场合不同，结果也就大相径庭了。

遵循现在的国际惯例，大部分社交和商务谈判都遵循以右为尊的原则。举行正式谈判时，如果谈判桌竖放在室内，谈判双方需要分别坐在谈判桌的两侧，“以右为尊”原则依然有效。具体方法是：假定，若门与谈判桌相对时，则门的右侧为上座，客方谈判人员应在右侧就座；左侧为下座，主方谈判人员在左侧就座。谈判桌横放在室内时，以面对正门的一侧为上座，以背对正门的一侧为下座。举行国际会议时，主席台上的座位依次排列也要讲究“以右为尊”。不仅如此，发言者所使用的讲台必须位于主席台的右前方，这是给予发言者的一种礼遇。

在排列涉外宴会的桌位、席次时，同样遵循“以右为尊”原则。在宴会厅内摆放圆桌时，通常应以“面对正门”的方法进行具体定位。如果只设两桌，以右桌为主桌(这里所说的右桌，指的是在宴会厅内面对正门时居于右侧的那一桌)。如果是需要设置多桌时，在宴会厅内面对正门的主桌右侧的桌次，应该被看成高于主桌左侧的桌次。

在同一张宴会桌上确定席次时，一般以面对宴会厅正门的位置为主位，由主人就座。主宾大都应当就座在主位的右侧；其他人的位次，一般都是距离主位越近，位次越高。而在和主位距离相同时，位于主位右侧的位次高于位于主位左侧的位次。

在三排座甚至其他类型的多排座轿车上，不管是谁驾驶车辆，在确定车上具体位次的尊卑时，也要遵循“以右为尊”的原则。

进行涉外往来、召开国际会议、举办国际博览会，或者是从事国际体育比赛时，按照国际惯例，经常需要悬挂有关国家的国旗。在国际交往中悬挂国旗是一件极其严肃的事情，悬挂他国国旗，并借此向他国表示尊重和敬意时，就更要这样。不仅不能把其他国旗弄错、挂错，而且还要在悬挂国旗时给予适当的礼遇。

在各类国际交往中所悬挂的国旗，大都采用并排悬挂的方法。具体来说，并排悬挂两国国旗时，按惯例要以国旗自身面向为准，以右为上，悬挂来访国国旗；以左为下，悬挂东道国国旗。在重要国宾搭乘的轿车上同时悬挂两面国旗时，一般要以轿车行进的方向为准，以驾驶员右侧为上，悬挂来宾所在国国旗；以驾驶员左侧为下，悬挂东道国国旗。

需要同时悬挂多国国旗时，通行的做法是以国旗自身面向为准，让旗套位于右侧。越往右侧悬挂的国旗，被给予的礼遇就越高；越往左侧悬挂的国旗，被给予的礼遇就越低。在确定各国国旗的具体位次时，一般按照各国国名的拉丁字母的先后顺序而定。在悬挂东道国国旗时，可以遵行这一惯例，也可以将其悬挂在最左侧，以示东道国的谦恭。

在国际交往中有必要排定并排位次的尊卑时，遵循“以右为尊”原则，就可以化繁为简，以不变应万变。

(八) 不要过谦

在涉外活动中，不要自吹自擂，一味抬高自己，但也不要妄自菲薄，自我贬低。谦虚、客套，虽然在中国人看来是一种美德，但在外宾看来，是一种虚伪做作，或没有信心的表现。要善于客观、公正、实事求是地评价自己，以避免不必要的误解。

(九) 爱护环境

“爱护环境”的主要含义是：在日常生活里，每一个人都有义务对人类赖以生存的环境自觉地加以爱惜和保护。

在涉外交往中，之所以要特别讨论“爱护环境”的问题，除了因为它是作为人所应具备的基本的社会公德之外，还在于它已经成为国际舆论倍加关注的焦点问题之一。我们在涉外交往中特别需要注意“爱护环境”：不可破坏自然环境；不可虐待动物；不可损坏公物；不可乱堆乱挂私人物品；不可乱扔乱丢废弃物品；不可随地吐痰；不可随意吸烟；不可制造噪音。

(十) 尊重隐私

做到“个人隐私八不问”：不问收入、不问年龄、不问婚姻、不问健康、不问住址、不问经历、不问信仰、不问私事。

要尊重个人隐私，在背后议论同事的好坏、上级的能力、女人的胖瘦、路人的服饰等，尤其会被外国人视为窥探隐私的行为，属无聊之举。

此外，私人住宅受法律保护，擅自闯入要受到制裁。到外国人住宅做客，不经主人允许和邀请，不能要求参观主人的住房。即使双方很熟悉，也不能触动书籍、花草以外的个人物品以及室内陈设的其他物品。

相关链接

拜访外商的礼仪规范

由于外商的很多习惯与国人不同，所以在拜访外商之前，必须熟练掌握以下几条礼仪规范：

1. 有约在先

拜访外商时，切勿不邀而至。拜访的时间一般在上午十时或下午四时左右。尽量避免前往其私人居所进行拜访。约定的具体时间通常应当避开节日、假日、用餐时间、过早或过晚的时间，及其他一切对方不方便的时间。若因事急或未有约定又必须前往，尽量避免在深夜打搅对方，万不得已在休息时间约告对方，见面首先应立即致歉意，再说明打扰的原因。

2. 守时践约

应邀到外商家中拜访、做客，应按主人提议的时间准时抵达，过早过晚均不礼貌。这不只是为了讲究个人信用，提高办事效率，而且也是对交往对象尊重友好的表现。万一因故不能准时抵达，务必要及时通知对方，必要的话，还可将拜访另行改期。在这种情况下，一定要记住向对方郑重其事地道歉。

3. 进行通报

进行拜访时，倘若抵达约定的地点后，未与拜访对象直接见面，或是对方没有派人员在此迎候，则在进入对方的办公室或私人居所的正门之前，有必要先向对方进行一下通报，经主人允许后方可进入。若无人迎候，可敲门或按铃(敲门声音要轻，按铃时间不宜过长)。无人或未经允许，不得擅自进入。

4. 登门有礼

切忌不拘小节，失礼失仪。当主人开门迎客时，务必主动向对方问好，互行见面礼节。倘若主人一方不止一人之时，则对对方的问候与行礼，必须在先后顺序上合乎礼仪惯例。标准的做法有：一是先尊后卑；二是由近而远。在此之后，在主人的引导下，进入指定的房间，切勿擅自闯入。要与主人同时入座，倘若自己到达后，主人处尚有其他客人在座，应当先问一下主人，自己的到来会不会影响对方。为了不失礼仪，在拜访外商之前，要随身携带备用物品，主要有纸巾、擦鞋器、袜子与漱口液等，简称为“涉外拜访四必备”。入室后的“四除去”是指帽子、墨镜、手套和外套。

5. 举止有方

即使交谈时间很短，也不要站在门口谈话；若主人未邀请入室，可退至门外进行交谈。室内谈话若时间较短，不必坐下，事毕不宜逗留；若谈话时间较长，可在主人邀请后入座。在拜访外商时要注意自尊自爱，并且时刻以礼待人。与主人或其家人进行交谈时，要慎择话题。切勿信口开河，出言无忌。与异性交谈时，要讲究分寸。对于主人家里遇到的其他客人要表示尊重，友好相待，不要冷落对方，或置之不理。若遇到客人较多，要以礼相待，一视同仁，切勿厚此薄彼，或将主人抛在一旁。在主人家里，不要随意脱衣、脱鞋、脱袜，也不要大手大脚，动作嚣张而放肆。对主人准备的小吃，不要拒绝，应品尝一下；准备的饮料，尽可能喝掉。对主人的家人都应问候(尤其是夫人或丈夫和孩子)，对主人家的宠物不应表示害怕或讨厌，更不要去踢它或打它。

6. 适可而止

在拜访他人时，应当具有良好的时间观念。事先未有约定的，谈话时间不宜过长。在一般情况下，礼节性的拜访，尤其是初次登门拜访，应控制在一刻钟至半小时之内。最长的拜访，通常也不宜超过两个小时。有些重要的拜访，往往需由宾主双方提前议定拜访的时间和长度。在这种情况下，务必要严守约定，绝不单方面延长拜访时间。自己提出告辞时，虽主人表示挽留，仍须执意离去，但要向对方道谢，并请主人留步，不必远送。在拜访期间，若遇到其他重要的客人来访，或主人一方表现出厌客之意，应当机立断，知趣告辞。离开时，应有礼貌地向主人表示感谢。

技能训练

涉外会见与会谈的安排

一、实训目的

掌握涉外礼仪中会见和会谈的安排技巧。

二、实训要求

(1) 完成会见场所的布置。
(2) 完成座次的安排。

三、实训内容

学生分两组，演示涉外会见与会谈。

四、实训考核

根据完成实训的综合情况进行考核，考核项目及评分如表 8-1 所示。

表 8-1　实施评测单

学习情境		涉外会见与会谈的安排		
评价项目与内容		应得分	实得分	改进措施
准备工作	会场布置的物件	5		
	实训过程全组协调良好	5		
基本知识	对涉外会见、会谈安排基本知识的掌握	10		
场所的布置	会场应摆放的家具和其他物件	10		
	会谈桌上放置的标志旗帜	20		
座次安排	会见的座次安排	15		
	会谈的座次安排	15		
实训报告	按规定时间上交	5		
	字迹清楚、填写规范、内容详尽完整	5		
	实训分析总结正确	5		
	能提出合理化建议和创新性见解	5		
合计		100		

任务二 涉外社交礼仪

任务要求

(1) 养成规范接待外宾的良好习惯。
(2) 掌握与涉外接待礼仪有关的技巧。

案例导入

一次，A 国亲王要离京回国，B 国总理带着几位将军一起去送行。

到了机场后，亲王登上飞机，从舷窗里冲着大家挥了挥手，飞机开始起飞了。这时，几位将军见送行的任务已经完成，纷纷向机场出口走去。

B 国总理一看，赶紧让身边的人去把他们叫回来，列队站好，等飞机在机场上空盘旋一圈，渐渐远去之后，总理这才转过身来，对几位将军说："好，我给你们再讲讲。给外宾送行时，不光要把外宾送上飞机，还要等飞机起飞，因为按照外交礼仪，飞机起飞后，还要在上空盘旋一周，表示对这个地方的留恋和感谢。我们送行的人更不能离开，要等飞机飞远了。"

思考题：

请从礼仪角度，分析 B 国总理为什么这么看重涉外接待礼仪。

在涉外交往中，遵守国际惯例和一定的礼节，有利于我国的对外开放，有利于展现中国礼仪之邦的风貌。

一、涉外称呼及语言习惯

(一) 称呼与姓名

由于各国、各民族语言不同，风俗习惯各异，社会制度不一，因而在称呼与姓名上差别很大，如果称呼错了，不但会使对方不高兴，引起反感，甚至还会闹出笑话，出现误会。

1. 称呼

在国际交往中，一般对男子称先生，对女子称夫人、女士、小姐。已婚女子称夫人，未婚女子统称小姐。不了解婚姻情况的女子可称小姐，对戴结婚戒指的、年纪稍大的可称夫人。这些称呼可冠以姓名、职称、衔称等，如布莱克先生、议员先生、市长先生、上校先生、玛丽小姐、秘书小姐、护士小姐等。

对地位高的官方人士，一般为部长以上的高级官员，按国家情况称职衔＋阁下或先生阁下，如部长阁下、总统阁下、主席先生阁下、总理阁下、总理先生阁下、大使先生阁下等。但美国、墨西哥、德国等国没有称阁下的习惯，因此在这些国家可称先生。对有地位的女士可称夫人，对有高级官衔的妇女，也可称阁下。

君主制国家，按习惯称国王、皇后为陛下，称王子、公主、亲王等为殿下。对有公、侯、伯、子、男等爵位的人士既可称爵位，也可称阁下，一般也称先生。

对医生、教授、法官、律师以及有博士学位等的人士，均可单独称医生、教授、法官、律师、博士等。同时可以加上姓氏，也可加先生，如卡特教授、法官先生、律师先生、博士先生、马丁博士先生等。

对军人一般称军衔，或军衔＋先生，知道姓名的可冠以姓与名，如上校先生、莫利少校、维尔斯中尉先生等。有的国家对将军、元帅等高级军官称阁下。

对服务人员一般可称服务员，如知道姓名的可单独称名字。但现在很多国家越来越多地称服务员为先生、夫人、小姐。

对教会中的神职人员，一般可称教会的职称，或姓名加职称，或职称加先生，如福特神父、传教士先生、牧师先生等。有时主教以上的神职人员也可称阁下。

凡与我们有同志相称的国家，对各种人员均可称同志，有职衔的可加职衔，如主席同志、议长同志、大使同志、秘书同志、上校同志、司机同志、服务员同志等，或姓名＋同志。有的国家还有习惯称呼，如称公民等。在日本对妇女一般称女士、小姐；对身份高的女士也称先生，如中岛京子先生。

2. 姓名

外国人的姓名与我国汉族人的姓名大不相同，除文字的区别之外，姓名的组成、排列顺序都不一样，还常带有冠词、缀词等，对我们来说难以掌握，而且不易区分。这里只对较常见的外国人姓名分别作简单介绍。

1) 英、美人姓名

英、美人姓名的排列是名在前、姓在后。如 John Wilson 译为约翰·威尔逊，John 是名，Wilson 是姓；Edward Adam Davis 译为爱德华·亚当·戴维斯，Edward 是教名，Adam 是本人名，Davis 为姓。也有的人把母姓或与家庭关系密切者的姓作为第二个名字。在西方，还有人沿袭用父名或父辈名，在名后缀以小(Junior)或罗马数字以示区别。如 John Wilson，Junior，译为小约翰·威尔逊；George Smith，III，译为乔治·史密斯第三。

英美妇女在结婚前都有自己的姓名，结婚后一般是自己的名加丈夫的姓。如玛丽·怀特(Marie White)女士与约翰·戴维斯(John Davis)先生结婚，婚后女方姓名为玛丽·戴维斯(Marie Davis)。

书写时常把名字缩写为一个字头，但姓不能缩写，如 G. W. Thomson, D. C. Sullivan 等。口头称呼一般称姓，如怀特先生、史密斯先生。正式场合一般要全称，但关系密切的常称本人名。家里人、亲友之间除称本人名外，还常用昵称(爱称)。以英文为本国文字的国家，姓名组成称呼基本与英、美人一样。

2) 法国人姓名

法国人姓名也是名在前、姓在后，一般由二节或三节组成。前一、二节为个人名，最后一节为姓。有时姓名可达四五节，多是教名和由长辈起的名字。但现在长名字越来越少。如 Henri Rene Albert Guy de Maupassant，译为“亨利·勒内·阿贝尔·居伊·德·莫泊桑”，一般简称 Guy de Maupassant 居伊·德·莫泊桑。

法文名字中常常有 Le、La 等冠词，de 等介词，译成中文时，应与姓连译，如 La Fantaine 拉方丹、Le Goff 勒戈夫、de Gaulle 戴高乐等。

妇女姓名，口头称呼基本同英文姓名。如姓名叫雅克琳·布尔热瓦(Jacqueline Bourgeois)的小姐与名弗朗索瓦·马丁结为夫妇，婚后该女士称马丁夫人，姓名为雅克琳·马丁(Jacqueiline Martin)。

3) 西班牙人和葡萄牙人姓名

西班牙人姓名常有三四节，前一、二节为本人名字，倒数第二节为父姓，最后一节为母姓。一般以父姓为自己的姓，但少数人也有用母姓为本人的姓。如 Diego Rodrigueez de Silva-y Velasquez 译为迭戈·罗德里格斯·德席尔瓦—贝拉斯克斯，de 是介词，Silva 是父姓，y 是连接词“和”，Velasquez 是母姓。已婚妇女常把母姓去掉而加上丈夫的姓。通常口头称呼常称父姓，或第一节名字加父姓。如西班牙前元首弗朗西斯科·佛朗哥(Francisco Franco)，其全名是：弗朗西斯科·保利诺·埃梅内希尔多·特奥杜洛·佛朗哥·巴蒙德(Francisco Pauolino Hermenegildo Teodulo Franco Bahamonde)。前四节为个人名字，倒数第二节为父姓，最后一节为母姓。简称时，用第一节名字加父姓。

葡萄牙人姓名也多由三四节组成，前一、二节是个人名字，接着是母姓，最后为父姓。简称时个人名一般加父姓。

西文与葡文中男性的姓名多以“o”结尾，女性的姓名多以“a”结尾。冠词、介词与姓连译。

4) 俄罗斯人和匈牙利人姓名

俄罗斯人姓名一般由三节组成。如伊万·伊万诺维奇·伊万诺夫(Иван Иванович Иванов)，伊万为本人名字，伊万诺维奇为父名，意为伊万之子，伊万诺夫为姓。妇女姓名多以娃、娅结尾。妇女婚前用父亲的姓，婚后多用丈夫的姓，但本人名字和父名不变。如尼娜·伊万诺夫娜·伊万诺娃(Иина Ивановна Иванова)，尼娜为本人名，伊万诺夫娜为父名，伊万诺娃为父姓。假如她与罗果夫(Рогов)结婚，婚后姓改为罗果娃(Р-огова)，其全名为尼娜·伊万诺夫娜·罗果娃。俄罗斯人姓名排列通常是名字、父名、姓，但也可以把姓放在最前面，特别是在正式文件中，即上述伊万和尼娜的姓名可写成伊万诺夫·伊万·伊万诺维奇，伊万诺娃·尼娜·伊万诺夫娜。名字和父名都可缩写，只写第一个字母。

俄罗斯人一般口头称姓，或只称名。为表示客气和尊敬时称名字与父名，如对伊万·伊万诺维奇·伊万诺夫尊称伊万·伊万诺维奇，对尼娜·伊万诺夫娜·伊万诺娃尊称尼娜·伊万诺夫娜。特别表示对长者尊敬，也有只称父名的，如人们常称列宁为伊里奇(Ильич)，列宁的全名为符拉基米尔·伊里奇·列宁。家人和关系较密切者之间常用爱称，如伊万爱称万尼亚(В ан-я)、瓦纽沙(В анюша)，谢尔盖(С ергей)爱称谢廖沙(Селеша)，等等。

匈牙利人的姓名，排列与我国人名相似，姓在前名在后，都由两节组成。如纳吉·山多尔(Nagy Sndor)，简称纳吉。有的妇女结婚后改用丈夫的姓名，只是在丈夫姓名后再加词尾“ne”，译为“妮”，是夫人的意思。姓名连用时加在名字之后，只用姓时加在姓之后。如瓦什·伊斯特万妮(Vass)，或瓦什妮是瓦什·伊斯特万的夫人。妇女也可保留自己的姓和名。

5) 日本人姓名

日本人姓名顺序与我国相同，即姓前名后，但姓名字数常常比我们汉族姓名字数多。最常见的由四字组成，如小坂正雄、吉田正一、福田英夫等。前二字为姓，后二字为名。但又由于姓与名的字数并不固定，二者往往不易区分，因而事先一定要向来访者了解清楚，在正式场合中应把姓与名分开书写，如“二阶堂 进”“藤田 茂”等。

一般口头都称呼姓，正式场合称全名。日本人姓名常用汉字书写，但读音则完全不同。如山本应读作 Yamamoto，三岛应读作 Mishima，日下应读作 Kusaka。

(二) 语言习惯

1. 敬老问题

在中国有尊老爱幼的传统，老人由于有丰富的经验而受人尊敬。在西方国家，切忌问对方的年龄，更不要称对方为“老先生”“老夫人”。

2. 介绍与致辞

中国人在打招呼和介绍时，通常先称呼和介绍男性，再称呼和介绍女性。但在西方，则是强调女士优先，因此在涉外的招待宴会、欢迎仪式的致辞中，应按国际惯例，先称呼女士，再称呼男士。在外宾介绍时，如果被介绍者的身份地位相当，要先把男士介绍给女士，再把女士介绍给男士。

3. 英语与法语

在涉外活动中，通常会选择英语与外宾交流。但是，对于法国人来说却是重视法语而排斥英语。因此，如果会讲法语，就不要用英语同法国人交流，否则会被误认为是对法国和法国人的不尊重。

4. 问候健康

中国人喜欢关心他人身体健康，并视之为美德。而西方人不喜欢谈及身体病痛和死亡等话题。所以除非外宾真的生病需要帮忙，否则不要询问对方的身体状况并过分关心。与外宾告别时，也不要用“慢走”等中国式的告别语，否则会被误认为是担忧他的身体状况，告别时，只要向对方微笑，并作再见的手势就可以了。

二、涉外馈赠礼仪

国际礼仪中互送礼品是一种礼仪的体现，也是一种感情的传递，能使双方之间架起一个互通的桥梁。在与外国人的交往中，送礼是必要的，是联络感情、广交朋友、增进友谊的一种方式，但是送礼时的热情要适度，过分热情反倒适得其反。在对外送礼上，主要应该防止这样几个问题：第一，防止过多；第二，防止过于贵重，使别人不敢轻易接受；第三，防止体积过大，以方便携带。一般而言，赠送礼品的礼仪主要包含礼品的挑选、馈赠的方法、礼品的接受这三个方面的内容。

(一) 礼品的挑选

在礼品的挑选上，要对送礼对象的爱好、兴趣做些简单的调查，才能投其所好。此外，还要注意对方的风俗习惯等，了解一下对方基本的忌讳。送花时，西方国家比较忌讳双数，喜欢单数，一般不送单一的花种，会让颜色搭配得更加丰富，看起来更漂亮。各国对颜色都有忌讳，一般认为白色是纯洁的象征，黑色是肃穆的象征，黄色是和谐的象征，而红色和蓝色是吉祥如意的象征。很多国家以黑色为葬礼的颜色，灵车用黑色。比利时人忌蓝色。巴西人以棕黄色为凶丧之色，认为人死好比黄叶从树上落下来。在馈赠行为当中，主角当然非礼品莫属。挑选赠送外国友人的礼品时，一般在指导思想上必须恪守四项准则：

1. 突出礼品的纪念性

在涉外交往中，送礼依然要讲究“礼轻情义重”。在许多国家，都不时兴赠送过于贵重的礼品。反之，则很可能会让受礼者产生受贿之感。

2. 体现礼品的民族性

有人曾说：“最有民族特色的东西，往往是最好的。”向外宾赠送礼品，其实也是一样。中国人司空见惯的风筝、二胡、笛子、剪纸、筷子、图章、书画、茶叶等，一旦到了外国人手里，往往会备受青睐。

3. 明确礼品的针对性

送礼的针对性，是指挑选礼品时应当因人、因事而异。因人而异，指的是选择礼品时，务必要充分了解受礼人的性格、爱好、修养与品位，尽量使礼品得到受礼人的欢迎。因事而异，则指的是在不同的情况下，向受礼人赠送的礼品应当有所不同。比如，在国事访问中，宜向国宾赠送鲜花、艺术品。出席家宴时，宜向女主人赠送鲜花、土特产和工艺品，或是向主人的孩子赠送糖果、玩具。探望病人时，则宜向对方赠送鲜花、水果、书刊等。

4. 重视礼品的差异性

向外国人赠送礼品，绝对不能有悖对方的风俗习惯，务必要将此视为送礼之时的大事，此即涉外礼品的差异性问题。要解决好这一问题，就要了解受礼人所在国的风俗习惯，在挑选礼品时主动回避对方有可能存在的下述六个方面的禁忌：一是与礼品有关的禁忌；二是与礼品色彩有关的禁忌；三是与礼品图案有关的禁忌；四是与礼品形状有关的禁忌；五是与礼品数目有关的禁忌；六是与礼品包装有关的禁忌。这六个方面的禁忌，有时亦称“择礼六忌”。

(二) 馈赠的方法

向外籍人士赠送礼品，不仅要重视具体品种的选择，而且一定要注意赠送礼品时的方法。根据礼仪惯例，注意涉外交往中馈赠的方法，具体是指在礼品的包装、送礼的时机、送礼的途径这三个方面，必须表现出中规中矩、不乱章法。

1. 重视礼品的包装

以前，中国人送礼物，只重货色，不重包装。不管多么高档的礼品，大都“赤条条来去无牵挂”，或者顶多用报纸一包，硬纸盒一装了事。这种做法，是不符合国际惯例的。在国际交往中，礼品的包装是礼品的有机组成，被视为礼品的外衣，送礼时不可或缺。否则，就会被视为随意应付受礼人，甚至还会导致礼品自身因此而“贬值”。有鉴于此，送给外国友人的礼品，一定要事先进行精心的包装，对包装时所用一切材料，都要尽量择优而用。与此同时，送给外国人礼品的外包装，在其色彩、图案、形状乃至缎带结法等方面，都要与尊重受礼人的风俗习惯联系在一起考虑。

2. 把握送礼的时机

在涉外交往中，由于宾主双方关系不同，具体所处的时间、地点以及送礼目的不同，送礼的具体时机自然也不能以不变应万变，千篇一律。依照国际惯例，把握送礼的最佳时机是非常重要的，并应对具体情况进行具体的分析。在会见或会谈时，如果准备向主人赠送礼品，一般应当选择在起身告辞之时。向交往对象道喜、道贺时，如拟向对方赠送礼品，通常应当在双方见面之初相赠。出席宴会时向主人赠送礼品，可在起身辞行时进行，也可选择餐后吃水果之时。观看文艺演出时，可酌情为主要演员预备一些礼品，并且在演出结束后登台祝贺时当面赠送。游览观光时，如果参观单位向自己赠送了礼品，最好在当时向对方适当地回赠一些礼品。为专门的接待人员、工作人员准备的礼品，一般应当在抵达当地后尽早赠送给对方。

3. 区分送礼的途径

送礼的途径，此处是指如何将礼品送交受礼人。在涉外交往中，送礼的途径主要被分为两种：一种是当面亲自赠送；另一种则是委托他人转送。这两种送礼的途径往往适用于不同的情况。有时，他们各自还有某些特殊的要求。在一般情况下，送给外国友人的礼品，大都可以由送礼人亲自当面交给受礼人，亦可专程派遣礼宾人员前往转交，或者通过外交渠道转送。如果有必要，礼品可以被提前送达受礼人的手中。通常，送给外国人礼品时，尤其是委托他人转送给外国人礼品时，应附上一张送礼人的名片，它既可以放在礼品盒之内，也可以放在一封写有受礼人姓名的信封里，然后再设法将这个信封固定在礼品的外包装之上。有可能的话，尽量不要采用邮寄的途径向外国人赠送礼品。

(三) 礼品的接受

接受礼物时，外国朋友喜欢当面打开，而且讲几句赞赏的话。在商务礼仪中接受外国友人赠送的礼品，大致上有如下三个方面需要注意：

1. 欣然接受

当外国友人向自己赠送礼品时，一般应当大大方方、高高兴兴地接受，没有必要跟对方推来推去，过分客套。在接受礼品时，应当起身站立，面含笑容，以双手接过礼品，然后与对方握手，并且郑重其事地为此而向对方道谢。在接受礼品时，面无任何表情，用左手去接礼品，接受礼品后不向送礼人致以谢意，都是非常失礼的表现。

2. 启封赞赏

在国际社会，特别是在许多西方国家中，受礼人在接受礼品时，大都习惯当着送礼人的面立即拆启礼品的包装，然后认真地对礼品进行欣赏，并且对礼品适当地赞赏几句。这种中国人以前难以接受的做法，现在已经逐渐演化为受礼人在接受礼品时必须讲究的一种礼节。在许多国家，接受礼品之后若不当场启封，或是暂且将礼品放在一旁，都会被视为失礼之举。

3. 事后再谢

接受外方人员赠送的礼品后，尤其接受了对方所赠送的较为贵重的礼品后，最好在一周之内写信或打电话给送礼人，向对方正式致谢。若礼品是由他人代为转交的，则上述做法更是必不可缺的。以后有机会再与送礼人相见时，不妨在适当之时，再次当面向对方表示一下自己的谢意。或者是告诉对方，他送给自己的礼品，自己不仅十分喜欢，而且经常使用。这种做法可以使对方感到他的礼品“物有所值”、备受重视，会令对方极其开心。

三、涉外迎送礼仪

迎来送往是常见的社交礼节。在国际交往中，对外国来访的客人，通常视其身份和访问性质，以及两国关系等因素，安排相应的迎送活动。在来宾抵达时，由适当的人员前往迎接，表达欢迎之意并周到地安排各项礼仪活动是客人到来的第一项正式活动，客人对此均十分重视。在来宾结束访问离开时，可能还会赴其他城市访问。因此，迎送不仅是一般的迎送，而且是对外交往中一项重要的礼仪活动。为此，要注意以下事项：

(一) 确定迎送规格

对来宾的迎头规格各国做法不尽一致，我们应从以下方面来考虑：

(1) 确定迎送规格，主要依据来访者的身份和访问目的，适当考虑两国关系，同时要注意国际惯例，综合平衡。

(2) 主要迎送人通常都要同来宾的身份相当。遇有特殊情况(国家体制不同，当事人年高不便出面，临时身体不适或不在当地，等等)，不可能完全对等，可灵活变通，由职位相当的人士，或由副职出面。国宾、党宾的迎送规格，按中央主管部门的意见办理。

(3) 当事人不能出面时，无论作何种处理，应从礼貌出发，向对方作出解释。其他迎送人员不宜过多。

(4) 偶有从发展两国关系或当前政治需要出发，可破格接待，安排较大的迎送场面。但一般都应按常规办理，以避免造成厚此薄彼的印象。

(二) 掌握抵、离时间

准确掌握来宾乘坐的飞机(火车、船舶)抵离时间，及早通知全体迎送人员和有关单位，如有变化，应及时周知。由于天气变化等不可控的原因，飞机、火车、船舶可能不准时，而大城市的机场离市区又较远，因此，既要顺利地接送客人，又不能过多耽误迎送人员的时间，就要准确掌握抵离时间。

迎接人员应在飞机(火车、船舶)抵达之前到达机场(车站、码头)。送行则应在客人登机之前抵达(离去时如有欢送仪式，则应在仪式开始之前到达)。如客人乘坐航空班机离开，则应通知其按航空公司规定时间抵达机场办理有关手续(身份高的客人，由接待人员提前前往代办手续)。

(三) 献花

迎接普通的外宾，一般不需要献花。献花适用于礼遇较高的外宾。如安排献花，需用鲜花，并注意保持花束整洁、鲜艳，忌用菊花、杜鹃花、石竹花和其他黄色的花朵。有的国家习惯送花环，或者送一二枝名贵的兰花、玫瑰花等。通常由儿童或女青年在参加迎送的主要领导与客人握手之后将花献上。有的国家由女主人向女宾献花。

(四) 介绍

客人与迎接人员互相介绍时，通常由礼宾工作人员或欢迎人员中身份最高者先将前来欢迎的人员按其身份从高到低依次介绍给来宾。有的国家(如日本)的客人习惯以交换名片来介绍自己的姓名和身份。如双方初次见面，首先将自己的名片递给对方，名片姓名要面对客人，使对方一目了然。客人初到，一般较拘谨，主人宜主动与客人寒暄。

(五) 陪车

客人抵达后，从机场到住地；访问结束后，由住地到机场，有的安排主人陪同乘车，也有不陪同乘车的。

(1) 如果主人陪车，应请客人坐在主人的右侧。

(2) 如是三排座的车，译员坐在主人前面的加座上；如是二排座，译员坐在司机旁边。

(3) 上车时，最好请客人从右侧门上车，主人从左侧门上车，避免从客人座前穿过。

(4) 遇客人先上车，坐到了主人的位置上，则不必请客人挪动位置。

(5) 当主人替客人关门时，要先看清客人是否已经坐好，切忌过急关门，以防止轧痛或轧伤客人的手、脚。

(六) 对一般客人的迎接

迎接一般客人，无官方正式仪式，主要做好以下各项安排：

(1) 如果客人是熟人，则可不必介绍，仅向前握手，互致问候。

(2) 如果客人是首次前来，且不认识，接待人员应主动打听，主动自我介绍。

(3) 如果迎送大批客人，可以事先准备特定的标志，如小旗或牌子等，让客人从远处就可以看到，以便客人主动前来接洽。

(七) 迎送工作中的几项具体事务

迎送工作的具体事务包括以下几项：

(1) 迎送身份高的客人，事先在机场(车站、码头)安排贵宾休息室，准备茶水或饮料。

(2) 安排汽车、预定住房。如有条件，在客人到达之前将下榻饭店、房号和乘车号码通知客人。如果做不到，可印好住房、乘车表，或打好卡片，在客人到达时，及时发到每个人手中，或通过双方的联络秘书转达，这既可避免混乱，又可以使客人心中有数，主动配合。

(3) 指派专人协助办理入出境手续及机场(车、船票)和行李提取或托运手续等事宜。重要代表团，人数众多，行李也多，应将主要客人的行李取出(最好请对方派人配合)，及时送往住地。

(4) 客人抵达住处后一般不要马上安排活动，应稍作休息，给对方留下更衣时间。

相关链接

出国旅行礼仪和常识

出境旅行必须掌握一些个人礼仪和注意事项，原则是“入乡随俗”。

1. 出国前的准备

出国前首先要简单了解旅游目的国家和地区的文化背景和习俗，要掌握几句旅游目的国基本的社交语言。

2. 机场和车站相关礼仪

不要将行李箱、大衣等放在他人的座位上；不要把行李放在过道；不要让孩子乱跑和大声喧哗；要对工作人员的服务表示感激和赞赏；当语言沟通不便时，最好的方式就是向对方报以微笑。

3. 乘坐飞机的礼仪

飞机上放置行李，要相互体谅，不要急于占位。乘坐飞机时，要维护自尊，尊重他人的私人空间并保持安全距离。例如，不要当众脱鞋，把腿乱伸、乱放。休息时，不要使身体触及他人，更不要为了自己舒适而将座椅调得过低；切忌大声说话。飞机未完全停稳时，不要急着打开行李舱取出行李。

4. 入住酒店的礼仪

无论是停车场服务人员、门童、提行李的服务人员，还是前台服务人员、保洁人员和送餐服务生，我们都应通过口头或者微笑的方式向对方表示感激和赞赏。此外，尊重和遵守酒店的规定也是必要的，基本原则是不打扰他人休息。

5. 给小费的礼仪

欧美国家给服务人员额外的小费不仅是习惯，同时也是一种尊重和礼节。给小费的过程也很有讲究，付小费因各国、各地区差异而比例不一。因此，初到一地，应事先向有经验的人或向导了解有关情况，“研究”给小费的合理办法。给小费的五个要点如下：尊重对方(这不是施舍)；不要太过张扬；把握时机(一般是享受服务结束时)；采取“按质付费”原则；注意区别不同地方付小费的方式。

具体来说，以下情况是需要给服务人员小费的：第一类为在酒店，包括泊车者、门童、行李员、送餐服务生、客房服务员等；第二类为在餐厅，包括领位员、侍者、乐手、卫生间保洁员；第三类为在美容美发店，包括美容师、发型师；第四类为在乘出租车，要给出租车司机小费；第五类为在影剧院，包括衣帽庭侍者、节目单发放者、剧场领位员；第六类为在观光景点，包括向导(导游)、驾驶员。

6. 用餐礼仪

入座后要保持身体端正，不能趴、靠餐桌，不跷腿，不要摆弄桌上餐具。使用刀叉进餐时，左手持叉，右手拿刀；切东西时，左手用叉按住，右手用刀切割，然后用叉送入口中。进餐时，不宜往口中放过多食物，咀嚼时不要发出声音，也不要和对方交谈。进餐时不要当众脱衣或解开纽扣，避免高声谈笑。切记，不可用刀叉在手中乱舞；放下刀叉时应摆成“八”字形，分别放在餐盘边上。

技能训练 ⇨⇨⇨⇨⇨⇨⇨⇨⇨⇨

涉 外 接 待

学生分组，设计一套针对美国客人的接待方案。

一、实训目的

(1) 掌握涉外接待的基本理论知识。
(2) 了解各国风俗习惯和禁忌。

二、实训要求

(1) 必须要有较强的针对性。
(2) 互相交流，有团队协作意识。

三、实训内容

(1) 学生分组。
(2) 完成方案设计并表演。
(3) 进行互评、互测。

四、实训考核

根据完成实训的综合情况进行考核，考核项目及评分如表 8-2 所示。

表 8-2　实施评测单

评分项目	评 分 标 准	分值
称呼	对外宾的称呼是否得当	10 分
接送礼仪	1. 迎送外宾准备工作	60 分
	2. 迎送过程中的礼仪运用是否恰当	
礼物馈赠	1. 礼物的选取是否恰当	30 分
	2. 送礼物过程中的礼仪运用是否恰当	
合计		100 分

项 目 小 结

通过本项目的学习，学生应重点理解和掌握以下理论和技能知识：

(1) 掌握比较全面的涉外礼仪知识，在对外交往中能够正确把握涉外礼仪规则。

(2) 能运用所学的涉外礼仪的原理、方法开展对外交往，维护自身形象和国家尊严。

思考与练习

案例分析(一)

小王曾接待了一位 82 岁高龄的美国加州老太太，她是来华旅游并参加短期汉语学习班的。见面时小王对老太太说：“您这么大年纪了，还到外国旅游、学习，可真不容易呀！”这话要让同样高龄的中国老太太听了，准会眉开眼笑，高兴一番。可是那位美国老太太一听，脸色即刻晴转多云，冷冷地应了一句：“噢，是吗？你认为老人出国旅游是奇怪的事情吗？”弄得小王十分尴尬。

思考题：

小王的做法有何不妥？涉外交往中要注意哪些礼仪？

案例分析(二)

某旅游团曾接待过意大利商务访问团，在安排客人游览完苏杭美景后，赠给客人带有地方特色的菊花图案的丝绸手帕，不料一番好意却惹恼了客人，原本兴致勃勃的意大利客人变得十分恼怒。

思考题：

请说明意大利客人情绪变化的原因？从中应吸取什么经验教训？

参考文献

[1] 杨丹. 儒家礼学思想在高校德育中的价值研究[D]. 江西农业大学，2016.
[2] 朱红华，梁冰. 文明礼仪教育要符合职业岗位的外在要求[J]. 广东职业技术教育与研究，2017，(02)：156-157.
[3] 杨小草. 从“君子六艺”中感悟领导艺术[J]. 前进，2017, (04)：52-53.
[4] 赵思宇. 高校学生群体礼仪性服装设计研究[D]. 大连工业大学，2016.
[5] 禹丰足. 高校图书馆服务礼仪建设初探[J]. 贵图学苑，2017，(01)：59-60+39.
[6] 蒋梦琪. 对外商务礼仪课程设计[D]. 陕西师范大学，2018.
[7] 吕力. 创造作为一种责任：新工业文明时代的儒学与儒商[J]. 科技创业月刊，2017，(05)：96-98.
[8] 刘洪洪. 大学生礼仪现状及教育策略探析[D]. 吉林大学，2018.
[9] 给人生奠定基础 为梦想插上翅膀：江苏省盐城市滨海县永宁路实验学校生态文明教育纪实[J]. 环境教育，2017,(Z1)：111.
[10] 曹炜，潘立新. 社交礼仪微视频课程设计与实践研究[J]. 黑龙江教育学院学报，2017，(02)：44-46.
[11] 史苏红. 基于思想品德课的礼仪规范教育研究[D]. 南京师范大学，2018.
[12] 韩云忠. 中国传统礼仪教育的价值[J]. 中国德育，2017，(03)：30-32.
[13] 唐汉卫. 何种文明？谁的礼仪？[J]. 中国德育，2017，(03)：1.
[14] 周云. 社会主义核心价值观视域中的传统礼仪文化建设[D]. 南京师范大学，2016.
[15] 崔晓莉. 高职大学生礼仪素质现状的调查与分析：基于对海南高职院校的调研[J]. 安徽文学(下半月)，2017，(01)：123-124.
[16] 毛史明. 浅论日本青少年传统道德礼仪教育[J]. 中小企业管理与科技(下旬刊)，2017，(01)：158-159.
[17] 尹红霞. 中职学校礼仪课程教学漫谈[J]. 中国校外教育，2017，(01)：159+161.
[18] 吕蕊. 高职学生文明礼仪素养现状及培养对策[J]. 管理观察，2016，(07)：159-161.
[19] 毕亚飞. 传统礼仪文化教育在中学语文教学中的实践[D].西华师范大学，2016.
[20] 张大忠. 心向文明践行礼仪[J]. 文学教育(上)，2018，(01)：134-135.
[21] 涂淑. 大学生文明礼仪教育浅论[J]. 闽南师范大学学报(哲学社会科学版)，2016，(04)：144-147.
[22] 陈薇薇. 家庭教育与青少年文明礼仪失范行为的实证分析[J]. 产业与科技论坛，2015，(23)：90-91.
[23] 章小英. 让文明礼仪浸润童心[J]. 中国德育，2016，(22)：43-45.
[24] 李珊. 倡导“文明礼仪”实施一体化礼仪教育[J]. 产业与科技论坛，2015，(24)：115-116.
[25] 邓婵，朱红华，赖汉佳，等. 以文明礼仪养成教育为引领的校本德育研究[J]. 广东职业技术教育与研究，2016，(05)：5-10.

[26] 黄淑亮. 加强文明礼仪养成教育的几点思考[J]. 福建理论学习，2015，(10)：33-34.
[27] 杨渝东. 社区与文明化理论：埃利亚斯的“局内人：局外人”理论及其反思[J]. 学术研究，2017，(12)：42-48.
[28] 潘富赟. 浅谈当代大学生的文明礼仪教育[J]. 才智，2015，(30)：202-203.
[29] 王爽. 让校外教育优质资源助推青少年文明礼仪教育：以吉林市昌邑区青少年文明礼仪教育为例[J]. 中国校外教育，2016，(18)：5.
[30] 陈安花. 礼文化在高中思想政治教育中的应用研究[D]. 扬州大学，2018.
[31] 杨洋. 传统文化与当代青少年文明素养研究[D]. 延安大学，2017.
[32] 王璇. 中国传统礼仪教育及其现代价值[D]. 兰州商学院，2018.
[33] 黎琴. 文明礼仪之我见[J]. 读与写(教育教学刊)，2018，(01)：244.
[34] 刘萍，钟小要，范鹏飞. 高校新生文明礼仪教育研究[J]. 管理观察，2017，(02)：133-135.
[35] 刘庆. 传承中华文明弘扬礼仪之光：浅谈“闪光在礼仪”特色课程实施策略[J]. 亚太教育，2016，(05)：65.